2018
洪江区年鉴

怀化市洪江区管理委员会　主办
怀化市洪江区史志档案局　主编

方志出版社
Publishing House of Local Records

图书在版编目（CIP）数据

洪江区年鉴：2018 / 洪江区史志档案局编.-- 北京：方志出版社，2018.12
ISBN 978-7-5144-3501-6

Ⅰ. ①洪… Ⅱ. ①洪… Ⅲ. ①区（城市）—怀化—2018—年鉴 Ⅳ. ①Z526.44

中国版本图书馆CIP数据核字（2019）第032417号

洪江区年鉴（2018）

编　　者：洪江区史志档案局
责任编辑：李志瑜
出 版 人：冀祥德
出 版 者：方志出版社
地址　北京市朝阳区潘家园东里9号（国家方志馆4层）
邮编　100021
网址　http://www.fzph.org
发　　行：方志出版社图书经销中心
电话（010）67110500
经　　销：各地新华书店
印　　刷：湖南金太阳印刷有限公司
装帧设计：斯盛文化
开　　本：889×1194　　1/16
印　　张：13
字　　数：439千字
版　　次：2018年12月第1版　　2018年12月第1次印刷
印　　数：001～500册

ISBN 978-7-5144-3501-6　　定价：198.00元

编 辑 说 明

一、《洪江区年鉴》是怀化市洪江区管理委员会主办的综合性地方年鉴，1999 年创刊，2018 年恢复每年出版一卷。主要记载洪江区国民经济和社会发展的基本情况与重大事件。

二、《洪江区年鉴》2018 年卷从 2017 年洪江区经济社会发展和改革开放的实际出发，实事求是地进行编辑，注重反映地方特色和年度特点，突出经济社会发展和改革开放的新情况。全书共 26 个部类，依次是：特载，大事记，洪江区概况，中共怀化市洪江区工作委员会，怀化市人大常委会洪江区工作委员会，怀化市洪江区管理委员会，政协怀化市洪江区工作委员会，纪检·监察，人民团体·工商联，农业与气象，工业，城乡建设与管理，法治，经济管理与监督，国土·生态环境保护，交通·邮政·通信，商贸·旅游，财政·税务·金融，科技·教育，广电·文体，卫生，社会生活，乡街要览，人物，综录。

三、《洪江区年鉴》所载稿件，均由区属各相关单位撰稿人提供，并经供稿单位主要领导审核。凡全区主要经济、社会数据均以洪江区统计年报为准，因统计口径和统计制度变化部分数据不尽一致。

四、《洪江区年鉴》采取部类、分目、条目的编辑体例，以字体、字号等版式设计区别不同层次，少数部类在分目下面增设分目层次，条目一级标题用黑体加【 】号表示。

五、《洪江区年鉴》公益宣传性质彩色专版图片均由红网洪江区站的“洪江政务”以及各单位自行提供。

六、《洪江区年鉴》的编辑出版工作得到全区各单位的大力支持协作。在此一并致以诚挚的谢意！由于编者水平有限，难免有疏漏之处，恳请读者批评指正。

洪江年鉴编辑委员会

顾　问：罗国宇　中共洪江区工作委员会书记
主　任：毛运鸿　洪江区管理委员会主任
副主任：莫文华　区工委副书记
　　　　张　林　区工委委员、区工委办主任
　　　　杨　军　区工委委员、区管委常务副主任
成　员：（排名不分先后）
　　　　唐林波　洪江区管理委员会办公室主任
　　　　潘　勇　洪江区发展和改革局局长
　　　　王建平　洪江区教育局局长
　　　　潘小平　洪江区经济和信息化局局长
　　　　朱光强　洪江区财政局局长
　　　　漆齐宗　洪江区人力资源和社会保障局局长
　　　　黄福元　洪江区住房和城乡建设局局长
　　　　刘　勇　洪江区农业林业水利局局长
　　　　李　武　洪江区统计局局长
　　　　田　勇　洪江区桂花园乡乡长
　　　　何小拾　洪江区横岩乡乡长
　　　　尹曙光　洪江区河滨路街道办事处主任
　　　　张勇华　洪江区沅江路街道办事处主任
　　　　蒋智伟　洪江区高坡街街道办事处主任
　　　　杨　纯　洪江区新街街道办事处主任
　　　　陈文胜　洪江区史志档案局局长

洪江年鉴编辑部
（2018）

《洪江年鉴》2018年卷部分撰稿人

（排名不分先后）

杨宜东　吴　微　宁青贵　谢小明　周　佳　蒙长生

李金娥　李　超　张克建　龙　邑　杨　玲　王　涛

彭　晶　阮亚林　黄迎春　杨　茉　滕召勇　彭爱莲

胡　容　黄　健　明艳梅　周行星　向　娟　陈昌艳

佘洪涛　肖　毅　粟庙彬　唐雪玲　李　雷　肖　萍

杨　萍　王宝成　刘　帆　潘仁刚

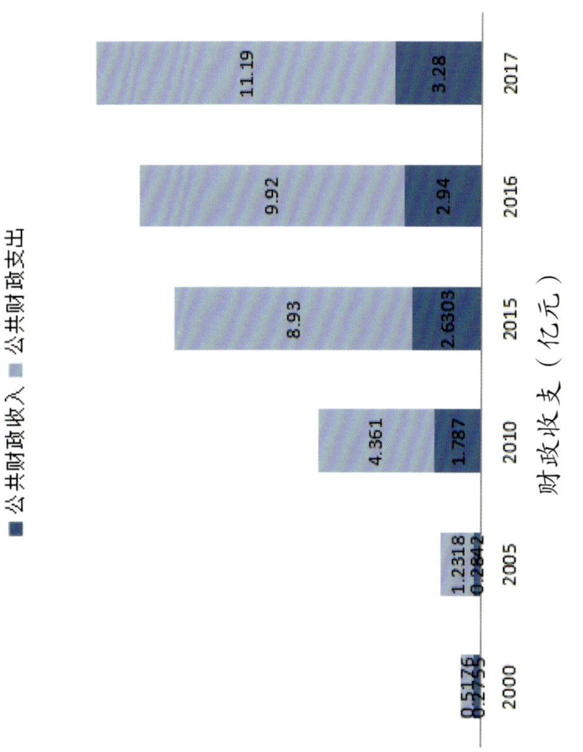

财政收支（亿元）

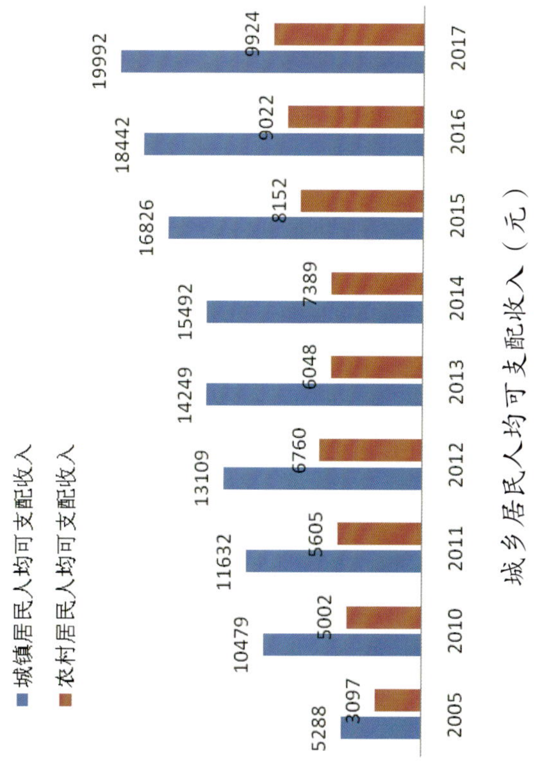

城乡居民人均可支配收入（元）

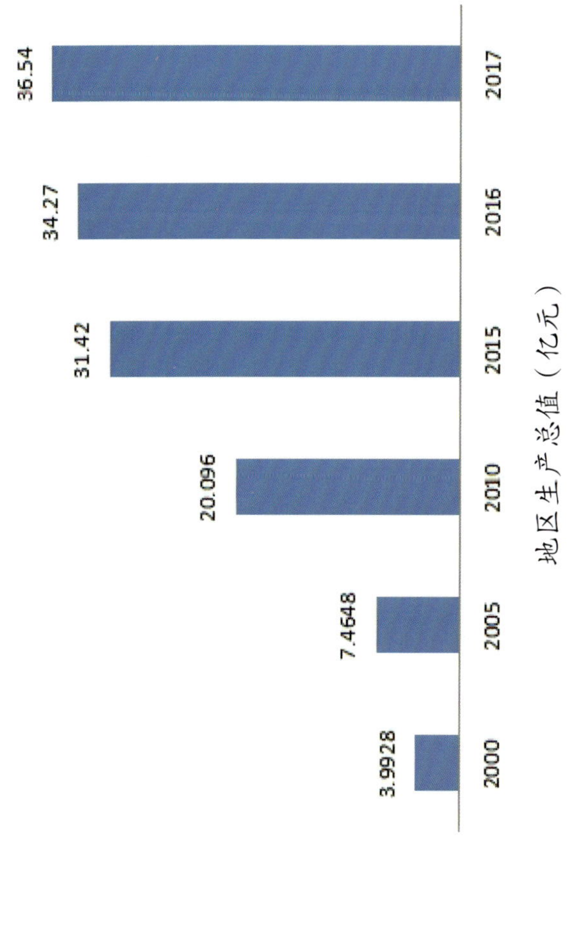

地区生产总值（亿元）

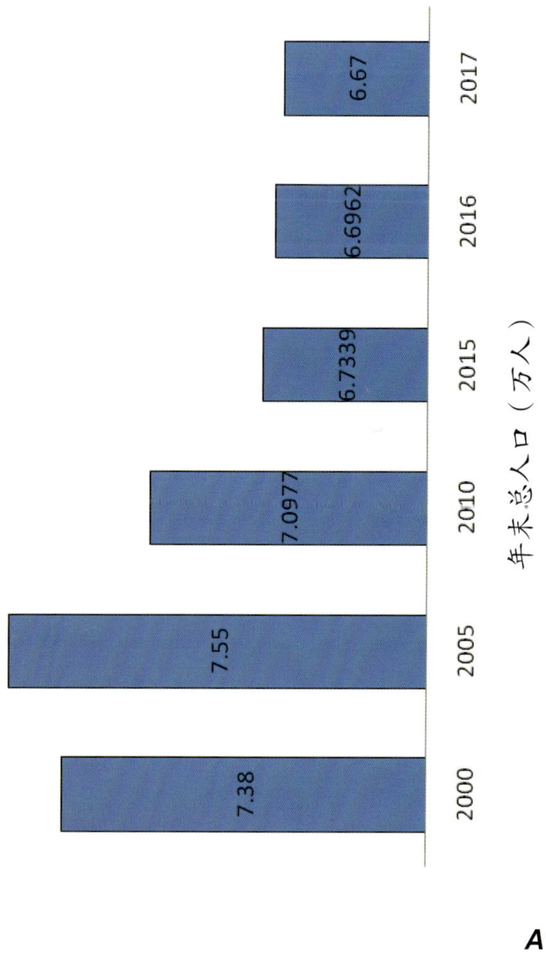

年末总人口（万人）

脱贫攻坚

图为区工委书记罗国宇走访慰问贫困户，与贫困户亲切交谈

2017年2月18日，湖南省人民政府批复同意，洪江区和武陵源区在全省率先脱贫摘帽

区工委副书记、区管委主任毛运鸿走访慰问贫困户

脱贫攻坚

8月22日，双牌县与洪江区脱贫经验交流，图为交流会会场

桂花园乡堆边村光伏发电站

生态洪江

洪江区嵩云山国家森林公园

洪江区横岩库区自然风光

园区建设

工业园区标准化厂房

久日新材料股份有限公司

生态循环工业一景

新三板上市企业——湖南恒光科技股份有限公司

招商引资

6月28日，区管委主任毛运鸿代表洪江区与投资方湖南省永达房地产开发有限公司董事长曾桂华签约

7月7日，洪江区成功签约四家企业，其中新能源电子项目总投资为1.2亿元，供能项目总投资为1.5亿元，固废处理厂项目总投资为1.2亿元

旅游兴区

1月1日至2月11日，洪江区举办春节十大文化活动，图为活动舞龙现场

3月7日，2017年两岸婚姻家庭子女财商夏令营在洪江古商城开营，图为祭拜仪式现场

旅游兴区

4月1日，“洪江古商城2017嵩云山樱花浪漫季”活动正式拉开大幕。为期9天的“樱花浪漫季”通过开展樱花浪漫夜、情侣登山等九大主题活动，把樱花、古商城与自然风光融于一体，为广大游客带来一场生态文化盛宴

8月29日，洪江古商城“中美篮球明星对抗赛”，图为比赛现场

旅游兴区

9 月 19 日，2017 中国湖南（第八届）旅游产业博览会开幕式在吉首市举行。图为湖南旅游博览会洪江古商城馆

10 月 1 日，“洪江 1915”作为全新的游客接待服务中心面向游客开放

领导关怀

8 月 17 日，省委副书记、省长许达哲实地考察洪江古商城

11 月 29 日，市委书记、市人大常委会主任彭国甫带队到洪江区开展重点项目巡检

目 录

特 载

大事记

洪江概况

中共怀化市洪江区工作委员会

洪江区人大工委

怀化市洪江区管理委员会

洪江区政协工委

纪检·监察

社会团体

法　治

经济管理与监督

农业与气象

工业·科技

城乡建设与管理

国土·生态环境保护

交通·邮政·通信

商贸·旅游

财政·税务·金融

教　育

广电·文体

卫生与计划生育

社会生活

乡街要览

人　物

重要文件选登

综　录

特 载

在区工委经济工作会议上的讲话（摘要）

罗国宇

（2017 年 12 月 29 日）

一、站在新时代，攻坚克难取得新成就

2017 年，是洪江发展进程中值得铭记的一年。一年来，我们坚持以习近平新时代中国特色社会主义思想为指导，全面贯彻党的十九大和省、市党代会精神，坚持稳中求进，贯彻新发展理念，认真落实省市发展战略，全力打好防范化解重大风险、精准脱贫、污染防治“三大攻坚战”，科学应对、全面战胜历史罕见洪涝灾害，经济社会保持平稳健康发展。

（一）经济运行稳中向好。预计（下同）实现地区生产总值 37.4 亿元，同比增长 8.5%；一般公共预算收入 3.27 亿元，同比增长 11.74%，其中地方财政收入 1.81 亿元，同比增长 10.7%；全社会固定资产投资 37.7 亿元，同比增长 19%；社会消费品零售总额 16.2 亿元，同比增长 12%，城乡居民人均可支配收入 19014 元，同比增长 9.2%，其中城镇、农村居民人均可支配收入分别为 20102 元、10015 元，分别增长 9%、11%，较好地完成了年初预定目标。

（二）质量效益明显提升。一般公共预算收入增长高出全省平均水平近 3.7 个百分点；财政管理绩效综合考核排名全省县市第一，获得 950 万元奖励；全口径税占比 84.69%，高于全市平均水平 5.6 个百分点，地方财政收入非税占比 27.77%，低于全市平均水平 7.2 个百分点，两项指标有望排名全市第一；产业结构不断优化，第三产业发展速度明显加快，占比继续上升；产业项目规模不断扩大，带动作用逐步增强，全区重点项目中产业项目投资占比达到 66.5%；科技创新和提质升级成效明显，高新技术企业增加值最高增速达 28%以上，高于去年同期 16 个百分点。

（三）产业发展形势喜人。旅游统领按下“快进键”：成功列入长江国际黄金旅游带名录和全省精品旅游线路重点县；以古商城为核心的旅游产业取得突破性进展，古商城核心景区一期房屋征收全面完成，二期工作全面启动，“烟雨洪江”项目快速推进，洪江“1915”项目竣工并投入使用；新民路强弱电下地工程全面完成，启动民国风格临街建筑立面改造；川山大道建设全线展开，水映洪江项目和川山特色小镇建设有序实施；嵩云山AAA景区、茅头园星空庄园3A景区升级改造；成功举办了春节十大文化活动、樱花浪漫季、洪江古商城中美篮球明星对抗赛等文体旅游营销活动，面向全国发行的中国福彩“福票”在洪江古商城首发上市；对外宣传上了新台阶，新华社、中央电视台、湖南日报、湖南卫视等主要媒体多次关注报道洪江。全年接待游客401万人次，旅游收入13亿元。产业升级跑出“加速度”：全区新增高新技术企业4家、规模工业企业6家，上市企业达到5家；工业集中区获批全国第二批增量配电业务改革试点；产业园区三年倍增行动计划超额完成；园区税收增长超过100%；新引进6个总投资额达8亿元的项目，产业逐步向化工新材料、新能源、生物医药等战略性新兴产业聚集；泰通科技、久日新材二期、恒光科技技改二期、兴进新材料、棓雅生物新生产线等一批产业项目顺利推进并逐步投产增效；总投资8.5亿元的园区提质升级基础设施PPP项目开工建设；雪峰乌骨鸡冷链物流中心完成降能技改并试产运行，雪峰乌骨鸡原种繁殖场加快建设;“互联网＋农业”“旅游＋农业”进度加快，农村电商蓬勃发展。

（四）民生福祉持续增进。全面小康总实现程度预计达到96%以上，有望在全市率先达标；不断巩固提升脱贫成果，认真完成大排查、大诊断、大整改工作，全力实施“九大工程”，落细落小“七大政策”，深入开展“三走访三签字”和“千名干部下基层，联系群众暖民心”活动。在全省贫困县市区中率先实现高中阶段所有学生免学费教育；夺取抗击“6·29”流域性洪灾全面胜利，获评“2017年全省抗洪救灾先进集体”；获得“省级文明城区”授牌；顺利通过省级现代公共文化服务体系示范区验收，城区“10分钟文化服务圈”、农村“15分钟文化服务圈”基本建立；将“厕所革命”作为重要民生工程，建设农村无害化厕所3000多座，新建改建旅游景区厕所18座、城区厕所10座；获评全省首届十大“平安创建示范县（市区）”、全省无邪教创建示范区、省市综合治理先进县市区、全市党的十九大安全稳定工作先进县（市区），综治民调排名继续保持全省前列，连续八年保持平安县市区，为全省最安全城市之一；卫计服务稳步提升，人口计生工作打赢“翻身仗”，获评省市良好单位，医药卫生体制改革进展顺利，打击“两非”案件实现零的突破；安全生产形势平稳，获评全省安全生产工作良好单位，市安全生产先进县市区，连续十五年未发生较大安全生产事故。

（五）生态环境不断改善。围绕全域旅游发展推进生态文明建设，着力抓好“五边”植树造林，全面落实“河长制”，扎实开展水环境治理；中央环保督察问题整改到位，城区燃煤锅炉清洁能源改造，铁溪流域综合整治等环境治理工作有序推进；空气、水、土壤环境质量总体保持稳定，大气主要污染物大幅下降，前三季度空气质量指数（AQI）排名全市第二，全省第四，主要河流水质保持在国家Ⅱ类水质标准。

（六）改革创新加力推进。供给侧结构性改革“三去一降一补”扎实推进，妥善处理洪江纸业关停和善后工作；“互联网＋监督”、“三级一体”警务改革按要求推进；研究出台《洪江区工委全面深化改革“创新创优奖”实施办法》；开展“两岸婚姻家庭子女财商特训营”活动，获全省统战工作实践创新成果奖；扎实推进茅头园村农村城镇化综合改革市级试点工作；完成土地承包经营确权；创新宣传方式，“洪福洪江”微信公众号开辟了网媒宣传新平台；创新学习方式，大兴学习之风，举办《洪江发展论坛》，每季度邀请双一流大学著名教授来洪作专题讲座；创新人才培养机制，着眼洪江未来，加大年轻干部培养选拔力度，今年提拔重用80后优秀年轻干部37人，创办《青年论坛》，制定年轻干部联系培养制度，建设100套人才公寓。

成绩来之不易，经验尤其珍贵。回顾一年来的工作，有四个方面的体会。

一年来，我们以党的建设强根固魂不忘初心。以党的建设为抓手，深入学习宣传贯彻习近平新时代中国特色社会主义思想和党的十九大精神，扎实推进“两学一做”学习教育常态化制度化，广大党员在党性上得到了一次深刻洗礼，为民谋福的决心更坚定，干事创业的士气更高涨。坚持党管干部原则，坚持德才兼备、以德为先，坚持五湖四海、任人唯贤，坚持事业为上、公道正派，把好干部标准落到实处，营造良好政治生态。无论是在抗击“6·29”特大洪灾中，还是在征地拆迁、项目建设、巩固脱贫成果等急难险重工作中，全区各级党组织和广大党员干部充分发挥战斗堡垒作用和先锋模范作用，凝聚力、号召力、战斗力得到了上级和群众的高度肯定，真正践行了不忘初心，牢记使命。

一年来，我们以产业项目加速推进提振信心。牢牢坚持发展是第一要务、产业是第一战场、项目是第一抓手，全年共实施重点项目42个，投资总额19.5亿元，规模、数量、增幅均为历年之最。通过实施这一批让全区上下看得见、摸得着的大项目，让老百姓得实惠、增福祉的好项目，让经济发展增动力、添后劲的新项目，获得了广大群众的交口称赞，激发了全区人民对未来发展的坚定信心。

一年来，我们以旅游统领全面实施展示决心。全力加快旅游城市和旅游项目建设，破解征拆难题，全区机关、基层单位悉数上阵，征拆队员夙夜在公，发挥千言万语、千辛万苦、千方百计的“三千精神”，全面完成古商城核心景区外岸10万平方米500余户2000余人房屋征拆、城市棚户区改造600余户征收工作，核心景区建设和城市提质全面铺开，展现全区上下建设“全国知名旅游目的地城市”的坚强决心。

一年来，我们以城乡一体均衡发展赢得民心。积极应对发展不平衡不充分的矛盾，坚持城乡一体均衡发展。通过“美丽乡村·幸福家园”建设，巩固提升脱贫成果，城市棚户区改造，文明城区和卫生城区成果巩固，现代公共文化服务体系示范区创建等工作，城乡生活环境更加优美、文体活动更加丰富、社会保障体系更加健全，不少群众发自内心地为我们鼓掌、喝彩、点赞，并以更积极、更主动的姿态支持洪江建设、参与洪江发展。

同志们，总结一年的实践，全区上下在应对挑战中坚定了克难奋进的意志，在改革攻坚中打开了思想解放的空间，在奋力赶超中获得了人民的认可，为全面建设洪福洪江打下了坚实基础。这些成绩的取得，得益于上级党委、政府的坚强领导，得益于全区上下的辛勤付出，在此，我谨代表区工委向全区各级各部门，广大干部群众及所有关心支持洪江发展的各界人士，表示衷心的感谢和崇高的敬意！

在充分肯定成绩的同时，我们必须清醒地认识到，2017年的工作，纵向比有进步，横向比有压力，主要表现在：旅游产业龙头作用发挥得还不充分，第三产业仍然是我们的短板；金融服务实体经济的力度有待提升；发展软环境还需加强；一些干部思想解放不够、担当进取精神不强等问题急需整改；领导经济工作能力和工作精细化、精准化的水平有待提高；年轻干部、专业技术人才和青年创业者还很缺乏。对此，我们必须高度重视、认真解决，必须扬长补短、扬鞭奋蹄，必须加力加压、追求卓越。在新的历史起点上，以全新的风貌和顽强拼搏的姿态，不断展现新作为，奋力开启新时代洪福洪江建设新征程。

二、纵观新形势，坚定信心抢抓新机遇

“舟循川则游速，人顺路则不迷”。抓好2018年工作，意义重大，我们必须全面研读上级政策、充分发挥自身优势、积极抢抓新时代发展新机遇，科学谋划2018年洪江经济工作。

发展潜力正逐步凸显。我区经过多年的负重爬坡，滚石上山，瓶颈正在打破，利好正在兑现，潜力正在显现。从上级政策来看，党的十九大胜利召开，为经济发展在理念、战略、举措、预期上注入了强大动能，中央经济工作会议继续明确了稳中求进工作总基调，积极的财政政策取向不变，货币政策保持“稳健中性”，省市经济工作会议确定了2018年为“产业项目建设年”。从我区实际来看，2017年产业项目投资额占比66.5%，2018年预计占比80%左右，以文旅产业、生态循环工业、精细农业为主导的实体经济正在壮大，这都为经济社会更有质量、更有效能的发展提供了有力支撑。从要素禀赋来看，我区平安创建方面屡获殊荣，为全省最安全城市之一，森林覆盖率、空气质量指数、地表水质省市领先，这将是贯彻五大发展理念和高质量发展的有力支撑，是旅游、养老、医疗等项目发展的有利条件，是对外招商引资的最佳名片，必将成为我们后发赶超的强劲潜能。

发展思想正高度统一。积极奋进的洪江人民从不会懈怠，也不会等待，立足独特的资源禀赋和发展基础，探索前行。去年换届以来，站在新的历史起点，顺应全区人民实现洪江第三次辉煌的意愿，总结完善前期发展思路，明确了建设“全国知名旅游目的地城市”战略目标，全力实施旅游统领战略，通过旅游、城建、交通等项目实实在在地推进，干成了许多大事好事，并引领全区上下以更积极、更主动的姿态支持洪江发展、参与洪江建设。这一全新战略目标和发展思路已成为了广大干部群众高度共识，转化为了全区人民的自觉行动。

发展势能正快速集聚。以古商城创AAAAA级景区，工业园创省级高新区为带动，核心产业正在突破；怀洪旅游干线即将开工，金融机构的支持，社会资本的青睐，发展瓶颈正在破解；新民路管网改造施工的“洪江速度”，征拆工作、项目建设上的你追我赶，比学赶超，干部作风正在转变。洪江大建设、大开发、大发展的条件正在具备，势能正在快速聚集。我们要蓄势、强势、用势，推进洪江发展再接再厉、势如破竹、一往无前。

三、迈步新征程，实干为要奋发新作为

大道至简，实干为要。要围绕2018年经济工作目标任务，聚焦抓重点、补短板、强弱项，坚持在发展中升级、在升级中发展，努力做到速稳势更强、量增质更优。重点抓好七个方面的工作。

（一）强力推进旅游统领。围绕建设“全国知名旅游目的地城市”战略目标，坚定不移地推进旅游统领战略，按照全域旅游规划布局，“全产业、全地域、全要素、全方位”发展，统筹推动城区、乡村建设，将全城作为一个生态大景区来打造。升级景区。以创建5A级景区为目标，全力抓好以古商城为重点的景区建设工程，力争2018年整个烟雨洪江项目完成一期工程的80%，烟雨广场、湘乡会馆、徽州会馆等部分景点投入运营。全力推进传统特色商业街（新民路、高坡街）、城市入城口形象改造、旅游停车场项目，结合嵩云山国家森林公园AAAA级景区创建，加快生态康养文化基地建设。加快川山旅游特色小镇、五星级度假酒店、茅头园星空庄园农业综合体开发、密岩尖观景平台建设。全力推进怀洪旅游干线项目，确保明年尽早开工建设。工业遗存文化创意产业园要加大招商引资力度。创新手段。要以提升知名度和美誉度创新营销方式，要以提高参与度和体验度丰富旅游产品。古商城品牌宣传要覆盖新区域，“洪福洪江年”文化活动要打造新品牌，影视基地建设要取得新突破，财商特训营活动要争取新拓展，研学旅活动要成为新亮点。提升内涵。要继续深度挖掘商道文化内涵，加大申遗力度，恢复和传承传统工艺，提升文化支撑力度，走文旅结合的发展之路。共建共享。坚持开门办旅游，增强互补协作意识，强化“合纵连横”，淡化“楚河汉界”。全面发挥特色资源优势，注重加强与周边古城、古镇和生态文化景区协同发展，全力争当“怀化南部生态文化旅游先导区”建设发展的排头兵，“张吉怀桂精品生态文化旅游经济带”的重要结点和“锦绣潇湘”的靓丽名片。

（二）全力振兴实体经济。按照省市“产业项目建设年”部署，大力发展实体经济，加快产业项目建设，推动高质量发展。要把握要求。以旅游产业项目为主导，全力整合项目，提高旅游项目在产业项目占比，以旅游产业带动一、二、三产业融合发展。以工业园区2018年创成省级高新区为目标，加快工业园企业的升级转型、优胜劣汰，建立健全以质量为标准的企业绩效综合评价和市场退出机制，扶持绩优企业，淘汰低端产能和“僵尸企业”，加快推动经济发展质量变革、效率变革、动力变革。要善抓项目。紧密对接中央、省、市发展战略，顺应科技革命和产业变革趋势，提质升级化工、纺织等传统制造业，加快培育壮大新材料、新能源、生物医药等新兴产业，围绕旅游统领、“产业园区三年升级行动”、城乡均衡发展等重点方面，谋划、包装好一批好项目、大项目，确保明年全区项目建设，特别是产业项目投资质量好、增速快。重点推动园区年产5000吨阻燃剂光引发剂、年产1万吨高氯酸铵、年产2万支清洁用品、年产2万吨再生纸、年产1万吨高氯酸钠生产线建设，力争达产增效。协调推进金丰纺织怀化公司加快搬迁至我区。加快园区基础设施PPP项目、集中供能、固废集中处置中心建设，按照工业景点的标准绿化、美化园区环境，全力创建省级绿色园区。要打破桎梏。项目前期工作滞后，已成为制约我区产业项目进度的重要因素。相关部门要勇于担当、敢于作为、善于统筹，以新思维、新办法破解难题、提高效率，加快规划设计、财评、招投标等各项前期工作。要加快工业集中区土地供应，确保进园企业有地可用。要健全完善有利于产业项目发展的支持政策、考核办法、奖惩制度，形成推进产业项目发展的有效机制。在干部使用上，把一些能抓产业、善抓项目、善于与企业家沟通合作的干部放到项目建设第一线，营造良好干事创业环境。

（三）坚决打好“三大攻坚战”。打好防范化解重大风险攻坚战。要正确处理好发展与举债、长远与当前的关系，坚持量力而行、规模适度，要摸清政府债务特别是隐形债务底数，着力去存量、控增量，在计算负债率、债务率、偿债率的前提下，科学举债、合理负债。切实加强金融监管，维护金融市场稳定。要高度重视解决农民工工资拖欠问题，确保农民工领上工资回家过年，确保政府工程项目的农民工工资在春节前支付到位，确保不发生因拖欠农民工工资引发的群体性事件。打好巩固脱贫攻坚战。坚持把巩固脱贫成果作为首要民生工程来抓，精准聚焦聚力、压紧压实责任、用心用情推进。要以深度贫困家庭和贫困对象为重点，以解决突出制约问题为重点、尽快攻克深度贫困堡垒。要扭住产业脱贫这个关键，大力推动“扶贫车间”入乡进村，大力发展特色农产品种植业、精深加工业，积极发展乡村文化旅游；开辟农村公路养护、乡村卫生保洁等公益性岗位，拓展困难群众就业渠道；对已脱贫对象开展“回头看、回头查、回头帮”，实行攻坚期内脱贫不脱政策，确保可持续稳固脱贫。要继续压实帮扶责任，进一步落实“三走访三签字”要求，深入开展“千名干部下基层，联系群众暖民心”活动，切实提高群众获得感和满意度。打好污染防治攻坚战。弘扬赛罕坝精神，自觉践行“绿水青山就是金山银山”的理念，围绕建设“全国知名旅游目的地城市”战略目标，摒弃粗放型增长方式，推进绿色发展，绝不能口头上高唱绿水青山、背地里大搞“黑色增长”。继续加大中央环保督查反馈问题的后续巩固工作，着力解决突出环境问题。抓好工业集中区废渣堆置场土壤修复治理，加大生态系统保护力度，改革生态环境监管体制，坚决打好污染防治攻坚战，推动形成人与自然和谐发展的新格局，把我区山清水秀的生态优势转化为发展的强劲动力。

（四）千方百计招商引资。省委经济工作会议提出要围绕产业项目建设年活动，开展“百千万投资促进计划”。我们要积极贯彻，认真部署，千方百计招商引资。新理念招商。坚持用“精准、舍得、执着”的理念，以“抢”的姿态引进产业项目。“精准”就是要围绕我区旅游、工业的产业链条，城建、文化的产业布局，精细精准对接，靶向招商。“舍得”就是算好项目建设长远账、整体账，对符合产业发展要求的项目，看准了就实行“一事一议”，拿出具体措施。“执着”就是主要领导带头，对大产业项目深入持久地盯下去，不管三年五年，直到项目敲定。真感情招商。深入开展“迎老乡、回故乡、建家乡”主题招商活动，用好即将建成的古商城省级海峡两岸交流基地、中华商帮文化论坛永久会址。发挥洪江在外商会作用，收集、掌握、梳理在外的优秀洪江人脉资源，充分利用亲情血脉、古城商脉，大力推介、宣传洪江，鼓励引导更多在外的老乡投资家乡、建设家乡、造福家乡。要根据投资者需要，完善服务机制，注重发展职业教育培养技能人才，解决实际问题优化生活环境，真正让客商投资放心、创业顺心、生活舒心。好环境招商。抓好招商引资，项目是“核心”，作风是“保证”，环境是“王牌”。必须解放思想，转变作风，深化各项改革，创新管理服务，优化营商环境。光明磊落与企业家交朋友，积极主动帮投资者解难题，热情高效为纳税人搞服务。要深化“放管服”改革,探索实行投资审批“一站式受理”“绿色通道”“代办服务”等制度，在政策允许范围内简化流程、提高效率，只要符合产业政策，不触碰安全、环保和廉洁底线，都要“一路绿灯”。

（五）精细推进城市建管。围绕建设旅游目的地城市的要求，充分考虑发展空间承载能力，体现商道元素，突出洪江特色。按照“城在景中、景在城中”要求，抓好以主干道沿线为重点的绿化工程，以立面改造为重点的旧城改造工程，以主要标志物为重点的城市亮化工程，以城区段为重点的水系治理工程；大力实施棚改攻坚战，推进城南、城东、城西、小寨溪、桃李园等棚户区改造，完成1062户征拆任务。加快建立多主体供给、多渠道保障、租购并举的住房制度，确保区内房地产市场健康有序发展，稳步推进保障性住房建设，建成公租房600套、安置房300套，让全体市民住有所居；加快省道222线周边环境改造、巫东城市防洪堤等项目建设,不断提升城市品位;以巩固“省级文明城区”“省级卫生城区”创建成果为抓手，进一步强化城市精细化管理工作，开展市容市貌、交通安全、农贸市场环境等专项整治；大力推行社会主义核心价值观教育，提高市民文明素质，提升旅游城市“软实力”。

（六）大力实施乡村振兴战略。按照“产业兴旺、生态宜居、乡风文明、治理有效、生活富裕”的要求，大力实施乡村振兴战略。加快发展现代农业。

以我区特色农产品为基础，服务旅游产业发展为目标，大力发展以楠竹、乌骨鸡等为代表的农产品精深加工，加快建设茶叶、蔬菜、特色水果等优质农副产品供应基地，加大乡村民宿、观光农业等农旅一体化项目建设，推进农村一、二、三产业融合发展。培育新型经营主体。做大做强恒裕竹业、嵩云禽业等龙头企业，积极培育壮大新的农业产业化农头企业。积极鼓励返乡农民工、高校毕业生、科技人员投身现代农业。大力培育新型职业农民，加大农业技能培训力度，不断提升农民增收致富能力。全力建设美丽乡村。推进“美丽乡村·幸福家园”建设和“厕所革命”三年行动计划，以“五美”为目标，加快湖湘风情文化小镇及横岩乡，桂花园乡滩头村、茅头园村为代表的乡村旅游建设。深入实施“三化一改”，重点抓好饮用水源地保护、生活污水治理和畜禽养殖污染治理。按照“四好农村路”建设要求，把农村公路建好管好护好运营好，全面改善农村基础设施水平和乡村风貌。继续加大农村文化设施和文化平台建设，不断提升城乡公共文化服务均等化水平。

（七）切实改善民生水平。坚持以人民为中心，加强保障和改善民生，完善各项社会保障体系建设，不断提升城乡居民幸福指数。优先发展教育。初中小学幼儿教育要夯实基础、突显特色、创造品牌、扩大影响；高中教育要引进优秀师资、留住优质生源、主攻高考突破；着力解决中小学生课外负担重，婴幼儿照护和儿童早期教育服务等问题；建立完善科学的绩效激励机制，注重提升一线优秀教师待遇；继续抓好中小学生防溺水工作和违规征订教辅资料专项整治工作。关心人民健康。进一步完善统一的城乡居民基本医疗保险和大病保险制度；加强医疗卫生服务体系和全科医生队伍建设，强化医德医风建设，培养高尚的职业道德；降低人口出生缺陷率；积极应对人口老龄化，加快推进健康养老产业发展。夯实民生保障。把稳定扩大就业摆在突出位置，加大技能培训，加强需求引导，鼓励创业，切实扩大就业；统筹做好城市扶贫工作，加大对城市贫困群体的综合支持保障力度。加强社会治理。巩固全省十大“平安创建示范县（市区）”成果，深化信访一体化改革，提高社会治理社会化、法治化、智能化、专业化水平，努力培育自尊自信、理性平和、积极向上的社会心态，实现政府治理和社会调节、居民自治良性互动。开展集中打击整治突出犯罪斗争，开展声势浩大的禁毒工作，改变洪江禁毒形象。重视公共安全，深入排查涉恐安全隐患，严防暴恐案事件。树牢安全发展理念，坚决遏制较大安全事故，提升防灾减灾救灾能力。

四、贯彻新思想，敢为善为提升新水平

新时代新任务新实践需要新的思想来指引，我们要以习近平新时代中国特色社会主义思想为指导，深入学习贯彻党的十九大精神，把党的领导贯穿经济建设全过程，切实提升敢为善为水平，为推动高质量发展提供坚强政治保证。

（一）旗帜鲜明讲政治。坚决维护以习近平同志为核心的党中央权威，牢固树立“四个意识”，切实增强“四个自信”，始终在思想上、政治上、行动上同以习近平同志为核心的党中央保持高度一致。我们坚持把方向、观大势、谋全局，任何工作都要以贯彻党中央和省委、市委决策部署为前提，确保政令畅通，坚决反对经济工作中的分散主义、自由主义、本位主义、山头主义、地方保护主义。深入研究中央、省市出台的重大方针政策，结合洪江发展实际和工作现状，定期分析经济形势，科学谋划全年经济工作重点和政策举措，确保洪江经济工作始终沿着党指引的正确方向阔步前进。

（二）常抓学习强本领。要按照习近平总书记强调增强“八种执政本领”的要求，大兴学习之风、调查研究之风，坚持“白天跑讲干，晚上读想写”。认真学习习近平新时代中国特色社会主义经济思想，做到学深悟透、融会贯通。继续办好《洪江发展论坛》《青年论坛》，加大邀请知名专家、学者到洪江授课力度。广泛学习法律法规政策、市场经济理论、资本运作等知识，逐步完善知识结构，培养专业思维、专业素养、专业方法，不断提高适应新时代、实现新目标、落实新部署的能力，增强推动高质量发展和建设现代化经济体系的本领，努力成为抓经济工作的行家里手。

（三）勇于担当善作为。要大力弘扬敢于担当、崇尚实干、追求卓越的优良作风，要倍加爱护有德有才、敢闯敢干、善谋善为的优秀干部。要坚持问题导向，不解决问题，就是最大的形式主义，不化解矛盾，就是最大的官僚主义。要坚持不回避问题、不遮掩问题、不害怕问题，碰到难题敢于触及，遇到矛盾主动化解，不搞时间换空间，不把难题留给后人，以解决问题的实际成效彰显责任担当、体现能力水平。要深刻理解经济工作的内在规律，坚决摒弃采用一般化、大呼隆、粗放型领导方法。要用心用脑、精准精细，把经济运行情况摸清楚、把问题矛盾弄明白、把对策措施定具体，做到精准发力、精细管理、精明增长。要把握做好经济工作的“时效度”，找准尽力而为与量力而行的平衡点。要完善考核评价机制，强化考核结果运用，形成“能者上、庸者下、劣者汰”的鲜明导向。

（四）持之以恒转作风。作风建设永远在路上。要持续深入开展“纠‘四风’、治陋习”专项整治行动，坚决克服等待、观望和畏难情绪，严厉整肃庸政、懒政、怠政行为，重点整治表态多调门高、行动少落实差等突出问题，决不允许占着位子不想事、拿着薪水不干事、带着笑脸不办事。要有“功成不必在我，建设必须有我”的胸怀，对看准的事情，坚持不懈抓、持续用劲抓，抓一项成一项。全区各级领导干部要坚持以上率下，带领广大人民群众，一件件办、一项项干，以实绩实效向党和人民交上一份满意答卷。两节将至，要坚决落实中央八项规定和新修订的实施细则精神，做到廉洁过节、文明过节，确保两节风清气正。

洪江区管委工作报告（摘要）

——2017年12月19日在洪江区第三届人民代表大会第二次会议上

洪江区管委会主任　毛运鸿

2017年主要工作回顾

2017年，完成地区生产总值37.4亿元，同比增长8.5%；一般公共预算收入3.3亿元，同比增长12%，其中地方财政收入1.81亿元，同比增长11%；全社会固定资产投资37.7亿元，同比增长19%；社会消费品零售总额16.2亿元，同比增长12%。全面小康实现程度97%。

一、抓结构调整，产业发展提质增效

全区产业结构逐步优化，三次产业占比由去年的5.2：71.4：23.4调整为4.8:69.5:25.7，第三产业比重逐年提高。

旅游统领逐步加强。成功入列全省精品旅游线路重点县，将连续三年获得省财政专项资金支持；洪江古商城被纳入长江国际黄金旅游带名录；完成《洪江区古商城文化旅游区控制性详细规划》编制，《洪江区全域旅游总体规划》等系列规划正在修改完善。项目建设稳速推进。投资2亿元，实施洪江古商城文化旅游区开发项目；启动古商城国家AAAAA级景区、嵩云山国家森林公园AAAA级景区创建工作；水映洪江项目征拆工作有序推进，古商城核心景区一期、川山大道房屋征收全面完成；洪江“1915”项目竣工并投入使用,徽州会馆等“烟雨洪江”项目建设进展顺利；新民路民国风格临街建筑立面改造、沅水北岸栈道等项目开工建设。助推产业配套发展。菖蒲村采摘园、停车场获省旅发委乡村旅游资金支持；星级宾馆、电子商务、娱乐休闲等业态呈繁荣兴盛之势。全年共接待游客401.72万人次，同比增长12.85%，旅游收入13.07亿元，同比增长12.63%。

工业发展持续发力。实现工业总产值52.5亿元，同比增长14.2%；规模工业增加值14.8亿元，同比增长7%；工业固定资产投入21.4亿元，同比增长22%；园区税收增幅超100%；新增高新技术企业4家，新增规模工业企业4家，上市企业共5家；产业园区三年倍增行动计划超额完成。园区招商成效明显。新引进6个总投资额达8亿元的项目，产业逐步向化工新材料、新能源、生物医药等战略性新兴产业聚集。园区项目稳步推进。棓雅生物年产500吨壬二酸及300吨壬酸生产线等项目有序推进，久日新材料年产2万吨光固化材料项目二期工程、兴进新材料年产3000吨新型消防灭火剂生产线建设项目正在试产，恒光科技技改二期工程全面完成。基础设施不断完善。完成园区控制性详规编制评审、整体安全和环境风险评估；总投资8.5亿元的基础设施建设项目完成前期工作，完成茅州场地平整三期工程、万源道路硬化等基础设施建设。服务举措再出新招。成立洪江区融资服务公司，为企业与银行牵线搭桥融资1.5亿元；成立中小企业转贷服务公司，筹集转贷资金1000万元；为企业争取上级专项资金1300万元；区内所有10千伏以上用电企业全部进入省直供电交易准入目录。

农业生产稳步发展。实现农业总产值2.9亿元。洪江雪峰乌骨鸡申报国家地理标志产品，区鱼苗鱼种场被评为省苗种生产供应资质单位；设立禁渔期和禁渔区，促进渔业资源可持续发展。特色农业持续向好。雪峰乌骨鸡产业项目投资6000万元，冷链物流中心完成降能技改并试产运行，虫草乌鸡口服液正在试产；实施200亩黄金贡柚水果标准园建设，充分利用果木场5000亩山林资源，打造“一山一品”“一季一果”的“百果园”。“互联网+农业”步伐加快。举办3期农村电子商务培训班；借力2017年中国中部（湖南）农博会“农博优品”线上平台，邹菜腊味等特色农产品知名度进一步提高。

二、抓基础建设，城乡面貌不断改善

城市建设力度加大。投资8000万元，实施新民路综合整治项目，完成强弱电下地工程；投资5000万元，推动省道222线周边环境改造；投资2000万元，实施川山大道建设；启动洪江大桥改造项目；投资1.9亿元，实施城市棚户区改造600户，农村危房改造105户。城市管理明显提升。完成智慧城市指挥中心装修工程；强力实施城市市容与环境卫生专项整治行动，加强城区流动摊点、车辆乱停乱放、渣土运输车辆的管理；严控“两违”建设，确保重点区域违建“零增长”；城乡生活垃圾定点存放清运率达100%。环境整治卓有成效。空气、水、土壤环境质量总体保持稳定，大气主要污染物大幅下降，城镇空气质量稳居怀化前三位，综合指数在全省县级城市排名第4位；全力配合中央环境保护第六督察组开展环保督察工作，推进城区燃煤锅炉清洁能源改造、铁溪流域综合整治等环境治理工作。

三、抓民生改善，人民生活更加幸福

民生实事顺利推进。投资130万元，完成10条背街小巷改造；投资1600万元，完成乡（街）及村（社区）便民文化活动设施建设；投资1096万元，完成文化馆、影剧院一期改建工程；投资293万元，完成农村电网改造；投资2056万元，完成公租房144套建设任务；实现农村宽带全覆盖；在全市率先实施高中阶段免费教育；城乡生活垃圾收转体系建设和殡仪馆整体搬迁有序推进。社会保障坚实有力。民生支出7.66亿元，占一般公共预算支出的75.62%，累计发放城乡低保金近2300万元；新增城镇就业2896人，城镇登记失业率控制在4.3%以内；城乡居民人均可支配收入达到20100元和10014元，分别同比增长9%、11%；征缴各类社保基金1.92亿元，支出5.21亿元；中国福彩“福票”在洪江古商城首发上市，截至目前筹集公益金815万元。教科事业加快发展。完成发明专利申请30件，新增发明专利授权8件，获各级科技经费支持近300万元；全面实施改薄计划，争取近1000万元改善办学条件，完成幸福路小学综合楼和足球场主体工程等项目。文体事业繁荣活跃。省级现代公共文化服务体系示范区创建工作顺利推进，39个综合性文化服务中心示范建设点全部建成并免费开放，实现全区公共文化服务全覆盖；“欢乐潇湘·幸福怀化·洪福洪江”文艺会演、洪江古商城中美篮球明星对抗赛、环中国国际公路自行车湖南（洪江）赛等系列活动蓬勃开展；竞技体育实现新突破，在怀化市第五届运动会中获得15金9银10铜。卫计服务稳步提升。医药卫生体制改革进展顺利，全面实行零差率销售政策、药品采购“两票制”，实现试行期间医改零投诉、零上访的预期目标；全面落实计划生育利益导向工作，发放扶助金253万元；打击“两非”案件实现零的突破，计生违法行为得到有效遏制。社会大局持续稳定。综治民调排名继续保持全省第一序列，荣获湖南省“平安县（市区）”创建示范单位荣誉称号；健全信访“四访一包”长效机制，有效化解信访积案；严厉打击违法犯罪行为，全年刑事案件立案数同比下降54.18%，连续4年实现“降发案、提破案”；深入开展安全生产大检查，连续十五年未发生较大安全生产事故；区危险化学品应急救援基地被纳入湖南省安全生产应急管理“十三五”规划；开展“食品安全护苗行动”“药品、医疗器械安全专项活动”等系列执法检查，保障人民群众饮食用药安全。

四、抓巩固提升，脱贫攻坚成效显著

2017年2月，洪江区在全省第一批实现“脱贫摘帽”，贫困发生率从2013年的20.1%下降到目前的0.5%，全区脱贫工作已进入巩固提升阶段。基础设施不断夯实。投资2173万元，实施新店至菖蒲、淘金冲等7条农村道路建设；投资533万元，实施信息化扶贫工作，15个行政村（居委会）实现4G网络和光纤全覆盖。公共服务持续改善。贫困人口区域内就医实行“先诊疗后付费”“一站式”结算服务；为全区贫困人口全额代缴城乡居民医疗保险和“扶贫特惠保”参保资金86.3万元；通过“惠农一卡通”将196.2万元低保金精准发放到农村低保户手中。脱贫产业迅速发展。投资640万元，打造茅头园村和横岩村特色乡村旅游示范点；投资480万元，启动茅头园村、岩门村等6个贫困村光伏扶贫项目；投资324万元，启动均冲村生态采摘观光园、桂花园村龙虾养殖基地等4个项目；投资300万元，实施鸬鹚村、横岩村等11个村3200亩楠竹低改示范产业基地建设。

五、抓改革开放，发展活力持续增强

深化各项体制改革。积极推行“三级一体”警务体制改革，促进公安工作迈入创新高效发展轨道；有序推进放管服改革，完成协会商会与行政机关脱钩第二批试点任务；继续深化商事制度改革，实施“多证合一”，各类市场主体同比增长13.2%，注册资本同比增长51.71%。积极推进财金改革。建立政府债务风险预警机制、融资平台全口径债务统计制度，逐步将政府债务纳入预算管理，有效防范政府债务风险；积极开展PPP项目工作，确定入库项目3个，计划总投资15.3亿元。稳步实施农村综合改革。全面开展农村土地承包经营权确权登记颁证工作；深入实施集体林业综合改革，建立林地林权流转新机制；全面推行河长制，建立区、乡（街）、村（社区）三级河长制组织体系，实现流域河长制管理全覆盖。大力开展招商引资。全年共引进招商项目18个，其中投资额在1～5亿元项目9个，5～10亿元项目3个，合同引资27.3亿元，实际到位资金23.19亿元，同比增长68.9%。实现进出口总额421万美元。

六、抓自身建设，政务环境不断优化

深入践行“两学一做”常态化制度化学习教育，共开展240余次教育活动；扎实开展“七五”普法工作，全区公职人员在线学法考试参考率、合格率均达100%；积极组建政府法律顾问团，全面推进依法行政；严控“三公”经费支出，完成公车改革任务，公车运行费和公务接待费分别同比下降27%和17%；加强监察工作，全年共查处违纪案件36起；强化投资审计，全年共核减工程造价1384万元，核减率为10.65%；深化简政放权便民服务，实现区、乡、村三级便民服务网络全覆盖，下放乡街审批项目95项；推进政务公开，建立“12345”热线平台与110平台语音互转、实时派单、联动处置的工作机制，门户网站公开信息6000余条；自觉接受人大法律监督和政协民主监督，全年办理人大代表建议91件、政协委员提案43件，办复率均为100%。

七、抓防汛应急，众志成城抗洪救灾

今年6月29日，全区遭遇二十年一遇特大流域性洪灾，受灾人数占常住人口的31.5%，直接经济损失3.68亿元。在市委、市政府和区工委正确指挥下，全区上下紧急动员，安全转移并安置群众1.32万人，实现了“未出现一名人员伤亡，未垮一库一堤一坝”的目标，涌现出桂花园乡等优秀党组织和李婷香等一批优秀党员，取得了抗洪救灾全面胜利。我区被评为“2017年全省抗洪救灾先进集体”。

此外，支持工会、共青团、妇女儿童、科学普及等各项事业发展，国防、统计、物价、人防、气象、地震、对台、残联、知识产权、史志档案、应急管理、民族宗教、外事侨务、老龄老干、优抚安置、企业改制、电力通信、住房公积金管理、民兵预备役、双拥共建等工作取得新成效。

2018年主要工作思路

一、突出资源优势，彰显全域旅游特色

主动融入国家、省、市旅游发展新战略，坚持旅游统领，促进全域旅游发展，力争全年旅游接待总人数增长15%以上，旅游总收入增长18%以上，让老百姓真正感受到旅游发展带来的红利。抓好“一个引擎”。以洪江古商城景区建设为核心，投资5000万元，实施古商城核心区域及入口周边综合环境整治；投资2亿元，加速烟雨洪江项目建设，完成犁头咀及一甲巷片区建设任务。突出“两个创建”。推动全域旅游示范基地和全省旅游精品线路重点县“双创”工作，逐步打造我区旅游“全景化打造、全产业融合、全领域覆盖”的大格局。实现“三个突破”。实现景点开发新突破。全力推动怀洪旅游干线建设，打通旅游发展主通道；完成古商城核心景区亮化工程，抓好太平宫、淮盐缉私局、四川会馆等古建筑修缮；建成烟雨广场、宝丰隆钱庄、徽州会馆等景点并投入运营；大力推进水映洪江项目建设。投资1.6亿元，强力推进川山旅游特色小镇建设，启动五星级酒店项目，完成川山大道改造道路地下综合管沟工程建设及路面改造，完成仁园小区二期、档案馆、博物馆主体工程，完成川山慢行系统建设；推进嵩云山国家森林公园景区提质升级，逐步打造成四季有花、云霞层叠的生态康养福地；完成樱花园、梅花园游步道、观景平台和景观小品建设；完成嵩云山水系景观治理；推动密岩尖景观平台建设，增加旅游新亮点；全面提速茅头园村星空庄园改造升级；转变生态旅游运营模式，将茅头园星空小镇打造成为集现代农耕体验、户外拓展、研学创意的田园综合体。实现旅游人数新突破。举办洪福洪江年、樱花浪漫季、财商特训夏令营等有特色、有影响的主题旅游和假日营销活动，不断提升旅游热度；着力打造古商城夜游项目，丰富游客游览内容；围绕旅游六要素，加强涉旅企业深度合作和区域合作；增强与知名新媒体战略合作，拓宽营销渠道，力争旅游团队接待人数翻一番。实现业态发展新突破。出台业态发展新政策，加强研学结合，搭建创业平台，开发古商城文化体验新业态和文化创意新产品，重点抓好“商道古情·洪江古商城”“山水新城·洪江山水风情旅游区”“三线记忆·工业遗址文化体验区”等项目招商开发；启动庆元丰货栈等5处历史建筑的业态项目；深入挖掘老字号产品和美食，做实百家宴、打牙祭等特色餐饮，打造独具特色的美食一条街。

二、提速转型升级，谋划工业新篇章

2018年实现工业总产值58亿元以上，工业固定投入24亿元以上，招商引资8亿元以上，新增规模工业企业3～5家,新增高新技术企业2～3家，平整项目用地500亩以上，确保在怀化市各县市区率先成功创建省级高新区，全力支持恒光科技、久日新材料由新三板转主板；出台《关于进一步加快产业园区发展实现三年提升目标的实施方案》，到2020年实现工业总产值80亿元，税收过亿元，力争创建省级循环工业示范区、省级绿色园区。做精园区特色。以园区为重要载体，围绕现有循环经济产业链，向上下游延伸，走集约化、特色化发展之路，打造以化工新材料、新能源、生物医药等战略性新兴产业为主导的特色园区；以“退城入园”为契机，做好产业承接转移，促进产业转型升级，提高园区总产值和高新技术产品占比；加快优胜劣汰步伐，建立健全企业绩效综合评价和市场退出机制，以市场资源配置为导向，扶持绩优企业，淘汰低端低效产能，做好“腾笼换鸟”文章，倒逼企业赶超发展。狠抓园区招商。牢固树立重商亲商理念，围绕主导产业和产业链重点环节，开展展会招商、活动招商，突出以商招商，提升招商引资精准性和时效性；建立招商项目专家评审会制度，提高园区准入门槛，力争引进“中国500强”“民营500强”企业。加速项目实施。完成市区重大重点项目10个以上。重点实施天鸿科技投资1.3亿元的年产1万吨高氯酸铵项目、恒光科技投资1亿元的年产1万吨高氯酸钠项目、泰通新材料投资5000万元的年产5000吨阻燃剂光引发剂二期项目、楚沅纸业投资5000万元的年产2万吨再生纸项目、投资2亿元的园区基础设施建设项目、投资1.5亿元的集中供能建设项目、投资8500万元的固废处理中心建设等重大重点项目，促进久日新材料二期项目达产增效，协助湖南金丰纺织集团有限公司在洪合并重组工作。提升服务质量。创新园区管理和服务，简化行政审批程序，为园区企业提供全过程“保姆式”优质服务，力争企业办事“一次”办结；落实《中华人民共和国中小企业促进法》等相关政策法规，出台创新创业、技术改造等奖励办法，为企业争取政策资金；加快中小企业实体平台建设，缓解企业融资压力；积极开展全国第二批增量配电业务试点工作，切实降低企业用电成本。坚守两个底线。强化部门监管职责和企业主体责任，加强执法力度，压实安全生产责任制；启动园区安全环保在线监管系统建设，严格新建项目、技改项目安全环保准入，坚决执行安全环保“第一审批权”“三同时”制度；全面实施园区职工职业技能、安全、环保岗前培训。

三、坚持高起点规划，构建城市发展新格局

牢固树立以人为本的发展思路，促进城乡协调发展，推动城市建设取得新突破。打响棚改攻坚战。2018年，城市建设以棚户区改造为重点，着力改善居住环境、提升城市面貌。投资2.3亿元，推进小寨溪、桃李园、城东南岳山、城南冻青坪、丝绸厂、城南竹山脚、城西等7个棚户区改造，完成1062户征拆任务，建设功能设施齐全、居住环境舒适的住宅小区，提升城市品位；坚持抓好保障房建设，建成公租房600套、安置房300套。加快基础设施建设。投资8000万元，强力推动实施巫东城市防洪堤二期工程；投资6000万元，完成城市入城口旅游形象改造；投资5500万元，推动新民路、高坡街传统特色商业街改造；投资5300万元，实施水源保护区环境整治工程及国防路污水设施建设；投资3000万元，继续推进省道222洪江区段堤路及周边环境改造，完成路面及绿化美化工程；投资1500万元，建成川山新区生态停车场，启动滩头自驾游营地停车场建设；完成均冲建筑垃圾消纳场二期建设；推进“厕所革命”，改造旅游公厕10座；实施影剧院二期、人防指挥中心等公共服务设施建设。强化城市综合管理。深入推进城市管理和综合行政执法体制改革，实行数字化、网格化、信息化管理，加快实施智慧城市建设；以巩固省级卫生城市和省级文明城区成果为契机，继续实施城区绿化、美化、净化、亮化工程，完善城区车辆停放管理机制，严格落实“门前三包”制度，严厉整治“两违”建筑；强化城区建筑垃圾、扬尘污染、重点区域环境卫生专项整治，营造干净整洁有序的市容环境。

四、巩固脱贫成果，加快推进乡村振兴

积极探索和建立多方协同的扶贫脱贫长效机制，突出特色优势农业产业发展，切实增强产业帮扶的带动力和实效性，确保贫困人口脱贫不返贫、逐步能致富，2018年全区农村居民人均可支配收入突破11000元，加快形成“产业兴旺、生态宜居、乡风文明、治理有效、生活富裕”的乡村振兴新局面，为决胜全面小康打牢基础。加快农业产业发展。鼓励和支持贫困对象发展规模适度、生态环保的特色种养产业，调整优化产业以奖代补机制，制定出台奖励办法，增强贫困群众发展产业的造血功能；建立贫困户利益保全机制，对经营不善、难以为继的经济组织启动应急管理预案，确保贫困户利益不受损失。投资5000万元，继续推进雪峰乌骨鸡产业项目，完成扩繁场和养殖基地建设；恢复改造嵩云山茶园600亩，将嵩云禅茶品牌融入怀化茶叶大品牌中，做好茶旅融合文章；推动产业扶贫与乡村旅游融合发展，加快以茅头园村和菖蒲村为代表的特色乡村旅游示范点建设；投资300万元，打造桂花园村、铁溪村等3个小龙虾扶贫产业基地；以恒裕竹业为龙头，积极延伸产业链条，实施洪高村、堆边村等11个村第二批共5000亩楠竹低改扶贫项目。美化乡村人居环境。继续实施生态绿色建设，植树造林1000亩；深入推进河长制工作，积极改善水环境，持续抓好饮用水水源保护工作；推进农村生活垃圾分类减量处理和农村生活生产污水处理；进一步加大铁溪流域污染整治力度；抓好土地整理及地质灾害治理；完成滩头至密岩尖等5条农村公路建设，进一步改善农村基础设施；加强村庄规划建设，有序推动农村综合整治改造，全面完成“美丽乡村·幸福家园”建设任务。加强农村基层治理。加强村支两委建设，进一步健全村务公开制度，公开村级财务、村级项目等重要内容；强化对扶贫工作队、帮扶后盾单位的管理，运用考核机制提高效率；严格监管扶贫领域、财政补贴“一卡通”等方面资金，坚决遏制基层“雁过拔毛式”腐败问题发生；加强扶贫资金使用管理，落实扶贫项目计划审批、公开公示、审计结算等制度；加快项目实施进度和资金结转消化，严控项目工程质量，提高资金使用绩效；推动乡风文明建设，开展“讲文明、树新风、除陋习”等文明行动；做好扶贫政策宣传引导，通过积极培育和树立贫困户脱贫致富典型，充分激发贫困群众内生动力。

五、持续改善民生，增进人民群众福祉

加强社会保障力度。坚持就业优先战略和积极就业政策，争取年内城镇新增就业2700人，失业人员再就业1650人。继续扩大社会保险覆盖面，征缴各类基金1.5亿元，确保各类参保人员社会保险金按时足额发放；加快实施殡仪馆迁建项目，确保2018年全面建成；抓好医养结合项目引进工作。优先发展教育卫生。积极推动城乡义务教育一体化，努力提升教育教学质量；启动川山新区九年一贯制学校及幼儿园建设、东方红小学扩建工程；新建二（职）中教学楼；完成横岩小学、岩门小学运动场维修改造；推动康复医院业务建设；完成疾控中心和妇幼保健院搬迁工作。着力推动文体事业。抓好财神殿等国保建筑的修缮和石质文物抢险加固工程前期工作；启动洪江古建筑群消防工程项目；进一步推进文化馆、图书馆和农家书屋等场所免费开放；开展欢乐潇湘、洪福洪江十大系列文体活动，进一步丰富群众精神文化生活。确保社会和谐稳定。巩固湖南省“平安县（市区）”创建示范单位成果，深入推进立体化治安防控体系建设；坚持畅通信访渠道，加强信访突出问题排查；不断健全基层人民调解委员会，及时化解各类矛盾纠纷；健全突发公共事件应急管理机制，提高公共安全和防灾减灾能力；深入推进安全生产领域改革，继续开展“企业安全生产主体责任”“危险化学品安全生产综合整治”等活动；完成“粮食安全省长责任制”考核指标；加强食品药品监管监测力度，坚决防范源发性、群体性食品药品重大安全事故。

六、抓好瓶颈突破，切实做好要素保障

提高融资能力。在做好风险防范的同时，抢抓政策机遇，围绕精准扶贫、棚户区改造、基础设施建设等重点领域，紧盯各类资金、基金的重点投向，精心谋划项目，确保争取融资不少于8亿元，争取上级各类项目资金不少于2.5亿元；积极推进政府资本与民间资本深度合作，构建更加合理、多元的投资结构；做实做大城投公司，推动发行城投债券。加大招商引资力度。突出产业招商，实现招大商、招好商，严格兑现奖励优惠政策，提高项目履约率、开工率和投产率。全年新引进招商项目10个，新开发包装招商项目20个以上，实现引资25亿元。做好土地收储工作。大力推进节约集约用地，盘活存量土地，提高单位面积投资强度和产出水平，为项目建设拓展空间；争取土地储备债券最大额度，尽快发挥债券资金效益，成立土地开发建设投资公司，完成融资6000万元；切实开展土地开发与整理，落实最严格的耕地保护制度；加快推进土地流转，规范流程，提高审批效率；严格实施土地“净地”出让，完成土地出让金收入1.5亿元以上。实施人才强区战略。发挥优秀人才领军作用，培养一批敢于担当、创新创业、具备专业技能的人才；制定出台相关人才激励工作办法，逐步构建精细化人才服务体系；加强对人才的后勤保障服务工作，推进人才公寓建设，逐步解决青年干部住房困难问题。

七、加强政府建设，提升服务发展水平

建设学习政府。认真学习贯彻习近平新时代中国特色社会主义思想和党的十九大精神，将其作为当前和今后一个时期的首要政治任务，全面增强“八种本领”，努力掌握和运用一切科学的新思想、新知识、新经验，补齐“本领恐慌”“能力不足”短板，打破思维定式、行为惯性、路径依赖，坚持“白天跑干讲，晚上读想写”，在“干”与“学”的相互促进中，认真分析宏观形势，研判发展态势，把握工作来势，善于从实际出发理清工作思路，找准工作抓手，突出工作重点，探索具有洪江特色的工作方法和实践经验。建设法治政府。自觉接受人大法律监督、工作监督和政协民主监督，听取工商联、无党派人士和人民团体意见，认真办理人大代表建议和政协委员提案，确保政府各项工作依法、规范、高效、透明。继续落实管委常务会集中学法制度，提高运用法治思维和法治方式解决问题的能力；健全重大事项集体决策、专家咨询、社会公示和听证等制度，提高政府决策的科学化、民主化水平，保障人民的知情权、参与权、表达权和监督权。建设效能政府。深入推进“放管服”改革，加强政务公开，健全“互联网＋政务服务”平台建设；积极推进机关干部作风整顿，加强村委会、社区基层组织建设，提高广大干部工作效率和服务水平；进一步增强只争朝夕、事争一流、跨越发展的紧迫感和责任感，精细梳理各项政策、制度，紧盯上级部署要求和工作任务，以钉钉子精神推进各项工作落实；面对发展过程中出现的新情况、新问题，更加注重解放思想、创新举措，切实提高抓发展的水平、抓落实的能力和抓项目的本领。建设廉洁政府。要认真落实全面从严治党要求，把党风廉政建设和反腐败工作不断引向深入；深入推进各项专项整治行动，加大巡查力度，增强“互联网＋监督”的公开透明；严格遵守廉洁从政准则，加强对权力集中、资金密集、资源富集部门和岗位的监管和审计，严肃查处各类违纪违规违法案件；强化财政预算管理，严控行政开支，降低公务成本，切实把有限财力和资源用在发展经济、改善民生上。

大事记

2017年洪江区大事记

1月

1日

△第三次全国农业普查入户登记工作正式启动，洪江区两乡四街，涉及农业法人单位50家、经营户300余户、农户7300余户，农业人口2万余人。

6日

△洪江区茅头园村星空庄园黄土寨景点正式面向游客开放。

7日

△出席怀化市第五届人大一次会议的洪江区代表团代表集中审议《政府工作报告》。怀化市委副书记、市长赵应云蒲学联，怀化市委常委、政法委书记蒲学等参加审议。

△广东省洪江商会(同乡会)2017新春团拜暨"感恩洪江"千人祭祖活动启动仪式在广州越秀鸿星酒店举行。此活动将邀请全国各地的洪江游子，于2017年清明回家共同祭祖，以感恩之心寄托对先祖的哀思和对家乡的感恩之情。

8日

△洪江区回龙湾小区百余户业主近300人参加"百家长龙宴，小区一家人"迎新春、大团圆活动。

10日

△洪江区关工委、民政局、团区委等五家单位联合开展"暖冬慈善行"关爱帮扶特困留守儿童和孤儿过好春节活动，为170名特困儿童和孤儿发放13万元红包。

12日

△洪江区民政局为困难群众过冬，向各街道、乡村发放新棉絮1000床、棉套1000床、新棉衣200余件，为521名困难群众发放春节慰问金26.9万元。

13日

△洪江区召开乡(街道)党(工)委书记抓基层党建述职评议考核会议。6位乡(街道)党(工)委书记和区工业集中区工委书记及区教育局、区卫计局党组书记分别在会上进行述职。

16—20日

△洪江区首批16名学员参加的新型职业农民电商培育班在区商务局培训中心举办。通过培训每个学员均拥有自己的慧聪店、淘宝店、微店。

16日

△区工委书记罗国宇主持召开洪江区2017年第一次区工委委员会议。会议审议区工委班子对照检查材料，通报区工委班子民主生活会会前对区工委班子的意见和建议，听取民族宗教工作情况汇报及贯彻落实怀化市"六五"普法总结暨"七五"普法启动工作会议精神的情况汇报。会议还研究其他事项。

18日

△中共洪江区工委经济工作会议在洪江一中召开。区工委书记罗国宇全面总结洪江区2016年工作，提出2017年经济工作的主要预期目标。区工委副书记、区管委主任胡诗军传达学习怀化市委副书记、市人民政府市长赵应云参加市五届人大一次会议洪江区代表团分组讨论的讲话精神。区工委副书记莫文华通报2016年度综治维稳、人口计生、安全生产、重点项目工作考评结果。

19日

△由区工委宣传部、区文体广新局联合主办的“放歌古商城”总决赛在洪江区体育中心举行。胡志明获比赛一等奖，何怡雯、何莎莎获二等奖，周伶梦、李作文、李伟获三等奖，龙俊、向伟、李倩、谢晴、郭承皓、秦靖获优胜奖。李作文评为“放歌古商城”总决赛最佳人气歌手奖。

21日

△洪江区召开2017年第2次工委委员会议。区工委书记罗国宇要求，要加快融入“张吉怀”精品生态文化旅游经济带，抓好洪江区的全域旅游示范区创建工作，积极创建湖南省全域旅游示范区和全国全域旅游示范区。

△怀化市委常委、政法委书记蒲学联到联系点桂花园乡茅头园村走访慰问困难老党员胡学佑、困难群众黄先华和困难党员向同舒。

22日

△新华社湖南分社副社长、总编辑张春保，对外报道部主任明星就洪江古商城保护与开发、脱贫摘帽及春节文化旅游到洪江区进行“新春走基层”采访。

25日

区工委书记罗国宇走访慰问“湖南好人”禹玉元。禹玉元是洪江区供电公司退休职工，照顾瘫痪在床丈夫38年，将3个子女养大，她的感人事迹入选2016年度“湖南好人”榜，被评为“孝老爱亲好人”。

2月

3日

△洪江区城市社区工作座谈会召开。区工委书记罗国宇要求，进一步加强社区工作、社区干部队伍建设、经费保障、人员待遇等问题。

5日

△纪念建军90周年暨秋收起义90周年重大革命题材电视剧《秋收起义》剧组在原洪江瓷厂厂房拍摄。

8日

△洪江区首批33名转移就业农民工踏上去往浏阳专车，开始他们的新征程。

10日

△区工委书记罗国宇专题调度“四馆一中心”（文化馆、博物馆、图书馆、体育馆、影剧中心）和村、社区文化活动中心建设。

△洪江区纪工委（扩大）会议召开。区工委副书记莫文华宣读《洪江区2016年落实党风廉政建设责任制推进惩治和预防腐败体系建设检查考核结果的通报》，区工委委员、纪工委书记汤鲜回顾2016年党风廉政建设和反腐败工作，并对2017年党风廉政建设作全面部署。

16—18日

△由湖南省文化馆《艺术中国》杂志社主办、洪江古商城承办的旗袍文化摄影活动暨文学创作笔会在洪江古商城举行。

17日

△湖南省委、省政府授予洪江区2016年度“平安县市区”称号。

18日

△湖南省扶贫开发工作会议在长沙召开，湖南省副省长、省政协副主席戴道晋宣读湖南省人民政府《关于同意武陵源区和洪江区脱贫摘帽的批复》。根据《中共湖南省委办公厅湖南省人民政府办公厅印发 < 关于建立贫困退出机制的实施意见（试行）的通知 > 的通知》文件精神，经研究，现批复如下：

一、同意武陵源区、洪江区脱贫摘帽。脱贫摘帽后，在脱贫攻坚期内国家和省扶贫政策保持不变。

二、湖南省扶贫开发领导小组办公室要督促武陵源区、洪江区按照中央和省委、省人民政府的工作部署，继续强化工作举措，落实工作责任，加大工作力度，不断巩固脱贫攻坚成果，确保稳定脱贫。

20日

△怀化市委巡察组第二组组长舒清富、副组长严家旭一行考察川山仁园小区易地扶贫搬迁集中安

置点、雪峰乌骨鸡产业园，详细了解脱贫摘帽巩固提高工作情况。

21 日，

△怀化市委副书记、市委统战部部长邹文辉调研洪江区脱贫摘帽巩固提高工作。

22 日

△湖南省委宣传部副部长杨金鸾到洪江区调研2017 年省文化产业发展专项申报项目——洪江慧沃生态农业科技有限公司星空庄园。

22 日

△国家文物局对湖南省文物局《关于审批〈洪江古建筑群建设控制地带沅江路片区环境整治暨旅游配套（烟雨洪江）项目方案设计方案〉的请示》批复，原则同意在洪江古建筑群控制地带内进行沅江路片区环境整治暨旅游配套（烟雨洪江）项目。

24 日

△怀化市洪江人民法院首批入额的 13 名法官身着庄严的法袍，面向国旗，庄严宣誓。

28 日

△第四次工委委员会议召开。会议学习《习近平关于严明党的纪律和规矩论述摘编》、审议《全区党务工作会议方案(草案)》、听取相关部门工作汇报及村(居)两委换届工作汇报。

3 月

1 日

△洪江区国税局办税窗口实名制办税。

△洪江区村(社区)党组织和村(居)民委员会换届选举工作动员部署会议召开。

△洪江区召开党务工作会议。会议充分肯定2016 年全区党务工作，明确 2017 年全区党务工作的总体要求。区领导罗国宇、毛运鸿、莫文华、左立华、张义宝、唐龙、刘登富、张林、田作根、杨军、文奇、尹云刚、汤鲜、王慧成等出席会议。

△怀化市委常委、宣传部长张霞到洪江区横岩乡鸬鹚村、文化馆建设现场、原洪江瓷厂调研洪江区公共文化建设工作。

2 日

△怀化市委副书记、市长赵应云专题调度怀洪旅游干线、怀芷快速干线和怀黔城际干线建设。怀洪旅游干线项目起点位于 G209 中方县牌楼李家湾，下穿焦柳铁路，经板山场、白良，至洪江市福江、横田、黎溪村与安江至双溪公路交叉，沿沅水上行经磨回村、沙湾乡、升子岩村，至洪江区滩头村接S222。拟建线路全长约 32 千米，设计时速 80 千米/小时，双向四车道，全线设隧道 2 座、桥梁 19 座，桥隧比为 18.1%。该项目将打造生态大道，拟建设系列观景平台、自行车道等，将沿线景观有机结合起来，让游客一路在景色中穿行。

7 日

△“2016 年两岸婚姻家庭子女财商特训营”对台交流活动被评为湖南省“统战工作实践创新成果奖”。

15 日

△区工委副书记、区管委副主任毛运鸿主持召开区管委 2017 年第 3 次常委会议，听取审议 2017年重点项目建设、巩固提升脱贫成果和创建省级危险化学品应急救援基地等工作情况汇报。

16 日

△中山路小学教师熊林凤荣获湖南省第二届微课大赛基础教育组一等奖，王琼、钟梅、肖萍辉、伍晓菲、伍筱教师荣获三等奖。

16—17 日

△中国通用新兴地产有限公司考察团到洪江区考察古商城及相关设施建设工地、沅水沿江风光及万亩竹海、嵩云山佛教文化建设等项目。

17 日

△怀化市委常委、常务副市长张扬平到洪江区茅头园村、工业集中区及古商城调研。

18 日，

△湖南教育电视台第二期《欢乐童行》在洪江古商城开录。

22 日

△洪江区 2017 年第五次工委委员会召开，会议传达学习全国“两会”精神，研究审议洪江区2017 年重点项目、农村工作、巩固提升脱贫成果等工作情况汇报。

23 日

△洪江区召开旅游工作专题会，会议听取2017 年旅游产业工作要点和全域旅游三年行动计划(2017-2019) 工作汇报，研究部署洪江区旅游发展工作。区领导罗国宇、毛运鸿等出席会议。

25 日

△广东省联泰集团董事长黄振达一行实地考察洪江区“水映洪江”和古商城“烟雨洪江”项目。

31 日

△洪江区工委召开农村工作暨巩固提升脱贫成果工作会议。2016 年洪江区共完成农林牧渔业增加值 1.78 亿元,农村居民人均可支配收入达到 9022 元。

△桂花园乡楠木田村村党支部完成换届选举工作。全区 33 个村（社区）党组织换届选举工作圆满完成。

4 月

1 日

△洪江古商城 2017 年樱花浪漫季启动仪式在嵩云山文化广场举行。

3 日

△洪江古商城征拆签约工作全部完成，共涉及公、私产住宅 522 户，公产单位 20 家。

5 日

△清明小长假期间，洪江区共接待游客 11 万人次，实现旅游总收入达 3551 万元。

△湖南省林业厅党组书记胡长清就省政协委员提出《关于将嵩云山国家森林公园嵩云山景区纳入全省现代林业特色产业示范园》提案到洪江区现场办理。

6 日

△湖南省市州报“相约洪江古商城”暨小记者联盟理事会第五次工作联系交流会议在洪江区召开。

11 日

△洪江区全域旅游总体规划专题研究会议召开。会议听取规划设计单位清华大学建筑学院和北京世纪千府国际工程设计有限公司对洪江区全域旅游总体规划的汇报。区领导罗国宇、毛运鸿、左立华、张义宝、杨军、文奇、吴祥深、黄文胜等参加会议。

△洪江区工委中心组第 2 次(扩大)集中学习在区财政局会议室举行。专题学习贯彻《领导干部报告个人有关事项规定》和《领导干部个人有关事项报告查核结果处理办法》两项法规。

13 日

△洪江区流行音乐协会成立。

△ 2017 年度洪江区防汛抗灾暨全面推行河长制工作会议在洪江宾馆召开。会议回顾总结 2016 年度防汛抗灾工作，传达贯彻省、市全面推行河长制暨水利工作会议精神，安排部署全区今年防汛抗灾及全面推行河长制工作。区领导罗国宇、毛运鸿、张林、尹云刚、胡小平、吴祥深、舒象连、戴英红参加会议。

25 日

△怀化市委副书记、统战部部长邹文辉到洪江区调研楠竹产业开发情况。

27 日

△怀化市委常委、政法委书记蒲学联到洪江区督查环境治理工作。

5 月

2 日

△“五一”期间，洪江区共接待游客 12.69 万人次，实现旅游总收入 4196.64 万元。

△洪江古商城项目推进洽谈会在长沙市新闻大酒店召开。会议就优化项目股权结构、提升执行团队效率、争取政策扶持、阶段性重点任务等问题作出部署和要求。区领导罗国宇、田作根、文奇、吴祥深等参加会议。

△湖南洪江嵩云禽业有限公司冷链物流中心自动化生产线试运行成功。

3 日

△洪江区首届青年论坛第一期“旅游统领 · 青春建功”专场论坛开讲。

4 日

△湖南省旅游发展委员会党组书记、主任陈献春一行调研洪江区旅游发展情况。

7 日

△怀化市政府副市长邓小建到洪江区督查中央环保督察组交办件落实工作。

8 日

△中国福利彩票“福票”在洪江古商城举行上市启动仪式。

9 日

△“洪江味道”厨神大赛在洪江区体育中心广场启动，49 位炒洪江鸭选手和 14 位地方特色小吃

选手上台展示厨艺。

9—10日

△根据中央第六环保督察组向湖南省转办第13批群众信访件中涉及的湖南省高氯酸钾生产企业污染问题，湖南省环保厅环监局副局长凡德元同志带领省、市环保局监察人员对洪江区恒光科技股份有限责任公司进行专项检查。

11日

△怀化市委书记、市人大常委会主任彭国甫到洪江区调研精准扶贫工作，督察突出环境问题整治及安全生产工作。

△湖南浔龙河集团董事长柳中辉一行考察洪江区旅游文化产业相关项目。

15日

△湖南日报社党组副书记、总经理邹继红，湖南日报社党组成员、副总经理张永中，湖南日报社经管部主任瞿德潘，湖南日报怀化分社社长肖军等到洪江区实地考察洪江古商城文化旅游新区及“1915”项目建设情况。

17日

△怀化泰通新材料科技有限公司年产5000吨阻燃剂、光引发剂项目在区管委会议室签约。

18日

△怀化市水库电站流域调度会在洪江区召开。

22日

△2017年第4次洪江区工委理论学习中心组(扩大)集中学习。学习中央、省、市关于扶贫开发工作有关文件和讲话精神，习近平总书记在中央政治局第三十九次集体学习时的重要讲话精神和关于脱贫攻坚工作的重要论述。区领导罗国宇、毛运鸿、左立华、唐龙、刘登富、杨军、汤鲜、王慧成及其他在家区领导参加。

25日

△湖南省精神文明建设工作表彰大会上，洪江区作为23个2016届湖南省文明城市之一受到表彰。

26日

△由全球商报联盟的《香港商报》《美洲商报》《欧洲商报》《国际日报》、香港《经济导报》、意大利《世界中国》、台湾中评社等媒体及王刚、肖克凡、方思人等作家组成的媒体高层湖南旅游采访团到洪江古商城。

31日

△东方红小学学生刘洲被评为怀化市第二届“最美孝心少年”。

△端午小长假期间，洪江区接待游客10.31万人次，实现旅游总收入3510万元。

6月

4日

△湖南省“新人新歌”大赛怀化选拔赛，洪江区选手胡志明演唱的《喊一声怀化》、何怡雯演唱的《嵩云山之恋》、龙俊演唱的《走进古商城》分获金、银、铜奖。

5日

△洪江区2017年首轮巡察工作启动。三个巡察组进驻横岩乡、区住建局、区征收办，怀化市委指导巡察二组进驻横岩乡开展指导式巡察。

6日

△重大革命历史题材电视连续剧《向警予》在洪江古商城取景拍摄。

11日

△上午4时至11时，洪江区普降暴雨，受强降雨影响，共计7500人受灾，商铺受灾50多间，转移人口330人。农作物受灾面积4700亩，其中西瓜、杨梅、鲜桃、梨等应季水果大面积减收，水产损失59亩，水利灌溉设施损失8处，机电井被淹1口，泵站受淹2处，直接经济损失达927万元，其中水利设施损失约180万元。

12日

△怀化市委副书记、市长赵应云主持召开会议，调度金丰纺织集团公司退城搬迁工作。

22日

△“寻找怀化特色味道”网络评选结束，洪江区的洪江血粑鸭、“蜜柚”系列产品分别被评为特色烹饪及特色小吃类第一名。

△怀化市委副书记、市长赵应云带队到洪江区巡检2017年怀化市重点(产业)项目。

24日

△洪江区第一中学被教育部命名为“全国青少年校园足球特色学校”。

25日

△“武陵味道”特色餐饮·茶文化竞赛，洪江区柚子糖系列和洪江血粑鸭分别获特色小吃一等奖和特色烹饪二等奖，并荣获武陵山片区“十大名小吃”和“十大名菜”称号。

27 日

△湖南省文化厅党组成员、副厅长张帆率督查组一行到洪江区督查省级现代公共文化服务体系示范区创建工作。

28 日

△洪江区川山新区五星级酒店建设项目投资招商签约仪式在洪江宾馆举行。

29 日

△洪江区召开旅游发展大会。2016 年，洪江区共接待游客 356 万人次，实现旅游总收入 11.61 亿元。区领导罗国宇、莫文华、左立华、张义宝、唐龙、田作根、尹云刚、汤鲜等参加会议。

30 日

△怀化市委书记、市人大常委会主任彭国甫到洪江区指导防汛抗灾。

7 月

1 日

△全国政协常委、教科文卫体育委员会副主任、中国人体器官捐献与移植委员会主任委员、中国器官移植发展基金会理事长、中国医院协会会长黄洁夫致电洪江区工委书记罗国宇，询问家乡灾情，慰问家乡灾民。

4 日

△怀化市人民政府副市长邓小建到洪江区现场指导抗灾、救灾及灾后重建工作。

5 日

△湖南省总工会党组成员、副主席钟小汨一行九人到洪江古商城对“湘竹”雕刻传统技艺进行调研。

6 日

△洪江区“6·29”洪灾慈善赈灾募捐启动仪式在武陵城广场举行。湖南优美科技有限公司现场捐款 30 万元。

7 日

△洪江区举行招商引资签约仪式。区管委主任毛运鸿代表洪江区分别与怀化市炯诚新材料科技有限公司签署新能源电池项目、与怀化中油振宇清洁能源有限公司签署供能项目、与湖南金益环保股份有限公司签署固废项目、与洪江区湘腾大球泥陶瓷艺术有限公司签署艺术瓷项目。其中新能源电池项目总投资为 2.5 亿元，供能项目总投资为 1.5 亿元，固废处理厂项目总投资为 1.2 亿元。

11 日

△珠海湖南怀化商会、蓝海之略医疗股份有限公司“情系家乡·奉献爱心”抗洪赈灾捐赠仪式在洪江宾馆举行。区管委副主任、区慈善会会长舒象连代表洪江区慈善会接受蓝海之略医疗股份有限公司捐赠 100 万元。

14 日

△川山大道建设工程正式开工建设。项目总投资 9300 万元，道路总长 2663 米，道路宽度为 30 米 +20 米 (两侧各 10 米绿化带)。

20 日

△在怀化市防汛抗灾救灾工作会议上，授予洪江区桂花园乡等单位“怀化市抗洪救灾先进集体”荣誉称号，洪江区河滨路街道桃李园社区党支部书记、主任李婷香等“怀化市抗洪救灾先进个人”荣誉称号。

26 日

△怀化市人民政府副市长邓小建到洪江区指导灾后恢复重建工作。

31 日

△“军地一家亲，共叙军民情”——洪江区纪念建军 90 周年联欢晚会在区消防大队隆重举行。

8 月

2 日

△“欢乐潇湘·幸福怀化·洪福洪江”大型群众文艺汇演决赛在洪江区体育馆举行。舞蹈《一片太阳花》《来跳舞吧》荣获“欢乐潇湘·幸福怀化·洪福洪江”大型群众文艺汇演决赛一等奖，情景剧《洪江》《旗袍》走秀、舞蹈《醋之韵》、舞蹈《花开时节》荣获二等奖，舞蹈《茶香中国》《龙船调》《压不跨的脊梁》，萨克斯独奏《memory of you》，歌曲《喊一声怀化》《神往洪江》，朗诵《我们在一起》荣获三等奖，河滨路街道荣获组织奖。

△洪江区启动农村土地承包经营权确权登记颁证工作。

△怀化市政协主席李军到洪江区调研进城务工人员子女就学问题及走访政协委员。

3日

△2017年第12次洪江区工委委员会议在财政局会议室召开，会议听取防汛抗灾救灾情况和2017年综合绩效考核工作汇报，原则通过《2017年洪江区绩效考核实施方案》和《2017年怀化市绩效考核评估指标任务分解表》。区领导罗国宇、毛运鸿、莫文华等参加。

4日

△区工委副书记、区管委党组书记毛运鸿主持召开区管委2017年第9次常务会议。会议听取关于山洪灾害预警广播与农村广播“村村响”整合后运行管理及维护、明确村民建房审批流程和肇事肇祸等严重精神障碍患者管理服务的情况汇报。

17日

△湖南省委副书记、省长许达哲，湖南省人民政府副省长、省政府党组成员隋忠诚、省政府秘书长王群一行，在怀化市委书记彭国甫、市长赵应云陪同下，到洪江区实地考察洪江文物保护和旅游开发项目情况。区工委书记罗国宇等区领导陪同考察。

24日

△湖南美术家协会创作基地落户洪江古商城。

30日

△洪江区工委政协工作会议召开。

9月

5日

△湖南省人民政府发展研究中心党组书记、主任卞鹰到洪江区横岩乡菖蒲村调研精准扶贫工作。

7日

△区工委书记罗国宇主持召开2017年第15次区工委委员会会议。会议传达学习2017年湖南省抗洪救灾总结大会会议精神和《杜家毫同志在省安监局调研座谈时的讲话》。区领导毛运鸿、莫文华等参加。

△怀化市人大常委会党组书记、常务副主任石希欣带领市人大常委会调研组，到洪江区调研企业发展和旅游开发工作。

△湖南出版社集团党委委员、副总经理、湖南红网新媒体集团党委书记、董事长舒斌一行到洪江区调研旅游发展中新媒体的融合运用和产品需求情况。

8日

△洪江区召开庆祝第33个教师节暨表彰大会。会议授予梁砚涛等10名同志优秀教师、向孙丽等10名同志优秀班主任、周德贵等10名同志优秀教育工作者称号。

9日

△全国政协副主席、农工党中央常务副主席刘晓峰一行到洪江区，调研民族特色旅游资源的利用情况。

10月

12日

△洪江区工委理论学习中心组举行2017年第9次集中学习。会议传达学习《杜家毫、许达哲同志在全省产业发展现场推进会上的讲话》。会议要求，要加快洪江区旅游产业的发展，加快实施进度。要引进有实力的企业、高端企业，大力支持大企业、高新技术企业。“雪峰乌骨鸡”“恒裕竹木”等农产业，要延长产业链，丰富企业的产品。同时要加强产业规范化管理，确保产业发展取得成效。

19日

△洪江区管委党组理论学习中心组集体交流学习十九大报告精神的初步体会。区管委杨军、俞勇、滕绪国、吴祥深、许云、黄文胜参加。

26日

△湖南省华侨公益基金会2017年怀化市洪江区抗洪救灾资金援助项目捐赠仪式在桂花园乡举行。

27日

洪江区全域旅游总体规划征求意见会议在住建局会议室召开，会议听取项目设计单位清华大学建筑学院、北京世纪千府国际工程有限公司就洪江区全域旅游发展总体规划设计方案、全域旅游标识及导视系统设计方案的汇报。

31日

△湖南省台办副主任傅雷一行到洪江区实地调研洪江古商城申报省级海峡两岸交流基地工作。

11 月

9 日

△怀化市委常委、副市长朱治龙到洪江区调研金融工作。区领导罗国宇、毛运鸿、杨军、俞勇参加。

15 日

△洪江区从 2017 年秋季开学起正式实施高中阶段免费教育，是湖南省首个把 9 年义务教育向两端延伸至 15 年的县市区。

16 日

△区工委书记罗国宇主持召开 2017 年第 19 次区工委委员会会议，学习贯彻党的十九大和习近平总书记重要讲话精神、近期省市工作会议精神，研究部署洪江区工作。

18 日

△ 2017 中国中部 (湖南) 农博会开幕。洪江区“邹菜腊味”“湘民果业”“糯蜜金柚”“小赵竹坊”“无烟艾灸”等 6 家企业参与湖南“电商扶贫特产专区”，打造“怀化市洪江区电商扶贫馆”，展示邹菜腊味、桃胶、锦蜜金柚、艾草禅茶等特色农产品。

24 日

△怀化市政府副市长杨林华到洪江区对巫水河水域环境治理工作进行专项巡查。区领导杨军参加。

29 日

△怀化市书记、市人大常委会主任彭国甫带队到洪江区开展重点项目巡检。市领导石希欣、王行水、胡长春、毛健刚、杨陵俐、徐百坚，区领导罗国宇等参加。

12 月

5 日

△中国商业文化研究会副会长兼商会与商帮文化分会会长、湘商文化促进会会长、湖南湘商文化投资公司董事长伍继延和湘商文化促进会考察团一行到洪江古商城了解会馆文化。

13 日

△洪江发展论坛第四期在影剧院举行。怀化市委常委、副市长朱健为洪江区领导干部学习贯彻习近平新时代中国特色社会主义思想和党的十九大精神集中轮训班学员作专题讲座。区领导罗国宇、毛运鸿、张义宝、唐龙、刘登富、张林、田作根、汤鲜、王慧成等参加。

17 日

△怀化市委副书记、代市长雷绍业到洪江区调研。区领导罗国宇、毛运鸿等陪同调研。

18 日

△政协洪江区第三届工作委员会第二次会议在影剧院开幕。区政协工委主任张义宝报告 2017 年政协工作情况以及 2018 年工作思路。区政协工委副主任尹作春作《政协洪江区工作委员会关于三届一次会议以来提案工作情况的报告》。李伟等 7 位政协委员分别围绕全域旅游、重点项目、现代工业、产业脱贫、精品农业等主题建言献策。

20 日

△洪江区第三届人民代表大会第二次会议第二次全体会议在影剧院召开。区人大工委主任左立华报告区人大工委工作。洪江人民法院院长杨荣作法院工作报告，洪江人民检察院检察长彭海波作检察院工作报告。

21 日

△洪江区李婷香被评为怀化市第四届“十大道德模范”，李应菊获怀化市第四届“十大道德模范”提名奖。

29 日

△中共洪江区工委经济工作会议在洪江影剧院召开。

洪江概况

自然地理

【区域位置】洪江区地处湖南省西南部、云贵高原东部边缘的雪峰山主脉西部山麓，巫水入沅江之汇合处。地域范围为北纬27° 03′ 56″ ~ 27° 11′ 18″ ,东经109° 52′ 21″ ~ 110° 04′ 06″ 。东、西、北与洪江市接壤，南与会同县毗连。东西横跨21千米，南北纵长14千米。2017年，全区土地面积115平方千米，其中市区面积5平方千米。

【地质地貌】洪江区城区为群山与丘陵所环绕，沅巫两水所簇拥，处于河谷盆地。地貌因长期受地质结构等诸多因素影响，山、丘、岗、平兼有，其中山地占总面积的49.50%，丘陵占29.97%，岗地占14.87%，平区占5.66%。地势由东、南、西三面向北倾斜，呈弧形梯状下降与分布的特点。最高点撑架坡（海拔861.8米），最低点岩坝头（海拔160.5米）。区内山脉处于雪峰山主脉西部山麓，面积为29.4平方千米，占全区总面积的25.57%，主要集中在市区西部与西北部。

【自然资源】洪江区因面积较小，其矿产资源多与毗邻的洪江市、会同县矿点共脉，经初步探明的矿产有煤、铁、铜、钢等10余种，优势矿产为铜、金矿等，呈现的资源特点为种类少，分布散，小矿多，大矿少，发现的矿产地多，探明的可规模开采的基地少。

洪江区四面环山，林业用地总面积7658公顷，有林面积5302.3公顷，动植物资源十分丰富。据初步调查，境内种子植物1211种，陆生脊椎动物171种，鱼类75种。植物资源有国家一级保护树种水杉，二级保护树种银杏、福建柏、鹅掌楸、杜仲、全钱杜、胡桃、柏乐树，三级保护树种粤松、凹叶厚朴、青锡栲、青檀、红椿、红豆树、翅荚木等。动物资源有国家一级保护动物林麝；国家二级保护动物大鲵、虎纹蛙、鸢、苍鹰、赤腹鹰、雀鹰、松雀鹰、蛇雕、燕隼、白鹇、红腹锦鸡、穿山甲、斑头鸺留、长脚秧鸡等22种，国家三有保护动物90多种。森林覆盖率68.2%，建成区绿化覆盖率42.2%，活立木蓄积量92411立方米。

【水文 · 气候】洪江有1条干流沅水和2条一级支流巫水、公溪河及大小溪流54条。沅水迂回境内28千米，年均径流量448立方米/秒，枯季为181立方米/秒，最大流量24700立方米/秒（1996年7月17日），最小径流量为90.1立方米/秒，枯季为43.1立方米/秒。

春季为冬季风向夏季风之过渡期，历年平均气温为12.2–21.9℃，由于冷暖空气更替频繁，导致天气时冷时热，晴雨变化大，若遇寒朝，气温骤降，偶然冬装再现。历年平均气温为21.9–27.9℃，极端最高气温达39.3℃。境内历年平均降雨116天，降雨量为1478.7毫米。最多年份(1997年)为1844.6毫米;最少年份(2003年）为1236.5毫米。降雨量主要集中在每年的5、6月，月平均降雨量在220毫米以上。年平均日照时数为1358.7小时，以7、8月最多，1、2月最少。初霜日在12月中旬出现，翌年2月中旬终止，最早出现在11月21日，最迟为次年2月28日，无霜期年均304天。冬季降雪较少，11月5日至翌年3月5日为降雪期，每年降雪一般为2天左右。夏季以南、西南风为主，冬季多北风。全年以东北风居多。2、3、4月风力较大，6、8、10月风力较小。

人口 · 民族

【人口】 2017年末，洪江区户籍户数28725户，户籍人口65919人。其中男性32717人、女性33202人。全区出生528人，人口出生率8.03‰；死亡471人，死亡率5.15‰；人口自然增长率2.88‰。年末常住人口6.67万人，其中城镇人口5.95万人，城镇化率89.2%。

【民族】 2017年，全区有瑶族、土家族、回族、侗族、蒙古族、白族、彝族、苗族、满族、壮族、维吾尔族、藏族、哈尼族、土族、布依族、朝鲜族、傈僳族18个民族，其中瑶族、土家族人口最多，回族、侗族、蒙古族、白族次之。

建置 · 区划

【建置沿革】 春秋、战国时属楚黔中地。秦属黔中郡地。西汉初置镡成县，洪江为武陵郡镡成县地。南北朝宋齐时，属武陵郡舞阳县地。梁时，属南阳郡龙檦县地。隋因之。唐贞观（太宗）八年（634），析龙标置朗溪县，洪江改属朗溪县地。五代初，洪江地域为少数民族所据有。宋，熙宁八年（1075）设置洪江铺（洪江名始此）；元祐（哲宗）五年（1090）改称洪江砦，隶属沅州黔阳县；崇宁二年（1103），洪江隶属靖州三江县地，寻改三江县为会同县，随属会同县。元，至元（世祖）八年（1271），废洪江寨；元贞（成宗）三年（1297），设立洪江巡检司。明，洪武年间（1368–1398），设洪江驿，仍隶属会同县。清，康熙二十六年（1687），会同县若水巡检司移驻洪江；乾隆十六年（1751）若水巡检司改名为洪江巡检司。乾隆十八年（1753），称洪江镇。民国十三年（1924）称会同县洪江市。民国二十年（1931）改为会同县第四区，辖23个乡镇。民国二十二年（1933）改为会同县洪江镇。其后，相继为湖南省第四区保安司令部、湖南省第七区行政督察专员公署和保安司令部、湖南省第十区行政督察专员公署和保安司令部及湖南省洪江行署所在地。

1949年11月1日，设会同县洪江市。1950年3月改设会同县洪江镇。同年10月19日改会同专署洪江市。1953年降为镇，隶属黔阳县。同年9月改湖南省洪江市。1958年12月改黔阳县洪江市。1961年7月改黔阳专署洪江市。1963年5月改黔阳县洪江镇。1979年9月12日恢复洪江市，隶属黔阳地区。1997年11月29日，经国务院批准，原黔阳县和洪江市合并，设立新的洪江市，原洪江市区改名雄溪镇。1999年6月，湖南省委办公厅、省政府办公厅联合下发《关于同意设立中共洪江市洪江区工作委员会和洪江市洪江区管理委员会的复函》（湘办[1999]58号）文件，撤销雄溪镇，改设副县级洪江市洪江管理区。2002年6月，湖南省委办公厅、省政府办公厅联合下发《关于进一步完善洪江管理区管理体制的批复》（湘办[2002]37号）文件，撤销副县级洪江市洪江管理区，设立怀化市洪江区管理委员会，为正县级机构，属怀化市派出机构。

【行政区划】 1979年9月，洪江恢复市的建制，下设4个街道办事处和1个公社，分别命名为河滨路街道办事处、沅江路街道办事处、高坡街街道办事处、新街街道办事处和桂花园公社。1980年1月，将桂花园公社的沅江、团结、五一、立新4个大队、23个生产队划出成立常青公社。1985年12月，经湖南省人民政府批准，黔阳县黔城乡（除小江村）的15个村划入洪江市管辖，设黔城乡，会同县萧家乡的横岩、沅河、鸬鹚、菖蒲4个村划入洪江市管辖，设横岩乡。1997年，洪江市与黔阳县合并，设立新洪江市，原洪江市城区设雄溪镇。1999年5月，洪江管理区与洪江市分治，下辖三个乡、四个街道办事处。2015年12月，桂花园乡与常青乡合并，设立桂花园乡，下辖15个行政村、2个居民委员会。2017年，洪江区辖2个乡、4个街道办事处。

经济社会发展

【概况】 2017年，洪江区实现地区生产总值36.54亿元，同比增长7.5%。其中，第一产业增加值1.82亿元，增长3.0%；第二产业增加值25.20亿元，增长6.5%；第三产业增加值9.52亿元，增长11.4%。三次产业之比为5.0：69.0：26.0，第三产业占比较2016年提高1.8个百分点。

按常住人口计算，人均地区生产总值5.48万元，增长7.4%。年末常住人口6.67万人，其中城镇人口5.95万人，城镇化率为89.2%。全年人口出生率8.03‰，死亡率5.15‰，自然增长率2.88‰。人均预期寿命77岁。

新增城镇就业2896人，下岗失业人员再就业1805人；新增创业主体341户，带动城乡就业457人；新增农村劳动力转移就业218人；城镇登记失业率控制在4.3%以内。

居民消费价格上涨1.6%，商品零售价格上涨1.7%。

【农业】 2017年，洪江区实现农林牧渔业总产值3.0亿元，增加值1.83亿元，同比增长3.0%。粮食作物播种面积990公顷，油料作物种植面积310公顷，蔬菜播种面积（含菜用瓜）870公顷，均与2016年持平；年末果园面积800公顷，同比增长2.6%。粮食总产量6001吨，增产4.0%；油料产量354吨，减产1.4%；蔬菜（含菜用瓜）产量20308吨，增产2.4%；水果产量8172吨，增产17.8%。肉类总产量4970吨，同比增长1.8%。其中，猪肉产量1767吨，增长1.2%；禽肉产量3128吨，增长2.2%。禽蛋产量220吨，增长0.9%。

雪峰乌骨鸡扩繁场加快建设，雪峰乌骨鸡冷链物流中心完成降能技改并试产运行，建立销售网点3000个。实施200亩黄金贡柚水果标准园建设，“一山一品”“一季一果”的“百果园”建设有序推进。

【工业·建筑业】 2017年，洪江区工业增加值同比增长6.5%，其中规模工业增加值增长6.8%，工业对GDP的贡献率为58.2%。规模工业总产值增长19.1%。其中，非公有制企业总产值增长23.6%，占规模工业的比重为82.5%，比2016年提高3.6个百分点。园区规模工业企业产值增长27.8%。高新技术产业产值增长32.2%，占全区规模工业的比重为65.1%，其中园区高新技术产业产值占洪江区规模工业的比重为64.1%。全区规模工业企业主营业务收入同比增长21.6%；每百元主营业务收入中的成本比上年减少0.3元；资产负债率比上年末降低6.8个百分点；利润总额增长70.9%。全区完成工业投入21.32亿元，增长21.3%，泰通科技、久日新材二期、恒光科技技改二期、兴进新材料、棓雅生物新生产线等一批产业项目顺利推进并逐步投产；新引进6个总投资额达8亿元的项目，产业逐步向化工新材料、新能源、生物医药等战略性新兴产业聚集。

全区建筑业增加值1.72亿元，同比增长5.2%。具有资质等级的总承包和专业承包建筑企业完成建筑业总产值2.29亿元，增长32.3%。年末从业人员0.17万人，增长38.7%。房屋建筑施工面积26.75万平方米，增长20.3%。房屋建筑竣工面积17.57万平方米，增长25.1%。

【固定资产投资】 2017年，洪江区完成固定资产投资37.77亿元，同比增长19.3%。全区重点建设项目投资增长32.9%，其中产业项目占重点项目投资的比重为66.5%，比2016年提高14.9个百分点。全区房地产开发投资1.56亿元，增长140.1%。全区房屋施工面积77.44万平方米，增长17.4%，其中新开工面积17.86万平方米，增长42.2%。全区商品房销售面积7.23万平方米，增长58.6%；商品房销售额2.01亿元，增长77.6%。

【贸易·对外经济】 2017年，洪江区社会消费品零售总额16.01亿元，同比增长10.7%。按经营地统计，城镇消费品零售额14.78亿元，增长10.7%；乡村消费品零售额1.24亿元，增长10.0%。按消费类型统计，商品零售额14.20亿元，增长9.6%；餐饮收入额1.81亿元，增长19.6%。

2017年实现外贸进出口431万美元，增长258.3%，多家企业实现“破零倍增”。外派劳务输出82人。全年共引进招商项目22个，实际到位市外境内资金25亿元，同比增长53.7%。

【交通·旅游】2017年，洪江区民用汽车保有量1780辆。其中，营运客车33辆、营运货车117辆、危险品运输车30辆。公交线路13条，公交营运车辆75辆。年末，全区公路通车里程198.92千米。其中，省道13.58千米、县道67.70千米、乡道38.49千米、村道79.15千米。

全区共接待游客401.72万人次，同比增长12.9%。实现旅游总收入13.07亿元，增长12.6%。年末，全区共有国家AAAA级景区1个，国家AAA级景区2个，湖南省五星级乡村旅游示范点1个，湖南省四星级乡村旅游示范点3个。

【财政·金融】2017年，洪江区完成一般公共预算收入3.28亿元，同比增长11.7%。其中，地方财政收入1.81亿元，增长10.7%；上划中央收入1.17亿元，增长14.7%；上划省级收入0.30亿元，增长7.1%。一般公共预算中，税收收入2.78亿元，增长15.4%；非税收入0.50亿元，下降5.1%。

2017年公共财政预算支出11.19亿元，比2016年增长12.8%。其中，教育、医疗卫生、社会保障与就业、住房保障等民生支出合计8.58亿元，增长9.6%，民生支出占公共财政预算支出比重为76.7%。全区金融业增加值0.99亿元，同比增长7.3%。年末，全区金融机构存款余额35.74亿元，比年初新增2.88亿元，增长8.8%。其中储蓄存款27.87亿元，比年初新增1.02亿元，增长3.8%。贷款余额12.35亿元，比年初增加0.80亿元，增长7.0%。

【教育·科学技术】2017年，洪江区有普通中学2所，在校学生1987人，专任教师219人；中等职业学校1所，在校学生379人，专任教师29人；小学5所，在校学生2907人，专任教师282人。幼儿园8所。小学适龄儿童入学率100%，高中阶段教育毛入学率93.6%。全区劳动年龄人口平均受教育年限11.5年。全区全面实施高中阶段免费教育，免除在区内就读的高中生的学费与书籍费。

洪江区实验与发展（R&D）经费支出0.47亿元，占地区生产总值的比重达1.3%。全区新增湖南省科技厅认定的高新技术企业4家，另有1家高新企业整体搬迁入园，累计达9家。年末，全区省级研发机构2个，科技创新服务机构5个，省中小企业创业创新基地1个。2017年，专利申请量61件，其中发明专利申请量30件；专利授权量33件，其中，发明专利授权量8件。年末，万人有效发明专利拥有量3.6件，比上年末增加1.3件。全年申报中央引导地方科技发展专项1项、省级技术创新引导专项2项、怀化市2017年科技计划项目3项，获得各级科技经费近300万元。

【文化·卫生·体育】2017年，洪江区有公共文化馆1个，图书馆1个，爱国主义教育基地3个，3D数字影院1个，艺术家协会14个。全区广播电视综合人口覆盖率99.7%。省级非物质文化遗产保护名录1个，市级非物质文化遗产保护名录4个，县级非物质文化遗产保护名录4个。39个综合性文化服务中心示范建设点洪江部建成并免费开放，实现洪江区公共文化服务全覆盖。

洪江区拥有医疗卫生机构（含村卫生室）46个，其中，市级医疗卫生机构1家，区直医疗卫生机构4家，乡街卫生院3家，社区卫生服务中心4家。卫生技术人员524人，每千人拥有卫生技术人员7.86人。其中，执业（助理）医师173人；注册护士211人。医疗机构床位数503张，每千常住人口拥有床位7.54张。

洪江区有体育馆1座，体育协会组织13个。在怀化市第五届运动会中获得15金9银10铜。

【人民生活·社会保障】2017年，洪江区居民人均可支配收入18898元，同比增长8.5%，扣除价格因素，实际增长6.8%。其中，城镇居民人均可支配收入19992元，增长8.4%，扣除价格因素，实际增长6.7%；农村居民人均可支配收入9924元，增长10.0%，扣除价格因素，实际增长8.3%。城乡居民收入倍差由上年的2.04缩小为2.01。全区居民人均消费支出13336元，同比增长11.2%。其中，城镇居民人均消费支出13866元，增长11.2%；农村居民人均消费支出8985元，增长12.0%。恩格尔系数为35.5%，比上年下降4.3个百分点。居民教育文化娱乐消费支出占消费总支出的15.2%，比上年提高 1.7 个百分点。全区贫困发生率下降到 0.1%，巩固提升脱贫成果取得阶段性成效。

洪江区征缴社会保险基金 1.84 亿，争取上级补助资金 3.61 亿，支付待遇 5.24 亿元。2017 年末，参加城镇基本养老保险职工人数 3.31 万人。其中，参保职工 1.70 万人，参保离退休人员 1.61 万人。登记参加城乡居民养老保险人数 1.26 万人，参保率 95.3%。参加基本医疗保险人数 6.61 万人,参保率 100.5%。其中，参加城镇职工基本医疗保险人数 2.45 万人，参加城乡居民基本医疗保险人数 4.16 万人。参加失业保险人数 0.87 万人。参加工伤保险 0.80 万人。参加生育保险人数 0.75 万人。2017 年，共发放城镇居民最低生活保障金 2223 万元，城镇享受最低生活保障人数 5642 人。共发放农村居民最低生活保障金 196 万元，农村享受最低生活保障人数 120 人。中国福彩“福票”在洪江古商城首发上市，全年筹集公益金 815 万元。

全年完成农村危房改造 104 户，城市棚户区改造 600 套。新增养老床位 44 张，每千老年人口床位数达到 30 张。

【环境 · 安全生产】2017 年，洪江区林地面积 7900 公顷，活立木蓄积量 25.14 万立方米，森林覆盖率 68.4%。建成区绿化覆盖率 42.5%。全区城镇污水处理率 92.0%，农村生活污水处理率 88.4%；城镇生活垃圾无害化处理率 100%，农村垃圾集中处理率 100%。在实际检测的地表水断面中，达到 III 类标准的比重为 100%。空气质量优良以上天数比率 94.0%。全区单位 GDP 能耗（2010 年不变价）0.58 吨标准煤 / 万元，下降 6.1%；单位规模工业增加值能耗下降 6.4%。

洪江区生产安全事故死亡人数 1 人，同比下降 50%；亿元 GDP 生产安全事故死亡人数 0.03 人，下降 53.1%。未发生交通、火灾死亡事故。

表 1　　洪江区主要经济指标占怀化市的比重（2017 年）

	单位	怀化市	洪江区	洪江区占怀化市的比重（%）
一、地区生产总值	亿元	1503.97	36.54	2.4
第一产业	亿元	208.49	1.82	0.9
第二产业	亿元	538.56	25.20	4.7
第三产业	亿元	756.92	9.52	1.3
二、粮食产量	万吨	183.04	0.6001	0.3
三、固定资产投资	亿元	1235.74	37.77	3.1
四、社会消费品零售总额	亿元	620.45	16.01	2.6
五、地方一般公共预算收入	亿元	136.74	3.28	19.6
六、进出口总额	亿元	6.20	0.29	4.7
七、年末金融机构存款余额	亿元	1946.34	35.74	1.8
年末金融机构贷款余额	亿元	1030.53	12.35	1.2
八、城镇居民人均可支配收入	元	24498	19992	—4506
农村居民人均可支配收入	元	8831	9924	1093

中共怀化市洪江区工作委员会

综 述

【概况】 2017年，洪江区坚持全面贯彻落实党的十九大精神，围绕“建设全国知名旅游目的地城市”战略目标，以三个“三年行动计划”为抓手，广泛凝聚发展正能量，全力谋求各项事业取得新突破。全年全区实现GDP 36.54亿元，同比增长7.5%；实现规模工业增加值同比增长7%；完成一般公共预算收入3.28亿元，同比增长11%，其中地方财政收入1.81亿元，同比增长11%；完成全社会固定资产投资37.7亿元，同比增长19%；实现社会消费品零售总额16.2亿元，同比增长12%；城乡居民人均可支配收入18898元，同比增长8.5%。

旅游发展快步迈进

成功列入长江国际黄金旅游带名录、全省精品旅游线路重点县和武陵山片区房车旅游精品线路；以古商城为核心的旅游产业取得突破性进展，古商城核心景区一期房屋征收全面完成，二期工作全面启动，“烟雨洪江”项目快速推进，洪江“1915”项目竣工并投入使用；投资8000万元，实施新民路综合整治项目，完成强弱电下地工程，启动民国风格临街建筑立面改造；川山大道建设全线展开，水映洪江项目和川山特色小镇建设有序实施；嵩云山AAA景区、茅头园星空庄园AAA景区景点建设和基础设施改造升级；成功举办春节十大文化活动、樱花浪漫季、洪江古商城中美篮球明星对抗赛等文体旅游营销活动，面向全国发行的中国福彩“福票”在洪江古商城首发上市；积极申报洪江古商城“省级海峡两岸交流基地”取得阶段性成果，民政部海峡两岸服务中心授予洪江古商城“海峡两岸人文客厅”称号；对外宣传迈上新台阶，新华社、中央电视台、湖南日报、湖南卫视等主要媒体多次关注报道洪江，洪江古商城入选湖南旅游宣传片《锦绣潇湘，伟人故里—湖南如此多娇》，在央视和湖南卫视黄金时段多次播出。全年接待游客401万人次，同比增长12.85%；旅游收入13.07亿元，同比增长12.63%。

产业升级成效明显

全区新增高新技术企业4家、规模工业企业6家，上市企业达到5家；工业集中区获批全国第二批增量配电业务改革试点；产业园区三年倍增行动计划超额完成；园区税收增长超过100%；新引进6个总投资额达8亿元的项目，产业逐步向化工新材料、新能源、生物医药等战略性新兴产业聚集；泰通科技、久日新材二期、恒光科技技改二期、兴进新材料、棓雅生物新生产线等一批产业项目顺利推进并逐步投产增效；总投资8.5亿元的园区提质升级基础设施PPP项目开工建设；雪峰乌骨鸡冷链物流中心完成降能技改并试产运行，雪峰乌骨鸡原种繁殖场加快建设，雪峰乌骨鸡国家地理标志产品认证有序推进；“互联网+农业”“旅游+农业”进度加快，农村电商蓬勃发展。

脱贫成果持续巩固

2017年2月，洪江区在怀化市第一个、湖南省第一批率先脱贫摘帽。在脱贫摘帽后，我们严格按照“三个不减”（扶持政策不减，资金投入不减，帮扶力度不减）要求，全力实施“九大工程”，落细落小“七大政策”，重点关注深度贫困家庭和贫困对象，认真完成大排查、大诊断、大整改工作，深入开展“三走访三签字”和“千名干部下基层，联系群众暖民心”活动，不断巩固脱贫成果。全年投入涉农整合和扶贫专项资金共计9918万元，突出抓好农村基本公共服务和基础设施建设“两基任务”整村推进工程，完成农村公路提质改造12千米，15个农村综合文化服务平台建成并投入使用，全区15个建制村移动通信、4G网络、广播电视覆盖率均达100%。投入资金2500余万元，重点打造茅头园村和横岩村特色乡村旅游示范点，菖蒲村、均冲村、滩头村三个特色产业基地建设，在菖蒲、横岩、滩头等6个村建设60千瓦光伏电站，重点产业帮扶脱贫对象占比达到90%以上，人均增收达到2500元以上。有序推进社会扶贫工作，广泛开展“万企帮万村”活动，横岩村被省委统战部授予“省级同心示范乡村”称号，超额完成帮扶干部、贫困群众社会扶贫网注册登记率和贫困群众有效需求对接率目标任务，位列全市第一。在全省贫困县市区中率先实现高中阶段所有学生免学费教育，贫困家庭子女无一人因贫困辍学。全面落实贫困人口先诊疗、后付费政策，实现全区贫困人口新农合参保财政兜底全覆盖，构筑“农合报账、大病保险、民政救助、财政兜底、扶贫特惠保”医疗救助五道防线，健康扶贫贫困人口住院费用报销比例达到95.77%，贫困人口医疗负担持续减轻。全区全面小康实现程度预计达96%以上。

抗洪救灾全面胜利

2017年6月29日–7月2日，洪江区遭受自1996年以来最大的一次流域性洪灾。此次洪灾全区紧急转移人口1.32万人，占常住人口的22%。未出现一名人员伤亡，未垮一库、一堤、一坝，最大程度保障人民群众的生命财产安全，受到省、市的高度肯定，获“2017年全省抗洪救灾先进集体”荣誉称号。在抗洪过程中涌现出一大批优秀人物和感人事迹，其中区河滨路桃李园社区支部书记、居委会主任李婷香同志的先进事迹受到来洪江区指导抗洪的湖南省政协副主席、怀化市委书记彭国甫同志的点赞，并在怀化电视台支书故事栏目中播出，其个人荣获湖南省抗洪救灾先进个人和怀化市第四届“十大道德模范”。洪灾过后，社会各界慷慨捐助，共获得重建资金和重建贷款5800余万元。

生态环境不断改善

围绕全域旅游发展推进生态文明建设，着力抓好“五边”植树造林，全面落实“河长制”，扎实开展水环境治理；认真配合中央环境保护第六督察组开展环保督察工作，开展环保执法专项检查20余次，责令8家企业停产整治，突出环保问题及信访件办结销号14件，截止目前，中央环保督查问题已经全部整改到位，全区生产生活环境有较大改善；投入1000万余元，实施生态修复和三边绿化工程。空气、水、土壤环境质量总体保持稳定，大气主要污染物大幅下降，空气质量指数（AQI）排名省市前列，主要河流水质保持在国家Ⅱ类水质标准。

法治建设深入推进

大力弘扬社会主义法治精神，以职能科学、权责法定、执法严明、公开公正、廉洁高效、守法诚信为目标，大力推行权力清单、责任清单，加快建设法治政府；加快推进司法体制改革，探索建立适应旅游城市特点的司法工作机制，严格依照法定的权限、时限和程序履行职责、行使权力，努力让人民群众在每一个司法案件中都感受到公平正义；严格规范公正文明执法，不断提高依法履职能力和水平，努力做知法、懂法、守法、护法的执法者；切实加强法律宣传，组织专题法治讲座90余场次，开展法治宣传教育活动140余场次，积极开展在线学法考试，全区1923名国家工作人员全部报名参加，参考率、合格率均达100%。

着力加强党的政治建设

始终把党的政治建设摆在首位，自觉维护以习近平同志为核心的党中央权威和集中统一领导。严格遵守党的政治纪律和政治规矩，严肃党内政治生活。坚决落实民主集中制，坚持重大决策区工委、区管委正职末位表态，班子其它成员依次发言，既充分发挥民主，又善于集中统一，确保各项决策都符合党情区情民意。大力弘扬忠诚老实、公道正派、实事求是、清正廉洁等价值观，努力营造积极健康的党内政治文化。保质保量完成省市区各类干部调训任务，切实加强党性锻炼和党性修养，2017年，共计选派3名副处级领导干部参加省级培训，选派35名处级、19名科级领导干部和3名优秀选调生参加市级培训，选派20名科级干部和27名优秀青年干部参加区工委党校培训，不断提高政治觉悟和政治能力，不断强化对党忠诚、为党分忧、为党尽职、为民造福的根本政治担当，永葆共产党人政治本色。

着力抓实党的作风建设

作风建设永远在路上。全面贯彻落实十九届中纪委二中全会、十一届省纪委三次全会和五届市纪委三次全会精神，严格按照中共中央八项规定及其实施细则、省委市委相关实施办法，持续深入开展"纠'四风'、治陋习"专项整治行动，今年对全区70多家区直单位和政务服务窗口开展"四风"问题进行专项监督检查，查处"四风"方面问题49起，立案21件，给予党纪政纪处分21人，问责处理51人。深入开展专项整治，坚决扭转行规陋习，2017年，我区持续推进扶贫领域"雁过拔毛"式腐败问题、国家公职人员参与涉矿等经营性活动、中小学违规征订教辅材料等8项专项整治工作，整治范围涉及扶贫、环保、教育、金融等多个领域，共立案22件，给予党纪政纪处分22人，问责处理49人，收缴违纪款项180余万元。在中小学校违规征订教辅材料专项整治过程中，我区因部署及时、措施得当，在全市率先取得成效，得到市纪委领导充分肯定，并作为成功经验向全市推广。

【工委委员分工】 罗国宇 洪江区工委书记。主持区工委全面工作。

毛运鸿 洪江区工委副书记、区管委主任，主持区管委全面工作，分管全区经济工作。

莫文华 洪江区工委副书记，协助书记分管党建、党史工作，处理日常事务，分管全面小康、脱贫攻坚、招商引资、外事、群团、对台、人口计生、区工委党校工作，处理书记委托的其他工作，联系区人大工委、区政协工委工作。

唐 龙 区工委委员、组织部部长，主管组织、老干工作。

刘登富 区工委委员、统战部部长，主管统战工作，联系非公经济、民族宗教工作。

张 林 区工委委员、区工委办公室主任，主持区工委机关日常工作。主管区工委办公室、区工委政研室、区直机关工委、区工委区管委接待办工作，联系农业、农村工作。

田作根 区工委委员、宣传部部长，主管宣传思想、意识形态、文明创建工作，分管教育、文化工作。

杨 军 区工委委员、区管委常务副主任，负责区管委常务工作，负责区管委分管工作。

尹云刚 区工委委员、武装部政委，协助书记分管党管武装工作。

汤 鲜 区工委委员、纪委书记，主管纪检、监察工作。

王慧成 区工委委员、政法委书记，主管政法、维稳、信访工作，联系安全生产工作。

重要会议

【洪江区工委委员会会议】 1月16日，区工委书记罗国宇主持召开2017年第1次区工委委员会会议。会议学习《习近平关于严明党的纪律和规矩论述摘编》、传达学习怀化市五届人大一次会议、怀化市政协五届一次会议精神、传达学习市委民族工作会议精神，并听取洪江区民族宗教工作情况汇报，乡（街道）党（工）委书记抓基层党建述职评议考核结果、审议《洪江区2016年区直机关事业单位奖金发放规定》和普法情况汇报。

2月28日，区工委书记罗国宇主持召开2017年第4次区工委委员会会议。会议学习《习近平关于严明党的纪律和规矩论述摘编》、传达学习市委宣传部相关文件精神；审议《全区党务工作会议方案（草案）》、《区工委书记罗国宇同志在全区党务工作会议上的讲话材料（送审稿）》；会议审议并通过《洪江区2017年组织工作要点（送审稿）》；听取村（社区）"两委"换届工作汇报，审议并通过《全区村（社区）党组织和村（居）民委员会换届选举工作实施方案（送审稿）》、《关于成立全区村（社区）"两委"换届选举工作领导小组的通知

（送审稿）》《洪江区村（社区）“两委”换届选举工作试点村（社区）建议名单》《全区村（社区）“两委”换届选举工作动员部署会议方案（草案）》。

洪江区工委委员会议

3月22日，区工委书记罗国宇主持召开2017年第5次区工委委员会会议。会议学习《学思践悟⑤》摘要、传达学习市委召开的传达学习全国“两会”精神会议的有关精神；会议审议《中共洪江区工委委员会工作规则（送审稿）》《关于2017年区领导联系基层联系群众联系企业工作安排的建议方案》；听取科级干部消超对账审核情况汇报、洪江区重点项目建设工作情况汇报、农业农村工作情况汇报、全区巩固提升脱贫成果工作情况汇报、关于回购湖南泰格林纸集团洪江纸业有限责任公司土地及土地以上附着物的汇报、2016年洪江区综合绩效考核结果的汇报；会议研究启动洪江区创建省级高新技术开发区工作、研究湖南金丰纺织集团有限公司搬迁至洪江区对接工作。

4月21日，区工委书记罗国宇主持召开2017年第7次区工委委员会会议。会议学习《学思践悟⑤》摘要中关于“全面从严治党，实践‘四种形态’”的相关内容、传达学习省市领导干部会议和怀化市全面建成小康社会推进工作会议精神，研究我区贯彻落实意见；会议听取全区巡察工作情况汇报、关于学习贯彻市委政协工作会议精神的情况汇报、关于贯彻落实全省干部因私事出国（境）证件和身份证件专项清理工作视频会议精神的情况汇报、洪江区2017年基层党建工作情况汇报、安全生产工作情况汇报、旅游工作情况汇报；审议《洪江区国有土地上房屋征收与补偿实施办法（试行）（送审稿）》《洪江区国有土地上房屋征收奖励与补助办法（试行）（送审稿）》和《洪江区集体土地与房屋征收补偿安置办法实施细则（送审稿）》。

5月26日，区工委书记罗国宇在区财政局会议室主持召开2017年第8次区工委委员会会议。会议传达学习习近平总书记等中央领导同志和杜家毫书记、彭国甫书记关于推进“两学一做”学习教育常态化制度化工作重要指示和讲话精神及中央、省委、市委关于推进“两学一做”学习教育常态化制度化工作的相关文件精神、传达学习湘纪通〔2017〕11号文件精神、传达学习全市宗教工作会议精神；审议《洪江区关于推进“两学一做”学习教育常态化制度化的实施方案（送审稿）》《洪江区关于抓党建促巩固提升脱贫成果的实施意见（送审稿）》和《“千名干部下基层、联系群众暖民心”活动方案（送审稿）》、《洪江区国有土地上房屋征收与补偿实施办法（试行）（送审稿）》《洪江区国有土地上房屋征收奖励与补助办法（试行）（送审稿）》和《洪江区集体土地与房屋征收补偿安置办法实施细则（送审稿）》、听取全面小康和“美丽乡村·幸福家园”建设工作、关于增持湖南洪江古商城文化旅游产业投资股份有限公司股份相关事宜的汇报。

6月8日，区工委书记罗国宇主持召开2017年第10次区工委委员会会议。会议传达学习（中办发电〔2017〕13号）文件精神、学习省委书记、省人大常委会主任杜家毫在怀化调研期间的讲话精神，通报省脱贫攻坚大督查检查组反馈情况并研究部署我区问题整改落实相关工作、学习《中国共产党工作机关条例（试行）》、学习全市宣传思想文化工作推进会会议精神；会议讨论总结洪江区领导班子整体运行情况及党政正职履行脱贫攻坚主体责任情况；听取关于加强社区建设和推进社区工作规范化的情况、基层党建工作、洪江区“互联网+监督”工作情况汇报；研究武装工作；审议《2017年洪江区全口径财政预算编制（草案）》。

8月3日，区工委书记罗国宇主持召开2017年第12次区工委委员会会议。会议传达学习习近平总书记在省部级主要领导干部“学习习近平总书记重要讲话精神，迎接党的十九大”专题研讨班开班式上重要讲话精神、习近平总书记和省委杜家毫书记关于脱贫攻坚工作的讲话精神及省、市脱贫攻坚巡查整改工作会议精神、习近平总书记在庆祝中国人民解放军建军90周年大会上的重要讲话精神、《中共中央办公厅关于认真学习贯彻新修改的〈中国共产党巡视工作条例〉的通知》（厅字〔2017〕24号）；听取洪江区防汛抗灾救灾工作、统战工作、综合绩效考核、科级正职领导干部年度考核确定等次建议的汇报。

8月23日，区工委书记罗国宇主持召开2017年第14次区工委委员会会议。会议学习《习近平总书记系列重要讲话读本（2016年版）》、传达学习许达哲省长来怀调研讲话精神和全省2017年脱贫摘帽工作推进会会议精神；研究党管武装工作；听取全区信访维稳工作、非公有制经济组织和社会组织工作、宣传思想文化工作的汇报。

9月29日，区工委书记罗国宇主持召开2017年第16次区工委委员会会议。会议议传达学习习近平总书记重要讲话和指示批示精神、杜家毫书记在沅陵县脱贫攻坚座谈会上的讲话精神和许达哲省长在《关于省脱贫攻坚常态化联点督查第二组第二次督查情况汇报》上的批示精神、传达学习习近平总书记在会见全国社会治安综合治理表彰大会代表时的重要讲话精神及省、市关于做好2017年国庆节和中秋节期间有关工作的文件精神，研究部署全区国庆、中秋和党的十九大期间相关工作；听取关于规范洪江区党政机关工作人员参与重点项目建设领取施工现场津贴的情况、纪工委派驻机构改革和巡察机构设置及乡（街道）纪检组织人员配备的情况、关于加强教育、卫计系统党建工作的情况汇报；审议《2017年洪江区第三届人大代表补选工作方案（送审稿）》、《怀化市人大常委会洪江区工作委员会人事任免办法（2017年修订稿草案）》、《中共洪江区工委反腐败协调小组工作规则（送审稿）》《中共洪江区工委反腐败协调小组协调办案制度（送审稿）》。

10月12，区工委书记罗国宇主持召开2017年第17次区工委委员会会议。会议学习习近平总书记关于全面深化改革重要论述，传达学习杜家毫、许达哲同志在全省产业发展现场推进会上的讲话精神、传达学习省、市巡视巡察工作电视电话会议精神，研究全区信访维稳和安全生产工作；听取洪江区全面推行河长制工作的情况汇报。

11月16日，区工委书记罗国宇主持召开2017年第19次区工委委员会会议。会议传达学习习近平总书记在十九届中共中央政治局常委同中外记者见面时的讲话和习近平总书记带领中共中央政治局常委赴上海瞻仰中共一大会址、赴浙江嘉兴瞻仰南湖红船时的重要讲话精神、中共中央政治局常委、中央书记处书记王沪宁在学习贯彻党的十九大精神中央宣讲团动员会上的讲话精神、全国推开国家监察体制改革试点工作动员部署电视电话会议、省深化监察体制改革试点工作小组第一次会议和怀化市纪委纪检监察工作推进会会议精神、省委书记、省人大常委会主任杜家毫在全省市厅级领导干部学习贯彻党的十九大精神第一期集中轮训班开班式的动员讲话和在全省市厅级领导干部集中轮训班作专题讲座的讲话精神、11月15日全市领导干部会议和全市国有企业党的建设工作会议精神；听取关于构建大统战工作格局、巩固提升脱贫成果、全面建成小康社会工作情况的汇报，审议《关于中共洪江区工委委员会洪江区管理委员会班子成员与党外非公有制经济代表人士联谊交友的意见（送审稿）》。

12月8日，区工委书记罗国宇主持召开2017年第20次区工委委员会会议。会议传达学习省委十一届四次全会精神、市委五届四次全会精神、彭国甫同志在学习《习近平谈治国理政》第二卷座谈会暨赠书仪式上的讲话精神和在全市县处级领导干部学习贯彻党的十九大精神集中轮训班专题讲座的讲话精神，全市学习贯彻党的十九大精神第一期集中轮训班暨创新引领开放崛起项目巡检点评会会议精神；听取全区经济运行情况、洪江区扶贫工作情况的汇报，听取洪江区第三届人民代表大会第二次会议筹备情况、政协洪江区第三届第二次会议筹备情况、区政协委员增补情况、关于洪江区领导干部学习贯彻习近平新时代中国特色社会主义思想和党的十九大精神集中培训班的情况、关于2017年县市区委书记抓基层党建述职评议考核工作、关于收储湖南泰格林纸集团洪江纸业有限责任公司土地工作的汇报；审议《“洪福洪江年”·2018年春节文化旅游活动方案（送审稿）》、《洪江区法治政府建设实施方案（送审稿）》。

重大决策

【洪江区2017年巩固提升脱贫成果产业发展扶持奖励办法】 2017年3月30日，中共洪江区工委办公室、洪江区管理委员会办公室关于印发《洪江区2017年巩固提升脱贫成果产业发展扶持奖励办法》的通知（以下简称“办法”）。办法由目标任务、产业发展的原则、奖补范围及标准、项目审批及程序、责任和维权机制和其他事项等六部分组成。办法的出台对洪江区形成优势主导产业，确定产业发展重点，大力发展综合效益高的特色产业项目，充分发挥农户的主体作用，使脱贫农户参与产业和乡村旅游、电商类产业发展，实现稳定增收节支巩固脱贫成果具有重要意义。

【中共洪江区工委2017年巡察工作方案】 2017年5月25日，中共洪江区工委关于印发《中共洪江区工委2017年巡察工作方案》的通知（以下简称“工作方案”）。工作方案由指导思想、巡察对象、巡察时间、巡察组人员配备、巡察的主要任务、巡察的基本程序、巡察期间有关事项的具体要求等七部分组成。工作方案的出台对推动全面从严治党向基层延伸，为实现区工委“建成全国知名旅游目的地城市”战略目标，建设创新创业、宜居宜游，精致精美、古色古香的洪富洪江具有重要意义。

【洪江区全域旅游三年行动计划（2017—2019）】 2017年6月26日，中共洪江区工委办公室、洪江区管理委员会办公室关于印发《洪江区全域旅游三年行动计划（2017—2019）》的通知（以下简称“行动计划”）。行动计划由总体要求、工作重点、保障措施三部分组成。行动计划的出台对形成“一核一城两带六大板块”的基本格局，将洪江区建设成为创新创业、宜居宜游的福地和精致精美、古色古香的景区具有重要意义。

【洪江区全面推行河长制实施方案】 2017年11月8日，中共洪江区工委办公室、洪江区管理委员会办公室关于印发《洪江区全面推行河长制实施方案》的通知（以下简称“实施方案”）。实施方案由总体要求、组织形式、主要任务、保障措施四部分组成。实施方案的出台对全面落实可持续发展战略，保护水资源、防治水污染、改善水环境、修复水生态，维护河流健康生命，实现河流功能永续利用具有重要意义。

【关于建立健全脱贫攻坚末端责任人激励与约束机制充分发挥“三支队伍”一线突击队作用的实施意见】 2017年11月20日，中共洪江区工委下发《关于建立健全脱贫攻坚末端责任人激励与约束机制充分发挥“三支队伍”一线突击队作用的实施意见》（以下简称“实施意见”）。实施意见由选优配强、明责履职、严管厚爱、支撑保障四部分组成。实施意见的出台对联系群众、落实扶贫政策、打通脱贫致富攻坚“最后一千米”关键力量的村“两委”干部、驻村扶贫工作队、结对帮扶责任人三支队伍，建立末端责任人激励与约束机制，充分发挥“三支队伍”在脱贫攻坚中的重要作用具有重要意义。

表3　中共怀化市洪江区工委2017年部分文件目录（洪区发）

序号	标题
1	中共洪江区工委委员会工作规则
2	关于严格落实党委（党组）书记基层党建工作第一责任人责任的通知
3	中共洪江区工委2017年巡察工作方案
4	洪江区开展扶贫领域腐败和作风问题专项治理工作方案
5	关于认真学习宣传贯彻党的十九大精神的通知
6	关于深入学习贯彻党的十九大精神加快建设“创新创业、宜居宜游，精致精美、古色古香”洪福洪江的意见
7	关于建立健全脱贫攻坚末端责任人激励与约束机制充分发挥“三支队伍”一线突击队作用的实施意见

表 4　　中共怀化市洪江区工委 2017 年部分文件目录（洪区办发）

序　号	标　题
1	乡（街道）党（工）委书记抓基层党建述职评议考核工作方案
2	洪江区村（社区）党组织和村（居）民委员会换届选举工作实施方案
3	洪江古商城 2017 年樱花浪漫季活动实施方案
4	洪江区迎接中央环保督察工作方案
5	洪江区 2017 年巩固提升脱贫成果工作方案
6	洪江区 2017 年巩固提升脱贫成果产业发展扶持奖励办法
7	洪江区重点项目目标管理考核办法（试行）
8	洪江区安全生产监督管理职责规定
9	《洪江区工委委员会组成人员及区管委班子成员安全生产领导责任体系》《洪江区有关部门安全生产监管责任体系》《洪江区生产经营企业安全生产主体责任体系》
10	洪江区 2017 年重点民生实事实施方案
11	洪江区配合中央环境保护督察总体工作方案
12	洪江区 2017 年基层党建工作要点
13	洪江区脱贫攻坚突出问题集中大排查大诊断大整改方案
14	洪江区重点项目施工环境联保工作方案
15	关于进一步推进诚信计生工作的通知
16	关于推进“两学一做”学习教育常态化制度化的实施方案
17	关于抓党建促巩固提升脱贫成果的实施意见
18	洪江区深入开展“千名干部下基层、联系群众暖民心”活动实施方案
19	关于切实做好 2017 年全面建成小康社会推进工作的通知
20	2017 年怀化市绩效评估指标任务分解表
21	关于加快推进“互联网＋监督”工作的通知
22	2017 年全区旅游工作要点
23	洪江区全域旅游三年行动计划（2017–2019 年）
24	洪江区党政主要领导干部带头开展脱贫攻坚“三走访三签字”工作实施方案
25	洪江区 2017 年金融秩序专项整治行动方案
26	洪江区农村土地承包经营权确权登记颁证工作方案
27	洪江区文明系列单位、文明先进个人评选和管理办法
28	洪江区城市管理“清街整治”专项行动实施方案
29	洪江区集体林业综合改革试验实施方案

续表：

序 号	标 题
30	中共洪江区工委全面深化改革领导小组 2017 年工作要点
31	洪江区贯彻落实中央第六环境保护督察组反馈意见整改实施方案
32	2017 年洪江区综合绩效考核工作实施方案
33	关于调整区工委委员和区人大工委主任、区政协工委主任“两学一做”学习教育联系点的通知
34	关于规范机关、事业单位工作人员着装与仪表仪容的通知
35	洪江区贯彻落实党政主要负责人履行推进法治建设第一责任人职责规定实施细则
36	洪江区开展清理国家公职人员违规参与涉矿等经营性活动专项整治工作实施方案
37	洪江区开展信访突出问题“大排查、大诊断、大整改”专项活动实施方案
38	洪江区信访积案“百日攻坚”专项行动方案
39	关于完善矛盾纠纷多元化解机制的实施意见
40	洪江区党的十九大安保维稳大排查大管控行动方案
41	洪江区贯彻落实杜家毫、许达哲同志关于安全生产工作重要讲话精神重点任务分工
42	洪江区直管公房清理整顿工作方案
43	关于加强市纪委派驻机构改革的实施意见
44	关于做好 2017 年国庆节和中秋节期间有关工作的通知
45	洪江区迎接党的十九大安全稳定工作总体方案
46	2017 年洪江区招商引资工作考核办法
47	区工委向市委请示报告工作流程
48	区工委主要领导同志信访批示件办理规程
49	洪江区全面推行河长制实施方案
50	关于推进洪江区乡街纪检监察工作一体化管理的实施方案
51	关于举办全区乡科级领导干部学习贯彻党的十九大精神集中培训班的通知
52	进一步严格执行领导干部外出等重大事项请示报告制度保持通讯畅通的通知
53	“洪福洪江年”·2018 年春节文化旅游活动方案
54	关于学习贯彻习近平总书记重要批示精神集中精力做好末年初各项工作的通知

表 5　　中共怀化市洪江区工委 2017 年部分文件目录（洪区办）

序 号	标 题
	关于 2016 年度全区社会治安综合治理暨维护稳定、法治建设、信访工作考核评估情况的通报

续表：

序 号	标 题
	关于2016年度全区计划生育工作考核评估情况的通报
	关于2016年度全区安全生产工作考核评估情况的通报
	关于2016年度全区重点项目建设工作考核评估情况的通报
	关于2016年度全区落实党风廉政建设责任制推进惩治和预防腐败体系建设检查考核结果的通报
	关于表彰洪江区第二届“十佳政治干警”“十佳综治工作标兵”“十佳人民调解能手”“十佳综治服务团队”的通报
	关于2016年度洪江区率先实现整体脱贫摘帽工作考核评估情况的通报
	关于2016年度洪江区综合绩效考核结果的通报
	关于表彰2016年度党管武装工作先进单位和先进个人的通报
	关于洪江区2016年度全面建成小康社会推进工作考评结果的通报
	关于洪江区2016年度美丽乡村幸福家园建设考评结果的通报
	关于洪江区2016年度文明系列单位、文明先进个人工作考评结果的通报
	关于洪江区2016年创建省级文明城区考核情况的通报
	关于2017年全区抗洪救灾先进集体和先进个人的通报
	关于认真组织收听收看习近平同志在中国共产党第十九次全国代表大会上的报告
	关于进一步规范和落实党内报告工作制度的实施意见
	关于认真做好《中国共产党怀化市洪江区历史（1978—2010）》（第一卷）赠阅工作的通知
	关于2017年度全区计划生育工作考核评估情况的通报
	关于2017年度全区安全生产工作考核评估情况的通报
	关于2017年度全区社会治安综合治理、信访工作考核评估情况的通报

组织工作

【党组织及党员队伍情况】 截止2017年底，洪江区有基层党组织297个，其中党（工）委29个、党总支25个、党支部243个、党员5260人。

【概况】 2017年，中共洪江区工委组织部着力加强政治思想建设，在洪江区范围内组织开展“不忘初心，做合格党员”主题征文活动、“‘两学一做’送学上门”活动。按照“六个100%”要求组建“两新”组织，建立非公企业党支部、协会党组织。开展“三走访三签字”和“千名干部下基层，联系群众暖民心”服务活动，全区1200余名党员干部联系所有建档立卡贫困对象，帮助解决实际困难2000余个。

【推进基层组织建设】 区工委组织部联合区纪工委、区政法委等部门监督各村（社区）“两委”换届工作，换届选举后村（居）“两委”班子成员平均年龄48.9岁，同比减小1.5岁，大专以上文化干部配备率达50%。

按照“六个100%”要求，建立非公企业党支部25个、协会党组织9个、覆盖协会37个。

保障村、社区运转经费，村平均14万、社区21.7万元，为怀化市标准的1.16倍、1.28倍；在职村主要干部报酬达1.8万元/年、离任村主要干部报酬达240元/月，同比增长20%；新增社区工作者绩效工资500元/月，同比增长32.7%。投入1302万元提质改造27个村级活动场所。

【组织党员抗击洪灾】 6月29日，洪江区遭受流域性洪灾。全区200多个基层党组织、3000多名党员切实发挥“顶梁柱”作用，安全转移人口1.32万人，未出现人员伤亡，未垮一库一堤一坝。抗洪抢险中涌现出桃李园社区支部书记李婷香和岩门村村委会主任李克云等先进模范。

【选拔任用干部】 2017年，调整交流配备干部4批次321人，提拔重用64人，交流使用236人，其他调整21人。其中提拔重用80后年轻干部37人。

【开展消化超配领导职数工作】 对全区超配的84名领导职数、73名非领导职数，通过提拔或平级交流消化34人，免去违规设置的或兼职职务27人，免职8人，转任非领导职位消化3人，到龄退休消化18人，提前退休消化38人，违纪免职消化1人，重新核定职数消化23人，其他方式消超5人（调离本行政区3人，辞职2人）。

【监督管理干部】 严格执行因私出国（境）证件管理规定，对863名领导干部及其他应备案人员共进行逐一核对，做到“应备尽备、应交尽交、应查尽查”。严格落实“12380”举报登记系统，确保举报系统24小时畅通，及时转送、受理信访举报问题。

【培养年轻干部】 拟定《关于建立年轻干部联系培养制度的实施意见》，在全区乡科级以上领导干部中推荐一批作为联系培养年轻干部的导师，实行一对一联系培养年轻干部。拟定《关于进一步加强我区人才激励工作的暂行办法》，改善人才待遇，吸收专业人才。投入约2200万元购买商品住房用作人才公寓，并按照装修标准对公寓进行装修及购买配套设施，使公寓达到“拎包入住”的标准，解决年轻干部住房问题。

宣传工作

【概况】 2017年，宣传思想工作紧紧围绕区工委、区管委的中心工作，发挥党的喉舌作用。洪江区被评为2016届湖南省文明城市，洪江区工委宣传部荣获怀化市2016届文明单位、怀化市计划生育优秀单位和2017年全区综合治理、安全生产先进单位。

【重视意识形态主题】 坚持把学习习近平总书记系列重要讲话列为区工委委员会固定的第一主题。把意识形态工作列入党委（党组）书记年度述职计划，纳入绩效考核，作为文明单位评比“一票否决”内容。创办“洪江发展论坛”，先后邀请中国人民大学金正昆、国防科技大学马建光、中南大学颜爱民、上海交通大学朱健等国内知名专家学者来洪江授课4次。组织开展习近平新时代中国特色社会主义思想和党的十九大精神集中宣讲活动，组建高规格区工委宣讲团，区工委书记、区管委主任、区工委专职副书记、区工委宣传部长等区工委委员带头深入基层、深入群众进行集中宣讲，共开展集中宣讲40余场。

【《洪福洪江》微信公众号影响日益扩大】 《洪福洪江》微信公众号是由洪江区工委、区管委主办，区工委宣传部承办的官方微信公众号，于2016年11月开通，是洪江区“最权威、最新鲜、最全面”的新闻资讯平台。运营以来，每天推送微信5条，目前已推送各类图文消息2000余条，关注人数总计4万多人，点击量突破200万人次。

【“欢乐潇湘、幸福怀化、洪福洪江”大型群众文艺汇演】 8月2日，“欢乐潇湘·幸福怀化·洪福洪江”大型群众文艺汇演决赛在洪江区体育馆隆重举行。演出在开场舞《龙船调》中拉开序幕。舞蹈《茶香中国》表现采茶女柔美身姿和与世无争的心境。朗诵《我们在一起》、舞蹈《压不跨的脊梁》还原“6.29”洪灾中全区上下凝心聚力、无私奉献抗洪抢险的场景。情景剧《洪江》及歌曲《喊一声怀化》《神往洪江》表现出演员及歌者对家乡的热爱及赞美之情。舞蹈《花开时节》、《一片太阳花》《来跳舞吧》《醋之韵》让现场观众心之神往。舞蹈《一片太阳花》《来跳舞吧》荣获“欢乐潇湘·幸福怀化·洪福洪江”大型群众文艺汇演决赛一等奖，情景剧《洪江》《旗袍》走秀、舞蹈《醋之韵》、舞蹈《花开时节》荣获二等奖，舞蹈《茶香中国》《龙船调》《压不跨的脊梁》，萨克斯独奏《memory of you》，歌曲《喊一声怀化》《神往洪江》，朗诵《我们在一起》荣获三等奖。河滨路街道荣获组织奖。

统一战线

【概况】 2017年2月，洪江区工委制定《洪江区构建大统战工作格局工作方案》，对统战系统大部制合署办公、建立三级统战网络做出具体安排部署。建立区工委统战部与区工商联的联席会议制度，畅通绿色通道；推荐“万企帮万村”精准扶贫行动奖补资金申报单位，为洪江区非公企业谋求更多发展。

2017年，区工委统战部荣获湖南省统战工作实践创新成果奖、“同心乡村”示范项目奖。

【“2017两岸婚姻家庭子女财商夏令营暨两岸国学书院项目第三期第二讲”活动】 8月8日上午8时，2017两岸婚姻家庭子女财商夏令营洪江古商城开营，24名来自台湾和大陆的青少年将通过9晚10天的活动，培养就业创业意识，学习国学商道精粹，拉近两岸青少年距离，增进两岸亲情友情。本次活动由海峡两岸婚姻家庭协会主办，海峡两岸婚姻家庭服务中心、怀化市台办、怀化市洪江区管理委员会联合承办，主题为“国学商道 两岸情深”，营员全部为来自台湾的12名两岸婚姻家庭子女和大陆的12名青少年12—15岁青少年。中南大学人力资源研究中心主任、湖南践行国学公益基金会理事长颜爱民教授出席开营仪式，并将在夏令营期间为两岸青少年授课。

夏令营学游并重、游以为学的目的，以深具商道文化特质的明清古城场景融入为特色，从两岸交流、践行国学、财商培训、缅怀先烈、民俗体验、展望未来等多个角度进行，全程网络直播。学员们与百余位演员互动，在游乐过程中得到中华传统文化的熏陶和国学商道精粹的学习，更为可贵的是海峡两岸青少年间将结下深厚的友谊。海峡两岸婚姻家庭服务中心专程写来感谢信，并特别授予洪江古商城“两岸家庭人文客厅”。

【怀化市宗教团体负责人谈心谈话活动在洪江区举办】 2017年，怀化市宗教团体负责人谈心谈话活动在洪江区举办。来自怀化市宗教界的代表人士参观洪江区大兴禅寺、药王寺等宗教场所建设，听取大兴禅寺管理和建设经验介绍。洪江区现有宗教开放场所15处，其中佛教场所8处、道教场所6处、基督教场所1处。主要以佛教为主，现有居士600多人，信教群众5000余人。

【建立社会扶贫网】 2017年，中国社会扶贫网上线。该项工作由区统战部牵头负责，区工商联、扶贫办调度落实，并将中国社会扶贫网湖南省怀化市洪江区信息管理服务中心设在统战部。按照省目标考核指标，洪江区成为2017年怀化市第一个综合完成率达100%的县市区，在湖南省123个县市区中排名第15位。

【开展四同创建活动】 开展同心园区、同心项目、同心社区、同心乡村创建活动。通过开展以扶贫为重点的同心品牌创建活动，充分调动非公企业、非公人士积极性，发挥龙头企业带动作用，2017年，成功创建横岩村省级“同心示范乡村”，茅头园村市级“同心示范乡村”，犁头嘴社区市级“同心示范社区”。

其他工作

·区直机关工委·

【概况】 政治建设：“两学一做学习”常态化、制度化，为每名党员发放学习资料和笔记本。区直机关工委所辖134个党支部共上党课200堂，参加专题学习讨论3700人次。

服务大局：75个扶贫帮扶单位1000名机关党员深入扶贫点开展帮扶。结合社区兼职委员制，开展“机关在职党员进社区”活动，“机关党支部＋社区”工作实现有效联动，1000多名机关在职党员下沉到18个社区，帮助解决问题2800个。“6·29”洪灾中，1000多名机关党员始终战斗在抗洪抢险第一线，涌现出段成龙等一大批优秀党员。

基层党组织建设：全面推行党建工作责任清单制度，实行“一月一提示、一季一调度、半年一督查”。严格落实“联述联评联考”制度，压实管党责任。组织开展党建述职评议工作，严格落实“三会一课”、民主生活会和组织生活会等制度。开展区直机关党费自查和补缴工作。积极倡导机关党建品牌创建，10个机关党支部被评为洪江区先进基层党组织。

·中共洪江区工委党校·

【概况】 2017年，区工委党校把党风廉政建设贯穿整个教学之中，设立“党性教育单元”，重点开展理想信念教育、道德品行教育、法治思维教育和反腐倡廉等方面的党性教育。举办各级各类培训班9期，培训党员及干部学员838人。下基层进行宣讲共20余场次，培训300余人次。全年在市级以上刊物上发表文章10篇，其中国家级公开发表6篇、省级公开发表2篇、市级发表2篇、区级发表4篇。

【打造区工委、区管委的“第二政策研究室”】 为地方发展提供咨政和服务欧阳冬日负责的课题《创新驱动发展引领产业园区转型升级路径研究—以洪江区省级工业集中区为例》，受到区工委书记罗国宇，区工委副书记、党校第一校长莫文华的肯定。《全域旅游谱华章》、《洪江区工业旅游调查研究》发表在洪江区《决策参考》2017年第1期。

撰写洪江特色的调研论文或学术文章

2017年，撰写调研论文11篇，撰写学术论文9篇。其中，送交怀化市委党校理研会参评文章5篇，送交省党校理研会参评文章3篇，省科学社会主义学会理研会论文1篇，送交区工委组织部“不忘初心，做合格党员”党建征文1篇。欧阳冬日撰写的《传承工业命脉，保护工业遗址》获省党校系统理研会三等奖；唐喜玲、吴晖撰写的《基于社区营造视角下的美丽乡村建设——以怀化市洪江区横岩乡为例》，肖洪嵩撰写的《洪江区工业旅游发展对策研究》，申文妍撰写的《“高铁时代”的怀化经济社会发展》，刘朝辉撰写的《中国特色社会主义的科学内涵》获湖南省科学社会主义学会理研会论文二等奖。

·信息调研工作·

【概况】 2017年，共向省、市上报各类信息432条，被省、市采用92条。围绕洪江区发展大局，重点对深化改革、基层建设、全域旅游、巩固脱贫、产业升级、民生保障等课题，编印《决策参考》23篇，为领导科学决策起到参谋作用。

·督查工作·

【概况】 2017年，围绕省、市和区工委重要工作部署，区工委重要会议精神和重大工作安排部署情况进行目标任务的分解、量化，定期组织督查。将全区42个重点项目督查作为全年工作的重中之重，采取定期督查和现场督查相结合，抓住重点推动项目落实。全年，参与会风会纪督查52次，开展各种专项督查30余次，编发《督查通报》11期、《督查专报》9期、《督查快报》3期，办理怀化市、洪江区领导批件25件，接待信访群众39批183人次，督办群众信访批示件15件次。

·深化改革工作·

【概况】 2017年，出台《洪江区工委全面深化改革“创新创优奖”实施办法》。深入推进“警务模式”改革、供销合作社综合改革、农村产权制度改革、集体林权综合改革和供给侧结构性改革“三去一降一补”，顺利完成土地承包经营确权颁证，全面落实河长制。抓好茅头园村推进农村城镇化综合改革市级试点。

·小康工作·

【概况】 2017年，实施“美丽乡村·幸福家园”建设和“厕所革命”三年行动计划，以“五美”为目标，推进横岩乡菖蒲村、桂花园乡滩头村、茅头园村的乡村旅游建设。实施“三化一改”，重点抓好饮用水源地保护、生活污水治理和畜禽养殖污染治理。按照“四好农村路”建设要求，建好管好护好运营好农村公路，全面改善农村基础设施水平和乡村风貌。加大农村文化设施和文化平台建设，城乡公共文化服务得到提升。全区全面小康程度达到96%以上。

·机要工作·

【概况】 2017年，共接受明传电报309份、密码电报579份、电子公文321份、秘密文件667份，所有文件、传真和电报无一漏办，没有发生泄密安全事故。

· 文电工作 ·

【概况】2017年，印发区工委、区工委办文件189个，会议纪要35个，上报怀化市委办规范性文件备案21个。

· 接待工作 ·

【概况】严格按照《党政机关厉行节约反对浪费条例》以及中央、湖南省委、怀化市委和洪江区工委有关规定要求，严格接待标准，规范接待程序，圆满完成上级领导来洪江视察、指导和在洪江举办的各项活动接待任务。

· 机构编制管理 ·

【概况】2017年，结合洪江区简政放权工作实际，下放95项行政审批服务事项。全区设6个乡街便民服务中心、12个村综合服务平台，使群众办理事项“一门受理、内部流转、限时办结、联合审批、统一收费、一条龙服务、一站式结算”。在事业单位分类过程中，完成全区事业单位分类工作。完成187个党政机关和事业单位的中文域名注册和网上名称管理。

【做好事业单位登记管理】在办理事业单位法人登记时，严格按照受理、审核、核准、发证等程序予以办理，对提交的材料严格把关，对材料不齐、内容不实的要求补齐材料再予以登记。为保证质量，在工作中注重把好“两关”。把好事业单位法人的审查关。要求事业单位法人财务、资产等情况要经过其主管部门审核。把好事业单位变更事项的真实性、合法性审查关。凡事业单位登记事项发生变更的，都要求提交相关文件或证明材料。涉及到事业单位法定代表人变更的，要求其必须提供有关文件依据。

· 老干部工作 ·

【概况】2017年1月11日，中共洪江区离退休干部工作委员会挂牌成立，离退休党组织建设纳入区绩效考核及党建目标考核内容。为配强支部班子，成立老年大学临时党支部。

离退休党支部在“七一”、“十一”期间开展主题党日活动，活动与党员思想政治教育、生活照顾、精神慰藉、困难帮扶等有机结合起来。区检察院退休支部组织党员开展“抗洪救灾献爱心”活动；区法院退休支部开展“红色情怀，庆七一诗词朗读比赛”；退管中心党委组织部分老党员参观工农业生产；部分支部组织党员到市内红色基地开展党性教育，走访慰问困难老党员，充分发挥基层党组织的战斗壁垒作用。

【落实离退休干部待遇】政治待遇：每月集中学习1次，春节召开老干部座谈会，落实离退休干部阅读文件、听取报告、参加重要会议和重大活动、向离退休老干部通报情况，组织离退休干部就近参观学习、走访慰问离退休老干部等制度。

生活待遇：2017年，春节走访慰问金由500元/人提升至800元/人，体检费从400元/人提高至600元/人，涉老组织活动经费共增加9万元，异地走访老干部经费、离休干部困难帮扶经费共4万元纳入财政预算，特困离退休老干部遗孀帮扶资金3万元从民政救助资金中列支。

【组织“展示阳光心态，体验美好生活、畅谈发展变化”主题活动】组织全区离退休老干部、老党员通过开展征文、座谈等，结合自身实际，用诗词、散文、书画、摄影等形式畅谈社会发展变化，共收集作品56篇，意见34条，评选出优秀作品24篇。联合怀化市电视台、洪江区电视台开办“老干部访谈”栏目，制作专题采访节目六期。以基层党组织为平台，积极开展为党和人民事业增添正能量活动。

【做好离退休党支部先进集体和离退休党员先进个人的推荐】扩大正能量，利用三湘老干部网、怀化电视、洪网“洪福洪江”广泛宣传先进典型事迹。洪江人民检察院退休支部、洪江二中退休党支部及钟文祥、米贤建、蒙长生等先进集体和个人受到怀化市和洪江区表彰。

【开展“大手牵小手，关爱心连心”主题活动】洪江区关工委“五老”宣讲团深入学校、社区、农村开展道德讲堂、社会主义核心价值观、国史党史等主题教育活动20余次。组织留守儿童代表参观芷江爱国教育基地和“牵手相伴成就梦想”两史教育公益活动。全年开展关爱关注关心留守儿童各类公益活动20余次，共筹集资金60万元，帮助300余名学子。

【开展形式多样、内容丰富的各类活动】 区老年大学组织学员深入各乡村、街道社区进行“谈家风，传作风、赞新风”主题文艺宣传活动，积极参加市、区“百姓大舞台”“欢乐潇湘”等大型文艺演出活动；区老科协、老健协以服务“三农”工作为重点，结合开展“健康教育进万家”活动，举办老年健康知识宣传培训班30期，培训7000余人次，印发保健资料2万余份；区老年书画协会用“翰墨”献礼建军90周年，翰墨飘香展示中华传统文化；区老体协积极参加国家、省、市的老年太极拳大赛。

·史志档案工作·

【概况】 档案工作：档案宣传，6月9日，史志档案局与文体广电新闻出版局联合在区武陵城广场举办“洪江记忆”大型历史图片展，共展出历史图片80余幅，观看展览的群众达万余人；档案接收，接收原工业经济局、体育局、文广新局、发改局、物价局、粮食局、商务局等9个撤并单位档案245盒4435件。安监局、交通局、农机局、国土局等7个单位到期档案198盒4077件；抢救保护，积极做好《洪江育婴小识》档案文献遗产的申报工作。着手实施《国家重点档案保护和开发项目》，对民国工商档案189卷2450件进行扫描和修复；档案查阅，全年共接待查阅利用档案1610人次，提供档案案卷3310余卷次，图书资料78卷2789页；档案征集，对原工业局、商业局、二轻局、商务局、工商局等对口单位进行史料征集，同时面向社会征集近代洪油、木材等史料，共征集民国近代工商业档案20件；档案竞赛，从5月起，全区机关、企事业单位和乡街91个单位参加，共评出优秀单位64个，合格单位27个，机关、事业单位和乡街参赛率继续保持100%；数据库建设，采用外包形式，先期对馆藏731卷民国档案进行扫描，数字化处理共计约50万页。

党史工作：党史编研，启动《中国共产党洪江区组织史资料（第三卷）》（1996—2015）、《中国共产党洪江区历史大事记（1991—2015）》和《洪江区老干部、老同志回忆录》，其中，《中国共产党洪江区组织史资料（第三卷）》（1996—2015）和《中国共产党洪江区历史大事记（1991—2015）》已完成初审稿，正根据评审意见进行修改、补充；宣传教育，结合各类纪念日，组织开展全区党史宣传教育，组织全区中小学生参观爱国主义教育基地，对青少年进行党性教育和爱国主义教育。全年共征订《湘潮》杂志150份，圆满完成发行任务。党史联络，组织联络组老同志开展党史进机关、进学校、进企业、进社区、进乡村活动，把党史教育切实落到实处。

地方志工作：启动《洪江区乡街简志》《洪江年鉴（2018）》编纂工作，年底，《洪江区乡街简志》已完成初稿，《洪江年鉴（2018）》完成乡街写作人员培训工作。《洪江区志（1978—2005）》已经湖南省地方志编纂委员会正式批复终审结束，目前已进入最后修改补充阶段。

【《中国共产党怀化市洪江区历史（1978—2010）》正式出版发行】 党史正本第二卷初稿完成于2012年底，经过六年多的修改，于2017年8月正式印刷并出版发行。共设二篇九章，44万字，由湖南人民出版社发行。全书着重记述从1978年党的十一届三中全会召开至2010年“十一五”计划完成的32年时间，洪江在中国共产党的领导下投身改革开放和现代化建设，建立和发展中国特色社会主义市场经济体制新阶段的光辉历史。是怀化市县市区中较早完成党史编纂任务的单位。

洪江区人大工委

综　述

【概况】 2017年，区人大工委组织全体代表认真学习习近平总书记在党的十九大所作的工作报告，学习人大工作业务知识。组织区人大工委组成人员、各乡人大主席团主席、街道人大联工委主任赴全国人大北京培训基地进行集中培训。

依法召开区人大工委会议、主任会议，听取“一府两院”工作报告，作出决定决议10余项。开展执法检查、视察、调研工作，依法任免国家机关工作人员40余人。组织市、区代表结对帮扶贫困群众和学生。驻洪江区的省、市人大代表和洪江区人大代表积极为洪江建言100件。

突出思想政治建设，深化“两学一做”学习教育，召开述职评议会和高标准民主生活会，查找存在的问题全面进行整改。对照党风廉政建设要求，对机关现有制度进行一次全面的、系统的清理，修订完善相关制度，修订完善《洪江区人大工委机关管理制度》《洪江区人大工委组成人员守则》。

全年通过省、市和区内媒体广泛报道洪江人大工作情况，在怀化市级以上媒体刊物发表稿件30件，其中省级6件，理论研讨文章省、市上稿4篇。组织区人大机关干部深入横岩村120户农家发放宣传手册，进行民调宣传，收集意见建议17条，现场答复和解决问题9个。

重要会议

【概况】 2017年，召开区人人工委会议6次、主任会议8次，听取“一府两院”工作报告9项，作出决定、决议11项，提出审议意见4项。其中，围绕全区中心工作主动作为，对7项重大事项作出决议。对《2017年洪江区全口径财政预算编制（草案）》《区管委关于2017年预算部分调整情况的报告》等作出决议，有效保障财政预算工作的依法进行。对《区管委关于重点项目工程资金使用情况的报告》《区管委关于城乡规划工作情况的报告》《区管委关于禁毒工作情况的报告》《区管委关于区内中小学安全工作情况的报告》等提出审议意见。

【洪江区第三届人民代表大会第一次会议】 2016年11月27日至30日，洪江区第三届人民代表大会第二次会议在影剧院召开。全区129名代表参加会议。大会审议批准洪江区管理委员会工作报告、洪江区人大工作委员会工作报告、洪江区关于2016年国民经济和社会发展计划执行情况与2017年国民经济和社会发展计划草案的报告、洪江区关于2016年财政预算执行情况与2017年财政预算草案的报告、洪江区人民法院工作报告、洪江区人民检察院工作报告，明确洪江区今后五年目标、任务和工作重点。选举左立华、向春花、向培春、刘志军、刘志良、谷金秋、张卉婷、罗国宇、胡诗军、胡祖飞、蒲学联、裘晓星为怀化市第五届人民代表大会代表，选举马菱艳、王建平、卢江、申少峰、向卉、向群、刘若艳、李茜、杨纯、杨治、佘宏凯、周国武、黄远方、蒋湘洪、曾小阳、谢智渊、雷玉玲为洪江区第三届人大工委委员。首次组织国家工作人员进行宪法宣誓。

【洪江区第三届人民代表大会第二次会议】 2017年12月18日至20日，洪江区第三届人民代表大会第二次会议在区影剧院召开。全区132名代表参加会议。大会审议批准洪江区管理委员会工作报告、洪江区人大工作委员会工作报告、洪江区关于2017年国民经济和社会发展计划执行情况与2018年国民经济和社会发展计划草案的报告、洪江区关于2017年政预算执行情况与2018年财政预算

草案的报告、洪江区人民法院工作报告、洪江区人民检察院工作报告，明确洪江区2018年目标、任务和工作重点。补选毛运鸿为怀化市第五届人民代表大会代表，补选王素国、朱海峰、刘博文、倪仁常、高林、郭旭光、唐瑾、戴钦为洪江区第三届人大工委委员。组织新当选的区第三届人大工委委员进行宪法宣誓。

【洪江区第三届人大工作委员会第一次会议】 2017年3月29日，第三届人大工作委员会第一次会议在洪江区人大工委会议室召开。区人大工委组成人员22人参加会议。大会通过洪江区人大工委2017年工作要点（草案），审议通过《关于落实区人大工委工作评议整改意见的报告》，乡、街人大向区人大工委递交人大工作目标管理考核责任书。13位新任职的国家机关工作人员向宪法宣誓。

【洪江区第三届人大工作委员会第二次会议】 2017年6月30日，第三届人大工作委员会第二次会议在洪江区人大工委会议室召开。区人大工委组成人员22人参加会议。大会表决通过《关于同意接受谢智渊等八位同志辞去洪江区第三届人大代表职务的决定（草案）》《关于请求审批〈关于2017年洪江区全口径财政预算编制（草案）议案〉的决议（草案）》，听取《关于洪江区禁毒工作的汇报》《关于贯彻实施食品安全“一法一条例”的情况汇报》、《区人大工委执法检查组的检查报告》《关于洪江区中小学校安全工作汇报》，并提出审议意见。4位新任职的国家机关工作人员向宪法宣誓。

【洪江区第三届人大工作委员会第三次会议】 2017年9月15日，第三届人大工作委员会第三次会议在洪江区人大工委会议室召开。区人大工委组成人员18人参加会议。大会通过《洪江区人大工作委员会关于同意接受向群同志辞去洪江区第三届人大代表职务的决定（草案）》，听取《关于2016年度洪江区本级预算执行和其他财政收支的审计工作报告》《关于2016年本级财政决算的审查报告》《关于2016年财政决算及2017年上半年财政预算执行情况的报告》《洪江区2017年上半年国民经济和社会发展计划执行情况（草案）的报告》《关于洪江区工业集中区发展的调查报告》《关于洪江区税收增收情况的调查报告》，并提出审议意见。7位新任职的国家机关工作人员向宪法宣誓。

【洪江区第三届人大工作委员会第四次会议】 2017年10月12日，第三届人大工作委员会第四次会议在洪江区人大工委会议室召开。区人大工委组成人员17人参加会议。大会通过《怀化市人大常委会洪江区工作委员会人事任免办法》、关于2017年“怀化市司法公正十佳干警”推荐候选人名单。

【洪江区第三届人大工作委员会第五次会议】 2017年11月10日，第三届人大工作委员会第五次会议在洪江区人大工委会议室召开。区人大工委组成人员17人参加会议。大会审议通过《怀化市洪江区管理委员会关于提请审议将洪江区水体综合整治及城区配套建设PPP项目支出纳入年度财政预算的方案》。

【洪江区第三届人大工作委员会第六次会议】 2017年11月17日，第三届人大工作委员会第六次会议在洪江区人大工委会议室召开。区人大工委组成人员17人参加会议。大会审议通过《怀化市人大常委会洪江区工作委员会关于同意接受胡诗军、金

敏同志请求辞去人大代表职务的决定（草案）》，表决通过关于2017年代表建议办理情况的汇报、禁毒工作审议意见办理情况的报告、食品安全“一法一条例”审议意见办理情况的报告、关于实施《中华人民共和国城乡规划法》工作情况报告、《关于洪江区“七五”普法工作情况的报告》。1位新任职的国家机关工作人员向宪法宣誓。

【洪江区第三届人大工作委员会第七次会议】 2017年12月11日，第三届人大工作委员会第七次会议在洪江区人大工委会议室召开。区人大工委组成人员17人参加会议。大会通过关于2017年预算部分调整情况的报告、关于十件实事实施情况的报告、关于落实区人大工作评议整改意见的报告、关于区第三届人民代表大会第二次会议筹备情况的报告。

主要工作

【概况】 2017年，洪江区人大工委开展专项教育，依法作出重大决定，多次接待组织视察调研，认真组织代表活动。

执法检查、调研活动。对《中华人民共和国水污染防治法》、《中华人民共和国食品安全法》、《湖南省农村扶贫开发条例》等法律法规的贯彻实施情况进行执法检查。10月27日，区人大工委组织公安局、检察院、法院、司法局的40名干警进行刑法知识闭卷考试。

开展代表视察、调研工作。全年开展视察5次，调研4项。其中，对区管委承诺的2017年十件惠民实事办理情况进行集中视察。对洪江工业集中区建设情况、全区健康产业情况、全域旅游情况等进行调研。依据《中华人民共和国各级人民代表大会常务委员会监督法》等法律规定，对区经信科技局、区文化体育广电新闻出版局开展工作评议。切实组织“五行”(“环保世纪行”“农产品质量安全行”“农民健康行”“民族团结进步行”“司法公正行”）活动。

选举和人事任免。坚持党管干部、依法任免的原则，加强对拟任人员的任前考察和法律知识考试，全年，共任命国家机关工作人员21名，免职23名。2017年下半年，根据区人大代表异动情况，区人大工委对14名代表进行补选。

进行督办工作。驻洪江区的省、市人大代表积极为洪江建言，共提出代表建议9件。省、市代表提出的8件。区人大代表提出建议91件。其中，交办的建议意见A类占24%，B类占58%，C类占18%，办复率100%。以“环保世纪行”为重点，对《中华人民共和国水污染防治法》执行情况检查，督促整改中央环保督查组要求解决的铁溪村溪水污染等问题。督办人大代表提出的环境保护方面的建议，开展“保护环境、从我做起”为主题的一系列环保活动，强化广大干部群众“绿水青山就是金山银山”的理念。依法督促办理涉法涉诉信访事项。全年共受理4件涉法涉诉信访件，督促司法部门予以办理回复。接待人民群众来信来访120件次，进行答疑解惑，分类处理。指导检查乡街人大工作，年初与各乡街签订《人大工作目标管理考核责任书》，年中进行指导检查，年底实施考核。

扶贫帮困。区人大机关和代表积极帮扶贫困户发展特色农业产业，依托嵩云禽业、恒裕竹业、慧沃科技、邹莱腊味等企业，做活产业增收、产业富民文章，指导村民重点发展雪峰乌骨鸡、楠竹、蔬菜、生猪等支柱产业。全年，组织市、区代表结对帮扶贫困学生32名，捐资21万元。

怀化市洪江区管理委员会

综　述

【概况】 2017年，坚持稳中求进，贯彻新发展理念，认真落实省市发展战略，全力打好防范化解重大风险、精准脱贫、污染防治“三大攻坚战”，科学应对、全面战胜历史罕见洪涝灾害，经济社会保持平稳健康发展。全年，完成地区生产总值37.4亿元，同比增长8.5%；一般公共预算收入3.3亿元，同比增长12%，其中地方财政收入1.81亿元，同比增长11%；全社会固定资产投资37.7亿元，同比增长19%；社会消费品零售总额16.2亿元，同比增长12%。全面小康实现程度97%。，洪江区在湖南省第一批实现“脱贫摘帽”

【管委领导分工】

毛运鸿　主持全面工作，主持区管委全面工作；负责监察、财政、审计、机构编制方面工作。

杨　军　常务副主任，负责区管委常务工作；负责管委办、发展改革（物价）、重点项目建设、移民、人力资源和社会保障、税务、统计、政府平台融资、国有资产监管、安全生产、法制、金融、证券、保险、打击非法集资、机关事务管理、档案、地方志编纂、老干老龄、公积金管理、政务管理、应急管理、人民武装、人大代表建议政协提案办理、深化改革、全面小康、民生实事和绩效考核、脱贫攻坚方面工作，负责分管领域党风廉政建设工作，协助负责监察、财政、审计、机构编制方面工作；分管区管委办、区发展和改革局（区优化经济环境办、区水库移民办、区重点项目办）、区人力资源和社会保障局、区统计局、区安全生产监督管理局、区史志档案局、区扶贫办、区金融办、区法制办、区政务中心、区公积金管理中心、区城市建设投资公司、区洪城经济发展公司、区创洪公司、区农业发展公司、区交通建设投资公司，协助分管区监察局、区财政局、区审计局、区编办；联系人大、政协、军事武装、武警、党校、检察院、法院、地税、国税、人民银行、各商业银行在洪分支机构、各保险公司在洪分公司方面工作。

俞　勇　副主任，负责工业和信息化、科技、交通运输、环境保护、国有企业改革方面工作，负责分管领域党风廉政建设、深化改革、全面小康、民生实事和绩效考核、安全生产、打击非法集资工作和企业改制及遗留问题处理；分管区经信科技局、区交通运输局（区公路管理局、区海事处、区运管所、区交通建设质监站）、区工业集中区、区环保局、区企业改制服务中心；联系区供电公司、区邮政局、区移动公司、区电信公司、区联通公司、区铁塔公司、区工商联、区总工会、区科协、盐务方面工作。

滕绪国　副主任，负责内外贸易、外向型经济、招商引资、卫生和计生、食品药品监管、工商、质检、红十字学会方面工作，负责分管领域党风廉政建设、深化改革、全面小康、民生实事和绩效考核、安全生产、打击非法集资工作；分管区商务和粮食局、区卫生和计划生育局、区市场和质量监督管理局、区红十字会；联系区计划生育协会方面工作。

吴祥深　副主任，负责旅游、城市建设、城市管理、国土资源、人民防空、地震方面工作，负责分管领域党风廉政建设、深化改革、全面小康、民生实事和绩效考核、安全生产、打击非法集资工作；分管区旅游局、区国土资源局、区住房和城乡建设局（区城市管理委员会办公室、区城市管理行政执法大队）、区人防办、区征收办。

许　云　副主任，领导区公安局全面工作；负责司法、消防、信访、维稳、保密方面工作，负责分管领域党风廉政建设、深化改革、全面小康、民生实事和绩效考核、安全生产、打击非法集资工作；分管区司法局、区消防大队、区信访局；联系区综治办方面工作。

舒象连　副主任，负责农业、农村、林业、水利、防汛抗旱、农机、畜牧水产、乡镇街道、农业综合开发、供销、民政、残联方面工作，负责分管领域党风廉政建设、深化改革、全面小康、民生实事和绩效考核、安全生产、打击非法集资工作，协助负责扶贫工作；分管区民政局、区农业林业水利局（区畜牧水产局、区农机局）、区供销社、区残联、区农业综合开发办；联系团区委、妇联、少儿、气象、水文、烟草方面工作。

黄文胜　副主任，负责教育、体育、对台事务、外事侨务、民族宗教、文化、文物、广播电视、新闻宣传方面工作，负责分管领域党风廉政建设、深化改革、全面小康、民生实事和绩效考核、安全生产、打击非法集资工作；分管区教育局、区文体广电新闻出版局、区电视台、区民族宗教外事侨务办；联系区台办、区文联、区社科联、区文明办方面工作。

政务纪要

【概况】 2017年，洪江区管理委员会召开区管委常务会议次、20次区管委专题会议及4次区管委主任办公会议，对需要由洪江区管理委员会决策和实施全区重大问题进行研究，作出相应决议。

【区管委常务会议】 2017年1月12日至12月27日，共管委召开常务会议18次。

1月12日，区管委召开2017年第1次管委常务会议。听取区监察局的情况汇报；对区管委党组民主生活会党组班子和个人意见建议征集情况进行通报和反馈；部署安排2017年春节前后社会稳定、安全生产、值班应急、党风廉政等各项工作；审议经济工作会表彰事项（人口计生、安全生产、招商引资、重大重点项目、工业企业、金融信贷等工作考核）。

3月3日，区管委召开2017年第2次管委常务会议。审议《怀化市洪江区中小企业转贷平台管理办法》，研究启动洪江区创建省级高新技术开发区工作、湖南金丰纺织集团有限公司整体搬迁至洪江区相关对接工作、工业集中区固体废弃物处理厂建设项目；审议2016年法制、禁毒工作考核事项；研究使用保障性安居工程剩余建设资金收购公租房；审议洪江区保障性安居工程配套基础设施建设中央预算内投资剩余资金调整计划；研究成立洪江区生态文化旅游产业发展领导小组事宜。

3月15日，区管委召开2017年第3次管委常务会议。会议研究2017年洪江区重点项目建设相关工作、巩固提升脱贫成果、创建省级危险化学品应急救援基地相关事宜；听取区发改局、区扶贫办、区安监局的情况汇报。

4月18日，区管委召开2017年第4次管委常务会议。听取关于非税收入全口径预算管理、申请“洪江雪峰乌骨鸡”为国家地理标志保护产品、安全生产工作的汇报；关于《洪江区国有土地上房屋征收与补偿实施办法（试行）》和《洪江区国有土地上房屋征收奖励与补助办法（试行）》《洪江区集体土地和房屋征收补偿安置办法实施细则（草案）》的汇报；关于原省道222洪江区段堤路改造建设项目道路工程计价取费标准、2017年交通建设项目实施的汇报；关于2017年企业职工养老保险政策变动对区内集体企业影响的汇报；关于2017年洪江区旅游工作情况的汇报。

5月12日，区管委召开2017年第5次管委常务会议。听取关于洪江区处非工作、洪江区城镇生活垃圾卫生填埋场存在臭气污染、殡仪馆整体搬迁、机械化屠宰场搬迁方案的汇报；关于增持湖南洪江古商城文化旅游产业投资股份有限公司股份相关事宜的汇报；关于迎接国家土地督察武汉局例行督察和闲置土地情况的汇报。

5月15日，区管委召开2017年第6次管委常务会议。会议研究农村低保和社会保障兜底脱贫对象认定清理整顿工作、洪江区第二福利院引进医疗机构项目、2017年洪江区全口径财政预算编制（草案）、非税收入全口径预算管理等议题。

6月9日，区管委召开2017年第7次管委常务会议。听取关于加快建设质量强区、实施洪江区企业自建标准化厂房奖励补贴办法、设立禁渔期和禁渔区、职工医保有关问题的汇报。

7月13日，区管委召开2017年第8次管委常务会议。听取城南棚户区改造项目二期工程国有土地上房屋征收补偿方案、兑现2016年度电子商务发展奖励、明确工业集中区沿江综合整治建设PPP项目政府融资平台、洪江区大学生应征入伍优抚优待措施、洪江区灾后重建、推进智慧城市建设、进一步做好中小学生防溺水工作等7个议题。

8月4日，区管委召开2017年第9次管委常务会议。听取关于巫东城市防洪堤二期工程国有土地上房屋征收补偿方案、洪江区山洪灾害预警广播与农村广播"村村响"整合后运行管理及维护、洪江区影剧院改造项目（一期）功能设施完善的汇报、肇事肇祸等严重精神障碍患者服务管理、区城建投公司融资租赁项目、明确村民建房审批流程、洪江区人防工作、城乡环卫一体化PPP项目、洪江区2017年第二批财政涉农资金统筹整合安排使用问题，并做出决定。

8月23日，区管委召开2017年第10次管委常务会议。研究洪江区环境保护、建设工程报建规费标准、公共汽车公司特许经营权续租经营、直管公房管理工作等问题。

9月28日，区管委召开2017年第12次管委常务会议。审议《洪江区小寨溪棚户区改造项目国有土地上房屋征收补偿方案（征求意见稿）》《洪江区桃李园棚户区改造项目国有土地上房屋征收补偿方案（征求意见稿）》和《洪江区城东南岳山片区棚户区改造项目土地征收与拆迁安置（居民自治）方案》；听取洪江区城南棚户区改造项目二期工程房屋征收、水体综合整治及城区配套建设PPP项目、新型城镇化提质建设工程项目建设、新民路强弱电入地、供水及燃气管入地工程增加造价、全面推行河长制、洪江区临时机构财务管理、规范洪江区党政机关工作人员参与重点项目建设领取施工现场津贴；审议关于《关于贯彻落实〈湖南省环境保护督察反馈意见〉和〈杜家毫同志在中央第六环境保护督察组督察湖南省情况反馈会上的讲话〉精神的通知》情况汇报。

10月30日，区管委召开2017年第13次管委常务会议。听取城东棚户区改造项目一期工程房屋征收工作、充实城建投公司和洪城公司资产情况、洪江区铁溪流域养殖污染治理及养殖场退出养殖行业补助标准、请求确认向东华等19人见义勇为行为并给予奖励、兑现怀化旺达生物科技有限公司招商引资产业发展引导资金、扶持洪江区星级酒店发展和推进古商城业态开发、重大项目"一事一议"收费优惠等情况汇报；审议《洪江古商城入口周边环境综合整治项目国有土地上房屋征收补偿方案（征求意见稿）》及《洪江区城南竹山脚棚户区改造项目国有土地上房屋征收补偿方案（征求意见稿）》、《洪江区支持五星级酒店建设暂行规定》、《洪江区创建"五化"民政示范区工作方案（草案）》。

11月6日，区管委召开2017年第14次管委常务会议。审议《洪江区水体综合整治及城区配套建设PPP项目实施方案》；听取关于做好建档立卡农村贫困户城乡居民基本养老保险扶贫工作和购买司勤人员劳务派遣服务的情况。

11月23日，区管委召开2017年第15次管委常务会议。审议《洪江区城西棚户区改造项目国有土地上房屋征收补偿方案（征求意见稿）》；研究桃李园棚户区改造项目房屋征收工作；研究洪江区古商城文物保护及完整性恢复工程核心区D06、D07、D08地块控规指标调整事宜，双阳林化小区土地挂牌及补办报建手续有关事宜、自来水价格调整及实行居民生活用水阶梯式水价标准、黄标车淘汰工作、出租车特许经营权招标工作，做出相关决定。

12月6日，区管委召开2017年第16次管委常务会议。审议《2017年管委工作报告（送审稿）》《洪江区2017年国民经济和社会发展计划执行情况与2018年计划草案的报告（送审稿）》《洪江区法治政府建设实施方案（送审稿）》；研究成立区管委法律顾问团、收储湖南泰格林纸集团洪江纸业有限责任公司土地及地上建（构）筑物工作。

12月12日，区管委召开2017年第17次管委常务会议。审议《洪江区2018年重点项目计划表（草案）》《洪江区国有土地上房屋征收资金管理办法（试行）》《洪江区2017年预算执行情况与2018年预算草案的报告》；研究确定特困人员照料护理费用标准有关事项。

12月27日，区管委召开2017年第18次管委常务会议。研究2017年度洪江区安全生产考核评估、计划生育考核评估工作、行政事业单位年度考核和行政奖励、区城建投公司发行项目收益凭证、洪江区管理委员会领导工作分工调整有关事宜；审议《洪江区2018年主要经济指标增长目标调整建议方案》。

【区管委专题会议】 2017年2月24日至11月21日，洪江区管委会召开18次专题会议。

2月24日，区管委召开专题会议，研究横岩水电站移民建房办理土地使用权证相关事宜。

3月10日，区管委召开专题会议，研究洪江古商城沅江路内外岸片区烟雨洪江项目已出让宗地周围的零星地块出让问题。

3月13日，区管委召开专题会议，研究省道222线（洪江区段）周边环境改造项目相关事宜。

5月15日，区管委召开专题会议，研究食品安全委员会工作开展情况及若干问题。

5月24日，区管委召开专题会议，研究湖南久日新材料有限公司完善工程建设手续相关工作。

5月31日，区管委召开专题会议，研究川山大道改造工程项目开工相关事宜。

6月23日，区管委召开专题会议，研究生猪定点屠宰职能移交工作。

6月26日，区管委召开专题会议，研究融资和工业集中区相关工作情况。

7月5日，区管委召开专题会议，研究川山大道改造工程项目建设工作相关事宜。

7月6日，区管委召开专题会议，研究洪江区“智慧城市”选址。

7月10日，区管委召开专题会议，研究川山大道改造工程项目施工过程中村民阻工问题等相关事宜。

7月17日，区管委召开专题会议，研究铁溪村黑臭水体整治相关工作情况。

7月19日，区管委召开专题会议，研究嵩云山景区建设项目工作有关事宜。

8月25日，区管委召开专题会议，研究仁园小区交房安置后续工作有关问题。

8月30日，区管委召开专题会议，研究古商城消防安全管理工作有关事宜。

10月20日，区管委召开专题会议，研究工业集中区申报省级高新区相关工作。

11月21日，区管委召开专题会议，研究茅头园防护堤“6·29”洪灾后修复及村民救助工作。

【区管委主任办公会议】

2017年1月12至1月18日，洪江区管理委员会召开2次主任办公会议。

1月12日，区管委召开主任办公会议，研究洪江区易地扶贫搬迁和2017年区重点项目集中开工事宜。

1月18日，区管委召开主任办公会议，研究省道222线周边环境改造项目相关事宜。

表6　　洪江区管理委员会2017年部分文件目录（洪管）

序号	标题
1	关于将怀洪旅游干线公路纳入省“十三五”国省干线公路建设规划并于2017年实施建设的请示
2	关于支持解决省级现代公共文化服务体系示范区创建经费补助的请示

续表：

序号	标题
3	关于审批《洪江区调整机关公务员规范津贴补贴实施方案》的请示
4	关于解除吴祥深同志行政记过处分的请示
5	关于批准《洪江区土地利用总体规划（2006—2020年）（2016年修订版）》的请示
6	关于由市人民政府收回洪江区工业集中区规划管理权限的请示
7	关于中央第六环境保护督察组第十五批1号来信交办件办理情况的报告
8	关于将洪江区工业集中区申报纳入国家开发区公开目录的请示
9	关于我区2016年度扶贫项目资金大排查大诊断大整改方案的报告
10	关于洪江区2017年农业保险保费及财政补贴方案的报告
11	关于申请文化产业引导资金的请示
12	关于中央第六环境保护督察组第三十批53号来信交办件办理情况的报告
13	关于中央第六环境保护督察组第三十批116号交办件办理情况的报告
14	关于中央第六环境保护督察组第三十一批88号交办件办理情况的报告
15	关于支持洪江区工业集中区申报省级高新技术产业开发区的请示
16	关于洪江区造纸行业落后产能排查和整改工作情况的报告
17	关于违规举债清理及整改情况的报告
18	关于解决原洪江市化工厂职工按有毒有害特殊工种提前退休问题的请示
19	关于洪江区2016年度扶贫专项审计问题整改情况的报告
20	关于洪江区2016年度扶贫专项审计问题督促整改情况的报告
21	关于2016年度继大排查大诊断大整改后扶贫项目资金再调整方案的报告
22	关于洪江区2016年城镇保障性安居工程跟踪审计问题整改情况的报告
23	关于调整“两供两治”项目任务的请示
24	关于洪江区生态保护红线划定工作的报告
25	关于请求支持解决“6·29”洪灾恢复生产和重建资金的请示
26	关于请求解决公立医院改革财政补助资金的请示
27	关于洪江区生态保护红线划定工作的报告
28	关于2016年中央预算执行和其他财政收支审计查出问题整改情况的报告
29	关于请求将直管公房以“一户一卡”的方式列入2018年棚户区改造项目的请示
30	关于申请怀化市人民政府为我区农村土地承包经营权证套印公章的请示
31	关于基本完成农村土地承包经营权确权登记颁证工作的报告

续表：

序　号	标　题
32	关于基本完成农村土地承包经营权确权登记颁证工作的报告
33	关于解决商品房库存量的请示

表 7　　　　洪江区管理委员会 2017 年部分文件目录（洪管发）

序　号	标　题
1	洪江区被征地农民社会保障实施办法
2	印发《洪江区妇女发展规划（2016 — 2020 年）》和《洪江区儿童发展规划（2016 — 2020 年）》的通知
3	洪江区旅游发展奖励办法
4	洪江区中小企业转贷资金管理办法（试行）
5	洪江区非税收入全口径预算管理暂行办法
6	洪江区城南棚户区改造项目二期工程房屋征收决定的公告
7	洪江区城东南岳山片区棚改项目土地征收与拆迁安置（居民自治）方案的公告
8	关于公布规范性文件清理结果的决定
9	洪江区城东棚户区改造项目一期工程房屋征收决定的公告
10	洪江区创建“五化”民政示范区工作方案
11	洪江区桃李园棚户区改造项目房屋征收决定的公告

表 8　　　　洪江区管理委员会 2017 年部分文件目录（洪管函）

序　号	标　题
1	关于成立洪江区财政工作领导小组的通知
2	关于对《洪江区 2016 年度扶贫专项审计报告征求意见书》问题的说明和建议
3	关于表彰洪江区见义勇为先进个人的决定
4	关于成立洪江区干线公路改造工程建设有限公司的通知
5	关于提请决定唐林波等同志职务任免的议案
6	关于 S339 会同县堡横公路改造工程（洪江段）项目征收土地方案的公告
7	关于开展食品安全“四小”集中整治的通告
8	关于洪江区“1.16”一般机械伤害事故调查报告的批复
9	关于开展新民路临街建筑外立面整治工作的通告
10	关于禁止在城南棚户区改造项目二期工程房屋征收范围内实施房屋改建等活动的公告

续表：

序号	标题
11	关于同意《洪江区安监局2017年度行政执法工作计划》备案的批复
12	关于鸣放防空防灾警报的通告
13	关于拆除车站农贸市场的通告
14	关于同意洪江区烟花爆竹零售经营布点规划的批复
15	关于将洪江区入城口人居环境改造项目建设工程政府购买服务资金列入财政预算的议案
16	关于提请决定陈丽桦等同志职务任免的议案
17	关于提请审议《2017年洪江区全口径财政预算编制（草案）》的议案
18	房屋征收补偿决定告知书
19	房屋征收补偿决定告知书
20	关于川山大道改造工程项目实施半封闭性围挡施工的通告
21	关于洪江区农业发展有限责任公司增加监事会成员的批复
22	关于洪江区城乡环卫一体化PPP项目实施方案的批复
23	关于洪江区城乡环卫一体化PPP项目规范实施承诺函
24	关于洪江区城乡环卫一体化PPP项目实施机构授权书
25	关于将洪江区智慧城市服务项目政府购买服务资金列入财政预算的议案
26	关于设立禁渔期和禁渔区的通告
27	关于洪江区嵩云山国家森林公园生态康养文化基地建设PPP项目实施方案的批复
28	关于对新民路部分路段实施交通管制的通告
29	关于收回国有土地使用权的批复
30	关于同意洪江区经科局等13个单位2017年度行政执法工作计划备案的批复
31	关于提请决定向群等同志职务任免的议案
32	关于进一步规范新建民用建筑人防报建联审程序的通知
33	关于拆除武装部至老庵堂道路两侧违规建筑的通告
34	关于洪江区巫水河水域实行封航的通告
35	房屋征收决定
36	关于洪江大桥实施交通管制的通告
37	关于鸣放防空防灾警报的通告
38	关于成立洪江区洪福文化旅游发展有限公司的通知
39	关于授权洪江区住房和城乡建设局为洪江区水体综合整治及城区配套建设PPP项目实施机构的通知

续表：

序 号	标 题
40	关于授权洪江城市建设投资开发有限责任公司为洪江区水体综合整治及城区配套建设 PPP 项目政府方出资代表的通知
41	关于洪江区水体综合整治及城区配套建设 PPP 项目实施方案的批复
42	关于洪江区水体综合整治及城区配套建设 PPP 项目规范实施的承诺函
43	关于提请审议将洪江区水体综合整治及城区配套建设 PPP 项目支出纳入年度财政预算的议案
44	房屋征收决定
45	房屋征收决定
46	关于提请审议《洪江区 2017 年公共财政预算调整方案（草案）》的议案
47	关于《怀化市洪江区巫水饮用水水源地安全保障达标建设方案》的批复
48	关于维护殡仪馆建设项目正常施工秩序的通告
49	关于确认洪江区生态保护红线最终划定结果的函

表 9　　洪江区管理委员会 2017 年部分文件目录（洪管办发）

序 号	标 题
1	湖南省洪江市人民武装部关于做好 2017 年民兵整组工作的通知
2	洪江区管理委员会领导成员分工
3	关于加强行政企事业单位残疾人就业保障金征收管理的通知
4	关于公布 S339 会同县堡横公路改造工程（洪江段）项目征地补偿安置方案的通知
5	2016 年洪江区统筹整合使用财政涉农资金（剩余部分）分配方案
6	2017 年洪江区统筹整合使用财政涉农资金实施方案
7	洪江区管理委员会办公室领导成员分工
8	转发《湖南省人民政府办公厅关于印发湖南省机关事业单位工作人员带薪年休假实施细则的通知》
9	调整《2017 年洪江区统筹整合使用财政涉农资金实施方案》旅游扶贫项目
10	洪江区农村低保和社会保障兜底脱贫对象认定清理整顿工作方案
11	转发《湖南省人民政府办公厅关于印发〈湖南省非税收入执收工作责任制规定〉的通知》
12	洪江区社会信用体系建设实施方案
13	洪江区非税收入执收工作考核暂行办法
14	洪江区危险化学品安全综合治理实施方案
15	洪江区国有土地上房屋征收与补偿实施办法（试行）

续表：

序号	标题
16	洪江区国有土地上房屋征收奖励和补助办法（试行）
17	洪江区集体土地与房屋征收补偿安置实施办法
18	洪江区加快建设质量提升工作实施方案
19	洪江区 2016 年〈管委工作报告〉目标任务分解表
20	洪江区 2017 年财税收入征管绩效考核办法
21	洪江区促进商标和质量品牌发展实施办法
22	关于下达 2017 年年中统筹整合使用财政涉农资金的通知
23	转发《湖南省人民政府办公厅关于在市场体系建设中建立公平竞争审查制度的实施意见》
24	洪江区农村广播“村村响”（含山洪灾害预警广播）工程运行维护与管理暂行办法
25	洪江区规范村民建房有关规定
26	洪江区肇事肇祸精神障碍患者服务管理办法（试行）
27	洪江区管理委员会领导成员工作分工
28	2017 年洪江区年终统筹整合使用财政涉农资金分配方案

表 10　　洪江区管理委员会 2017 年部分文件目录（洪管办函）

序号	标题
1	关于成立“1.16”事故调查组的通知
2	关于 2016 年金融机构信贷目标考核结果的通报
3	关于 2016 年度重点工业项目责任制考核结果的通报
4	关于授予洪江市正兴医疗仪表厂等企业纳税贡献奖的通报
5	关于授予怀化炯诚新材料有限公司等企业新进规模企业奖的通报
6	关于授予怀化旺达生物科技有限公司等企业转型升级奖的通报
7	授予怀化沅江电力开发有限责任公司洪江水力发电厂等企业特别贡献奖的通报
8	关于授予湖南棓雅生物科技股份有限公司融资奖的通报
9	关于成立洪瓷工业遗存及文化创意产业园项目建设指挥部的通知
10	关于成立洪江区文化遗存收集整理办公室的通知
11	洪江区 2017 年汛前地质灾害巡查工作方案
12	关于成立洪江区人感染 H7N9 禽流感防控工作领导小组的通知
13	洪江区开展非法集资风险专项排查工作实施方案

续表：

序　号	标　题
14	关于张捍等同志职务任免的通知
15	关于 2016 年度法治政府建设工作评议考核结果的通报
16	转发《怀化市全面推进基层应急管理规范化建设工作实施方案》
17	关于成立洪江区环境保护督察工作领导小组的通知
18	关于成立洪江区城乡社会救助工作协调机制领导小组的通知
19	关于 2016 年度洪江区禁毒工作考核结果的通报
20	关于建立计划生育特殊困难家庭扶助关怀联席会议制度的通知
21	洪江区突出环境问题及环境信访问题整治方案
22	关于 2016 年度洪江区重大动物疫病防控等工作考核结果的通报
23	授予 2016 年度洪江区农业产业化经营单位及个人台阶奖和基地建设奖的通报
24	洪江区 2017 年度地质灾害防治方案
25	关于 2016 年度全区防汛抗旱工作先进单位、先进个人的通报
26	关于成立管委办系统选区人民代表选举工作领导小组的通知
27	关于印发张扬平同志在洪江区调研时的讲话的通知
28	洪江区进一步做好防范和处置非法集资工作方案
29	关于做好企业集资风险排查化解工作的通知
30	关于成立洪江区电网建设协调领导小组的通知
31	关于成立湖南金丰纺织集团有限公司搬迁对接工作领导小组的通知
32	关于成立洪江区普通公路路域环境综合治理领导小组的通知
33	关于成立洪江雪峰乌骨鸡国家地理标志产品保护申报工作领导小组的通知
34	关于交办区人大代表建议和政协委员提案的通知
35	表彰 2016 年度人大代表建议和政协委员提案办理工作先进单位和先进个人的通报
36	洪江区 2017 年度防范和打击非法集资宣传教育活动实施方案
37	关于加强农村地区打击和处置非法集资工作的通知
38	关于兑现 2016 年度洪江区旅游产业发展相关奖励政策的通报
39	调整洪江区普通高等学校招生考试工作委员会和洪江区普通高中学业水平考试工作委员会
40	洪江区 2017 年防范和打击非法集资宣传月活动实施方案
41	洪江区 2017 年度无偿献血工作实施方案
42	关于表彰 2016 年度无偿献血工作先进单位的通报

续表：

序号	标题
43	中央第六环境保护督察组第三十批116号交办件工作方案
44	中央第六环境保护督察组第三十批116号交办件整改方案
45	关于对怀化市洪江区人大代表第2号建议的答复
46	关于成立洪江区社会信用体系建设领导小组的通知
47	关于调整洪江区地质灾害防治工作领导小组成员的通知
48	关于成立洪江区中小企业转贷资金管理工作领导小组的通知
49	关于继续实行城镇职工基本医疗保险个人账户过渡性补助的通知
50	关于对怀化市洪江区人大代表第21号建议的答复
51	关于调整洪江区食品安全委员会成员的通知
52	洪江区2017年涉嫌非法集资广告资讯信息排查清理活动实施方案
53	关于进一步加强防汛抗灾救灾工作的通知
54	关于李延鑫同志任职的通知
55	关于认真做好网络“一元购”风险排查和清理整顿工作的通知
56	关于成立洪江区农村土地承包经营权确权登记颁证工作领导小组的通知
57	关于调整洪江区保障性安居工程建设工作领导小组成员的通知
58	关于做好2017年全区住户调查样本轮换工作的通知
59	洪江区高层建筑消防安全综合治理工作方案
60	关于调整洪江区打击传销工作联席会议领导小组成员的通知
61	关于梁思林等同志职务任免的通知
62	关于成立洪江区突出环境问题整改工作领导小组办公室的通知
63	关于调整洪江区道路交通安全委员会成员的通知
64	洪江区2018年度城乡居民基本医疗保险参保缴费工作方案
65	洪江区创建省教育精准扶贫示范区“六个一”工程实施方案
66	关于成立洪江区城南竹山脚棚户区改造项目指挥部和洪江区城东南岳山片区棚户区改造项目指挥部的通知
67	洪江区2017年农村危房改造实施方案
68	2017年洪江区防范和处置非法集资工作综合治理考核评价细则
69	洪江区电力设施保护及用电秩序专项整治行动实施方案
70	洪江区船舶安全专项整治工作方案
71	关于开展第二次全区污染源普查的通知

续表：

序 号	标 题
72	洪江区规范民办教育培训机构办学行为专项治理实施方案
73	成立洪江市饮料厂、二印刷厂和洪江区集体商业管理处改制工作领导小组的通知
74	洪江区管理委员会办公室领导成员分工
75	关于胡鹏等同志任职的通知
76	关于调整洪江雪峰乌骨鸡国家地理标志产品保护申报工作领导小组成员的通知
77	关于陈又红等同志职务任免的通知
78	洪江区 2017 年环境保护综合督查工作方案
79	关于成立洪江区烟花爆竹稽查工作组的通知
80	洪江区年鉴（2018）编纂方案
81	洪江区规范村务公开栏工作实施方案
82	关于做好 2017 年度粮食安全省长责任制考核工作的通知
83	洪江区 2017 年政务公开政务服务考核评分细则

政务公开

【概况】 2017 年，政务服务以对象满意为立足点和出发点，从解决群众反映强烈的切身利益问题入手，着力落实行政审批“两集中、两到位”改革工作，助推洪江区域经济平稳健康发展。全年共受理办理各类事项 34270 件，办结 34270 件，按时办结率 100%。

【开展审批“绿色通道”】 2017 年，开辟并联审批“绿色通道”，对重点企业、重点项目实行专人负责、跟踪督办等服务，创新登记方式、推进“多证合一”，着力解决联系服务群众“最后一千米”问题；推行“互联网 + 政务服务”纳入转变政府职能的重要议事日程，促进实体政务大厅向网上办事大厅延伸；畅通社情民意，落实“12345”主任热线工作，为百姓排忧解难，本热线秉承“有诺必践、有践必果、有果必复”的服务承诺，有效保证受理事项“件件有规范，事事可控制”。

【推进政务公开】 结合行政审批制度改革，建立各单位的职能、内容、依据、服务事项，审批和服务事项办事程序、条件、时限、收费标准及服务承诺等信息公开目录，通过政府门户网站向社会公示；推行行政审批“两集中两到位”改革：将各职能部门分散在多个内设机构的职能向行政审批科集中，行政审批科向政务中心集中；各职能部门所有审批项目做到进驻窗口到位，各级行政机关对窗口工作人员授权到位。

信访工作

【概况】 2017 年，开展“积案清零”和信访积案“百日攻坚”活动，共接待受理群众来信来访 714 件（人）次，网上信访 111 件,完成乡（街）、村（社区）信访 E 站建设；开展领导大接访活动，全年区级领导共接访群众 218 批 415 人次，受理各类信访事项 186 件，办结 186 件，办结率达 100%；开展矛盾纠纷排查化解工作，共排查出各类信访矛盾纠纷 125 件，全区没有赴省进京非访，没有大规模集体上访，实现连续 10 年赴省进京非访“零记录”“零滞留”。2017 年，洪江区被湖南省信访工作联席办评为信访工作“三无”县市区。

【开展信访接待工作】开展“积案清零”和信访积案“百日攻坚”活动。及时解决人民群众反映的各类突出问题。全年共接待受理群众来信来访714件(人)次，同比下降8.2%。其中，来信29件，同比下降25.6%;来访221批次685人次，同比分别上升25.6%和下降6.7%；集体访58批398人次，同比分别上升81.2和下降2.8%,集体访占来访总量的26.2%。网上信访111件，办结99件，2件不予受理，受理率100%，办结100%。

开展领导大接访活动。全年，区级领导共接访群众218批415人次,受理各类信访事项186件，办结186件，办结率达100%。其中，区工委书记全年接访32批次96人次，区管委主任接访22批次65人次，区工委政法委书记接访18批次33人次，区管委副主任、公安局长接访15批次42人次。通过区级领导接访，妥善化解泰格林纸洪江纸业公司职工分流安置问题、原洪纺子弟小学教师要求退还垫付费用等一大批群众反映强烈的信访问题。

【创建“无重复上访、无集体上访、无信访积案”县市区】2017年，洪江区创建信访“三无”县市区。完成怀化市委交办的2件信访突出问题,完成乡(街)、村(社区)信访E站建设。到市上访4批6人次，赴省正常访3批8人次，进京正常访1人。全年，洪江区没有赴省进京非访，没有大规模集体上访，没有因信访问题处置不当引发重大群体性事件和舆论负面炒作，实现了连续10年赴省进京非访“零记录”“零滞留”。党的十九大召开期间，洪江区无一人到北京上访，受到怀化市委、市政府通报表彰，并被湖南省信访工作联席办评为怀化地区唯一的信访工作“三无”县市区。

【开展“信访问题源头治理”活动】确保将矛盾化解在萌芽状态，将人员稳控在当地。每季度组织力量进行全方位、拉网式排查，共排查出各类信访矛盾纠纷125件，对排查出的问题，坚持能调则调、案结事了原则，综合运用人民调解、司法调解、行政调解等手段，坚持“三位一体”，超前主动地做理顺情绪、化解矛盾的工作，妥善协调处理部分征地补偿、征地拆迁改造等一大批重点信访案件。对怀化市委交办洪江区的2个突出信访事项和区本级交办的16个信访积案，充分运用法律、法规和“三调联动”工作机制，全部按要求办结。

扶贫工作

【概况】2017年，开展精准识别专项清理，逐户反复甄别核实，共清除四类对象106户253人，应纳尽纳对象45户109人，经清理后，全区贫困规模为1341户3635人。

出台《洪江区巩固提升脱贫成果实施方案》《洪江区驻村工作管理办法》等一系列规范性文件。重新选派55名工作能力强、综合素质好的党员干部开展驻村帮扶工作，实现15个村(居)委会驻村帮扶全覆盖。搭建社会扶贫网平台，打通社会扶贫最后一千米，推动形成“专项扶贫、行业扶贫、社会扶贫”三位一体大扶贫工作格局。全年，通过12317扶贫热线电话信访件2起，及时组织专人入户核实与回访并处理成功。

【完成扶贫建设九大工程】农村公路建设改造工程。启动7个农村道路项目，完成农村公路提质改造24.7千米。农村安全饮水工程。实现农村安全饮水改造全覆盖，受益人口1.98万人，普及率达96%。农网改造升级工程。完成岩门村和桂花园村两个贫困村农网改造任务，完成率100%农村危房改造工程。完成贫困对象84户危房改造任务，完成率100%。农村薄弱小学改造工程。为2所农村小学、3所农村幼儿园添置教育教学生活设备共计11.7万元。信息化扶贫建设工程。全区15个建制村信息化扶贫任务全面完成，完成投入533万元，完成率100%,4G覆盖率、光纤通达率均为100%。文化扶贫建设工程。全面完成15个行政村的农村综合文化服务中心建设，完成率100%。农村卫生室建设工程。15个行政村农村卫生室建设实现全覆盖，完成率100%。农村综合服务平台建设工程。2017年，怀化市下达洪江区建设任务11个，实际建设完成12个，完成率109%。

【落实扶贫七大政策】产业扶贫政策。投入324.1万元，启动生态种植四大产业基地；投入300

万元，实施楠竹低改示范产业基地3200亩，全年安排电商扶贫资金47万元，指导8个非贫困村电商服务站点建设和7个贫困村人口网店建设；投入480万元，建设6个贫困村360千瓦分布式光伏扶贫项目。转移就业政策。全面启动16-45周岁建档立卡贫困对象就业意愿调查摸底，目前，已组织举办完成二期创业培训班。易地扶贫搬迁政策。已于2016年提前完成，现全部搬迁入住新居并拆除旧房，退还原宅基地。生态保护政策。7个贫困村由贫困人口担任生态护林员，全年累计发放村组集体公益林经济补偿8.87万元和林农个人公益林经济补偿58.22万元。完成速生丰产林造林504亩，中幼林抚育2200亩，创建秀美村庄示范村1个，达标村2个。发展教育政策。2017年，春季免除66名建档立卡贫困家庭普通高中学生学杂费5.28万元；2017年秋季，投入133万元率先在怀化市实施普通高中阶段学生免费教育。医疗救助政策。2017年，为全区3635名建档立卡贫困人口全部建立健康档案，完成进度100%。对全区建档立卡贫困人口新农合参保资金由财政全额代缴。保障兜底政策。为124人次建档立卡贫困对象发放医疗救助财政兜底资金24.5万元。

人民防空

【概况】 2016年5月，机构级别明确为正科级，单位性质改为行政机关，内设综合股、指挥通信股、一个二级机构—人防执法大队。

【开展防空演练】 结合全国第9个防灾减灾日，联合怀化市第二人民医院洪江分院、区消防大队，在区幸福路小学开展大型防空防灾疏散演练，参演师生一千二百余人，圆满完成各项演练技术要求，取得较好的社会宣传效果。

【开展防空宣传教育活动】 利用“5·12”防灾减灾日和“11·1”防空警报试鸣日集中开展宣教活动，现场接受群众咨询3000多人次，发放各种宣传资料8000多份，受教育群众达2万人次以上。

开展人防教育进学校活动，将人防教育课列入初中和小学的教学计划，让中小学生基本掌握人防基础知识，提高应急自救和互救能力。

【建立人防教育示范基地】 利用地下党支部旧址和早期人防工程，将高坡街社区打造成人防教育基地，供市民参观学习，提升市民人防意识。

【进行人防督查】 按照清权、确权、控权的工作流程和要求，有计划、有步骤地开展行政权力的清理和规范工作，加大违法查处力度，对广达·万象城二期、金湾国际一期、华团雅苑一期建设项目，分别下达限期缴纳人防易地建设费告知书、决定书，对未履行人防法定义务，申请人民法院依法强制执行。

信息调研

【概况】 围绕推进“产业园区倍增、旅游产业发展、城市扩容提质”三年行动计划等热点、难点问题，深入乡街、部门开展调研，在掌握大量第一手资料同时，通过缜密分析，撰写相关调研，为领导决策提供重要参考，全年陪同参与区管委领导调研走访50余次；保质保量完成文稿起草工作，文稿起草过程中，紧贴上级精神和领导意图，客观全面反映工作实际，努力在文稿内容上求新，实现文稿质量的较大提高。全年，共撰写领导讲话、工作汇报及管委工作报告等综合性文字材料70余篇。同时，我们还认真开展经济形势分析活动，参与市政府研究室组织的调查研究及优稿评选等各项活动，积极做好《怀化年鉴》《怀化统计年鉴》的组稿工作。

政务公文

【概况】 公文方面。严把起草关、审核关、收发关，进一步完善文件归口处理、文件报批、文件审批签发、催办反馈等一系列制度，规范办文程序、提高办文效率。2017年，制发文件210份，较2016年减少10.26%；召开全区性大型会议1次，较2016年减少66.7%。电视电话会议，做到提前调试设备，提前半小时到会场准备，确保每一次会议顺利召开。

政务督查

【概况】按照服务大局、实事求是、客观公正、严格考核的工作思路，以督查为手段，以纠正为重点，以提高为目的，加强督查考评中发现的各类问题纠偏整改，建立健全运行机制，较好的完成市、区领导交办的各项任务。参与会风会纪督查44次，开展旅游、城建、安全生产、重大重点项目等专项督查14次，接待信访群众68批200人次。

应急管理

【概况】深入开展应急预案演练，建立和完善应急处置的有效工作机制。企业重点以危险化学品泄漏事件为主，乡街以防范洪涝灾害、山洪泥石流及火灾为主应急演练。加强值守应急和信息报告工作，坚持24小时值班制度，认真做好日常值守应急和信息汇总工作，提高信息报告的效率和质量，严格执行重大事项报告制度和值班登记、交接班制度。同时，召开专门会议，对应急成员单位信息报送员进行业务培训，构建覆盖全区的应急管理信息网络。积极应对处置突发事件，严格按照《总体预案》要求，坚持“早发现、早报告、早处置”的原则，接到报警，及时查明、核实情况，迅速依次向有关领导报告，并积极协调相关部门有效处置各类突发事件。广泛开展应急知识宣教，按照省、市的统一部署和安排，通过网络、广播电视、宣传栏、宣传单等多种形式，努力扩大应急管理工作的社会认知度，积极普及公众安全防灾减灾应急知识。同时，在全国“5.12防灾减灾日暨应急知识宣传教育活动”中，组织民政、公安、消防、安监、卫生、质监、国土、气象局等11个部门开展应急管理法律法规和应急科普知识集中宣传活动，向群众发放宣传资料15000余份，内容囊括防洪泥石流、防雷电、地震自救常识、消防安全、传染性疾病预防知识等方面的应急避险和自救互救常识。使群众的安全防范意识进一步提高，得到社会公众的一致好评。

电子政务

【概况】依托区公众信息网，办事服务事项依上政务公开，及时完成公开目录的编制和日常政务信息的更新。依据、流程、时限、收费标准等在线公示，推进电子政务建设和网将公共企事业单位办事公开纳入政务公开统一考核，建立健全各项政务公开制度，加快构建政务服务网络，实现区、乡（街）、村（社区）三级便民服务网络全覆盖。提高便民服务水平，积极办好“12345”区管委主任热线电话，全年受理群众来电200余次，回复率达100%。

机关事务管理

【概况】健全管理制度，先后完善《管委办接待制度》《公务用车管理制度》《管委办财务制度》《管委办小车管理制度》。积极做好机关大院改造、公务用车管理和办公用房清理等工作，持续强化公车和办公用房管理，组织开展专项治理“回头看”活动，未出现违规违纪问题。规范接待、财务等程序，严格控制接待、办公等支出，完成各大中小接待任务，“三公经费”大幅度消减，严控“三公”经费支出，完成公车改革任务，公车运行费和公务接待费分别同比下降27%和17%。

洪江区政协工委

综　述

【概况】2017年，洪江区政协工委共召开21次各类协商会议，审查提案、建议案100余件。组建知青史编辑组撰稿80余篇30余万字。通过邀请专家、相关部门的负责人为委员介绍洪江区旅游、重点项目建设等方面的情况，让委员了解区情，增强委员的责任感、使命感和履职的针对性。

重要会议

【政协怀化市洪江区第三届工作委员会第二次会议】2017年12月18日至20日，政协洪江区第三届委员会第二次会议在洪江影剧院举行。区政协工委主任张义宝代表政协洪江区工作委员会，向大会报告2017年政协工作情况以及2018年工作思路。区政协工委副主任尹作春在会上作《政协洪江区工作委员会关于三届一次会议以来提案工作情况的报告》。李伟等7位来自社会各界的政协委员分别围绕全域旅游、重点项目、现代工业、产业脱贫、精品农业等主题进行建言献策。会议通过政协洪江区第三届委员会第二次会议决议；报告政协洪江区第三届委员会第一次会议以来提案工作情况，立案43件提案，其中满意的34件，基本满意的9件；表彰2017年度优秀委员活动小组、优秀委员、优秀提案。区工委书记罗国宇致大会闭幕词。

【政协怀化市洪江区第（2）次工委委员会议】6月13日，2017年第（2）次洪江区政协工委委员会议召开。会议协商通过2017年视察调研、专题协商工作安排，通报知青资料征集情况，协商政协委员经费的管理。

【政协怀化市洪江区工委专题会议】3月9日，“优化非公经济发展法治环境”调研课题专题会议在区政协工委会议室召开。会议讨论、研究知青史编纂、优化非公经济发展法治环境调研督查等相关议题。

3月14日，“优化非公经济发展法治环境”调研协商工作会议在区政协工委会议室召开。会议布署开展“优化非公经济发展法治环境”调研协商监督工作。

7月20日，加大洪江区旅游发展的政策支持力度调研工作座谈会在区政协工委会议室召开。探讨洪江区旅游发展政策的不足以及与外地在政策上的差距。

主要工作

【概况】2017年，政协怀化市洪江区工委坚持“围绕中心、服务大局、创新履职、强化队伍”总体工作思路，按照《政协怀化市洪江区工委2017年工作思路》安排部署，围绕区工委、区管委中心工作，凝聚共识，汇聚力量，建言献策。

【民主协商】 2017年，区政协工委围绕重大发展问题和民生问题，组织委员深入开展调查研究和议政建言，共审查提案43件、建议案73件，提交调研视察报告10份。委员们围绕区工委、区管委关心的旅游发展、重点项目的审批效能等问题，认真开展调研活动，写出《关于为洪江区全域旅游发展营造良好环境》《优化简化审批程序，提高审批效能》等调研报告，为区工委、区管委领导决策提供重要参考。

组织“优化非公经济发展法治环境”专题协商会，诸如工业集中区集中供热、防洪堤修建、职工公寓建设、增设公交停靠站、增加公交运行次数以及工业集中区相关配套服务设施的建议引起领导重视，部分项目已列入实施计划；组织“加强洪商文化研究”调研，就加强洪商文化研究、传承和保护提出建设性意见；就“古建筑保护与利用”召开协商会议，提出健全组织机构、加强监督管理、鼓励投资多元化等建议，区管委领导表示将根据全域旅游规划和要求，切实保护和利用好洪江的古建筑这一珍贵资源。

【民主监督】 开展协商式监督，融协商、监督、参与、合作于一体。就发展亲水文化、古商城核心景区外的古建筑保护与开发利用、洪江大桥的改造升级、加强城市管理、做强雪峰乌骨鸡产业、巩固脱贫攻坚成果等开展视察活动。通过看现场、察实情、听呼声，从古建筑保护、全域旅游发展步伐、城市建设管理、推进农业产业化建设等方面提出许多建设性的意见和建议。全年，政协委员共收集社情民意50多条，其中易景平委员撰写的“完善‘樱花节’服务细节”、刘国安委员撰写的“加强古商城旅游环境整治”等社情民意，得到相关部门的高度重视。

【组织知青史资料收集工作】 2017年5月，区政协组织知青史的资料收集工作，先后召开5次知青史收集专题会议，部署、研究资料收集工作。截止年底，知青史资料收集整理编辑工作基本完成，共收集知青史文章104篇，照片40余张，撰稿80余篇30余万字，其中，选送怀化市政协稿件30多篇，选送湖南省政协稿件10篇。

【联谊交流】 2017年，区政协工委先后组织部分委员到贵州丹寨、万山以及四川阆中考察学习，通过交流学习，为全域旅游发展、古建筑保护与利用等工作提供宝贵的经验。会同区统战部门强化对台工作服务，不断开拓对台交流新领域，拓展“财商特训”夏令营、“陆配返乡・怀台一家亲”等丰富的活动，为加强两地交流起到重要作用，推动“洪江古商城省级海峡两岸交流基地”的申报工作，通过联络联谊，扩大洪江古商城的影响力。

【发挥委员作用】 2017年，政协委员积极投身到重点项目建设中，区政协委员、恒光科技洪江公司经理胡建新，全心致力于企业节能降耗、产业转型升级，着力提高企业的市场竞争力，为园区关联企业的平稳发展提供保障，同时他利用自己对化工行业精通和联系广泛的特点，按照园区循环发展思路，为园区项目建设提供许多有价值的信息，为洪江区工业以企招商起到重要的示范作用。

全体政协委员根据省政协的统一部署主动结对帮扶贫困户，按照“三个一”帮扶要求（即一名政协委员帮助一个贫困孩子完成学业、结对一个贫困家庭增加收入、有条件的委员帮助贫困家庭一名成员解决就业），共结对帮扶136户301人。其中，市政协委员、怀化市恒裕竹木开发有限公司总经理朱海峰投资500万元实施楠竹低改产业扶贫，免费为贫困户提供技术指导和培训，投资修建楠竹运输道路，对贫困户家中的楠竹实行保护价收购，并优先安排有劳动能力的贫困户进厂就业；区政协委员、怀化旺达生物科技有限公司副总经理桂葵多次到扶贫对象家中慰问，赠送慰问金，与帮扶对象建立深厚的感情。

2017年，“6・29”特大洪灾中，广大政协委员积极投入到抗洪救灾工作中，区政协委员、电力公司经理张浩带领电力公司抢险队冲锋在抗洪抢险一线，连续几个小时泡在水里组织抢修，得到群众的高度赞扬；区政协委员，区青年创业协会会长杨根当时正在长沙开会，辗转8个多小时连夜赶回洪江参加抗洪救灾；政协委员杨华的“星空庄园”在“6・29”洪灾中受损严重，她不等不靠，积极组织生产自救，在自身受灾十分严重的情况下，主动帮助受灾群众解决生活用水问题。

纪检·监察

综　述

【概况】2017年洪江区纪工委监察局紧紧围绕中央对党风廉政建设和反腐败工作决策部署，聚焦主责主业，强化监督执纪问责，深入推进纪律检查体制改革。

重要会议

【中共洪江区纪工委(扩大)会议】2月10日,中共洪江区纪工委(扩大)会议召开。会议要求，2017年要严肃党内政治生活，强化党内监督，坚持标本兼治，为管党治党忠职担责，为正风反腐横眉亮剑，为改革发展保驾护航，为干事创业撑腰壮胆，营造山清水秀政治生态，推动全面从严治党向纵深发展。

【中共洪江区工委2017年巡察工作动员部署暨业务培训大会】5月26日，中共洪江区工委2017年巡察工作动员部署暨业务培训大会召开，为巡察工作提供理论和实践准备。

9月30日，中共洪江区纪律工作委员会派驻机构全覆盖会议召开，为监督执行起到宣传作用，对派驻部门的监督检查起到法定作用。

主要工作

【落实“两个责任”】2017年，制订《洪江区落实“两个责任”工作记录本》,对单位党委(党组)研究部署党风廉政工作、一把手带头上廉政党课、党政班子成员带头开展廉政谈话、进行警示教育等重要事项进行量化考核，明确责任主体和责任内容。通过巡察和派驻监督全覆盖，着力查处履行“两个责任”失职缺位等问题。对各类督查中发现的问题，综合运用“四种形态”，对问题轻微，错误认识到位的，要求立行立改或给予约谈、诫勉谈话，问题较重，涉嫌严重违纪的严格追究党纪责任。全年，共问责处理“两个责任”履职不利的党员领导干部59名。

【落实中央八项规定和省委九项规定】紧盯重要节点，从元旦春节到五一端午再到中秋国庆，不间断进行监督检查。全年共查处“四风”方面问题46起，立案17人，给予党纪政纪处分17人，诫勉谈话6人，约谈21人；推进扶贫领域“雁过拔毛”式腐败问题、国家公职人员参与涉矿等经营性活动、中小学违规征订教辅材料等8项专项整治工作，共立案19件，给予党纪政纪处分15人，问责处理49人，收缴违纪款项138万余元；加大案例曝光力度，全年，共以文件和挂网形式发出通报8期，指名道姓曝光“纠四风”“雁过拔毛”式腐败问题典型案例30余例，用身边事教育身边人；加强党纪宣传教育，以换届风气监督为重点，切实加强纪律教育，严格落实中纪委、中组部“九严禁”纪律要求，多种形式广泛宣传发动，组织巡回监督，营造出风清气正的换届氛围；加强新提拔干部廉政教育，先后对两批34名提拔重用的区管干部进行任前廉政谈话。

【用“互联网+”打造指尖上的监督】 通过专项整治、政治巡察、“互联网+监督”平台数据比对、纪检监察干部“双帖双下”进行定点接访和入户走访等方式，受理问题线索及成案率均显著提高。全年，共受理问题线索119条，较去年同期上涨300%；立案查处违纪案件36件，同比增加200%；移送审理违纪案件36件，审结36件，审结率100%；给予党纪政纪处分36人，其中科级干部6人，全年谈话函询、批评教育100余人次。突出办案重点，对工程建设、政府采购、征地拆迁领域典型问题，实行快查严处，集中精力突破一批重点案件，注重发挥反腐败协调小组作用，完善执纪执法机关线索移送机制。全年，共协调处置党员和公职人员违法案件5起，给予党纪政纪处分5人。

【改革纪检体制】 成立洪江区“互联网+监督”信息中心，完善“互联网+监督”平台设施建设，全区共安装8台“互联网+监督”信息查询终端机供群众查询使用。成立区工委巡察办并开展工作，巡察工作步入常态化。加强基层纪检组织建设，完成2乡4街各3名专职纪检人员配备。设置派驻纪检组，按照省、市纪委的要求，设置8个区纪工委派驻纪检组，完成派驻机构全覆盖改革。

【开展内部监督】 2017年，区纪工委把纪律建设作为重要抓手，加强内部监督，开展“约谈”“家访”。对全区纪检监察干部及新进纪检人员开展谈话13起50多人次，对17名干部进行“家访”，全面掌握工作生活动态。常抓学习培训，7月初和9月底，分别开办针对于乡街、村社区纪检干部培训班以及巡察、派驻干部的业务培训班，培训人员覆盖全区纪检监察干部。出台《洪江区基层新进纪检监察干部跟班学习制度》，开展三期基层纪检干部到机关跟班学习，跟班人数累计12人。抓纪律建设，出台《洪江区纪工委内部管理制度》，对纪检干部的工作、生活作出明确纪律要求。

社会团体

洪江区总工会

【概况】 2017年，全面开展工会组建工作，共有323家企事业单位组建工会组织。其中，非公企业188家、国有企业11家、机关事业单位124家，共计会员12517人。全年，新发展工会组织30家、会员1216人（其中，农民工908人）。完善基层工会的换届选举工作，共有40家单位举行换届选举，其中机关事业单位有30家、企业10家。

服务劳模方面。安排梁丽卿（全国劳动模范）到指定医院进行身体健康检查；开展省（部）级劳动模范摸底调查、上门走访、慰问，详细了解困难劳模工资收入、家庭情况、身体情况、填写上报困难劳模情况摸底调查表；推荐龙吉珍（全国"五·一"劳动奖章获得者）赴厦门参加由全国总工会组织的疗（休）养活动。

完善职代会制度。厂务公开制度与目标责任制等制度结合，设立固定的"厂务公开栏"定期公布企业的重大决策及关系职工切身利益的事情，国有、集体及其控股企业、事业单位厂务公开和职代会已实现全覆盖，并不断巩固深化；50人以上已建工会的非公有制企业厂务公开民主管理和职代会建制率达到80%。

加大工资集体协商和集体合同工作宣传、贯彻力度。全区共签订《工资集体协议》45份，涵盖企业99家、职工5903人。其中，签订区域性工资集体协议1份，涵盖企业10家、职工496人；行业性工资集体协议3份，涵盖企业48家、职工2036人。工资集体协商在已建工会组织企业的建制度率达90%以上。

依法推进选举基层工会"六有"建设。横岩乡工会联合会获湖南省"模范职工小家"称号，洪江区高坡街街道工会联合会获怀化市示范乡镇（街道）工会联合会称号。50人以上基层工会会员评家活动开展面达到85%以上。

加强厂务公开民主管理，完善职代会制度。国有、集体及其控股企业、事业单位厂务公开和职代会已达到全覆盖，共签订《工资集体协议》45份，涵盖企业99家、职工5903人。工资集体协商在已建工会组织企业的建制度率达90%以上。

2017年，区总工会先后组织全区劳动竞赛活动4次、文体活动4个、开展帮扶送温暖活动7个。本级地税代收工会费113.69万元，完成年初预算的100.61%。

【组织劳动竞赛】 3月，组织召开洪江区劳动竞赛动员大会，以"劳动精神""劳模精神""工匠精神"为主题，把"争做创新型企业，争当作为型职工"作为新的时代潮流和理想追求。6—8月，工业集中区开展以"安康杯"为主题，加强企业安全生产、职工劳动保护大型宣传活动。共有68家企业、4000多人次参加。8–9月，组织技能职工查清参加湖南省"五湘产业"技术湘竹技能竞赛；组织技能职工阮玉庆、李学民参加湖南省"五湘产业"技术湘瓷技能竞赛。

【举办机关干部职工系列文体活动】 4月24日，举行“运动与快乐同步，古城与文化共兴”为主题的“五·一”职工趣味运动会，全区37家单位、1210名职工参加比赛。5月12日–13日，举办“劳动美·洪江情”书画采风笔会活动，怀化籍书画家28人参与采风笔会活动。8月—10月，举办“2017年洪江区夏季篮球联赛”和“古商城杯”太极拳交流大赛。

【打造帮扶送温暖工程】 2017年，实现困难职工档案动态管理全覆盖。争取中央、省、市财政专项帮扶资金20多万元，200多名困难职工得到帮扶。争取上级救灾资金7万元，帮扶慰问受灾职工140人。

组织“元旦、春节送温暖”活动。两节期间，开展慰问困难企业、困难职工活动。全区140多个部门和单位参加慰问，300多名机关干部职工参与。全年，共发放慰问金157.35万元，慰问困难群众3365人。

开展“春风送岗”活动。进场招聘企业40多家，提供就业岗位近千个，达成用工意向821人。

开展“夏送清凉”活动。8月28日—29日，对1000余职工和农民工送去夏季防暑降温物资，金额2.5万元。

开展“金秋助学”活动。全区434名贫困学生得到资助，助学金额达48.07万元。其中，区总工会助学22人，助学金9万元；关工委资助儿童280名，助学物品及金额22.5万元；区教育局助学32人，助学金7.2万元；民政局助学102人，助学金10.27万元；残联上学儿童3名，金额0.6万元。

开展职工医疗救助活动。对200名患大病的职工进行帮扶，发放救助金额30多万元。全区94家企事单位、3069名职工参加怀化市职工医疗互助活动，缴费19.76万元。女职工特保1346人，缴费1.35万元。全年，先后有169名职工获得医疗补助，总计金额19.94万元（其中电力公司一名职工获得补助达3万多元）。发放劳动保护用品和健康保健物资，总计金额1.5万元。

团区委

【概况】 2017年，共青团洪江区委完善全委会、常委会、组织生活各项制度，整合大学生资源，完成新一届大学生联合会重组。出台《关于进一步加强洪江区人才激励工作的暂行办法》，对专业人才、高学历人才、特殊人才进行奖励，每年年底评选“十大杰出青年”。

严控团员比例。2017年上半年，新发展团员127名，两所中学初三毕业班团员比例分别为29.7%和26.5%；下半年，新发展团员71名，两所中学初三团员比例为11.4%和19.8%。全区高三团员比例由上半年的72.5%降至60.2%。

推进少先队改革。所有大队辅导员已全部进入学校行政管理班子。认真开展“学习习近平系列讲话、争做合格团员”教育实践活动，指导桂花园乡、高坡街办事处换届和联系青年工作。

开展“不忘初心跟党走”五四表彰活动。表彰26名优秀团干和团员，举行80余名团员参加的入团仪式，并由优秀团员为新团员佩戴团徽、引导宣誓等。

助力脱贫攻坚。及时传达、及时部署落实，确定横岩乡和桂花园乡滩头村为联系点，完成235户725人的走访（团区委、青年扶贫团员青年、志愿者负责），分发并粘贴脱贫攻坚挂历1000份。

【构建团员青年群聊体系】 面向全区团员青年、少先队员、团干建立微信群、QQ群，最大的群人数达300人。每次开展团员青年活动，均通过微信群、QQ群发布和联系、调度和安排，逢学雷锋日、助残日、安全月、抗战纪念日、禁毒日等，在团区委一级微信、基层团组织微信群、微博等进行转发、报道宣传。

构建微信平台青年之声，培训乡街团干熟悉青年之声平台运作。团属青年微信群建立明确团干群主负责制，禁止传播未经证实的负面消息，杜绝不健康的言论，线上线下积极引导团员青年们不信谣、不传谣。微信平台青年之声开通后，回答问题220余个，发布热点问题24个，通过微博发布新闻热点、工作信息35条；发布正面信息，避免4条重大谣言的传播。

加强对内对外宣传。《怀化日报》发表头版头条《洪江区“四大平台”助力青年创业》，整版刊登《青春扬帆正逢时》青年论坛侧记。全年上级媒体发表共青团和少先队工作新闻稿件80余篇，本级官方微信公众号《洪福洪江》发布工作信息120余条，区公众信息网登载信息46篇。撰写《青年才俊竞风流》《抗洪救灾，青春不缺席》等文章。

【举办青年论坛】 开展以“旅游统领·青年建功”“创新创业·青年成才”“不忘初心·牢记使命”“文化传承·青年先锋”为主题的4期青年论坛。在论坛中，区领导倾听青年建议，与青年面对面交流，一对一问答。收集专业论文67篇，金点子94件。5月3日下午，举办洪江区首届青年论坛“旅游统领·青年建功”专场，区内120余名青年参加，8名青年代表开讲。10月29日，举办首届青年论坛“创新创业 青年成才”专场，全区70余名青年代表参加。

【开展志愿系列服务活动】 围绕学雷锋活动月、开学季、全区大型文体活动等，开展福利院“我为夕阳添红”、各中小学“我伴孩子成长”、关爱中心“红丝带”等主题活动及“青年闹元宵”“欢乐潇湘”“中美篮球对抗赛”等青年志愿服务活动；以“关爱中心”艾滋病儿童为主体的“红丝带”行动和以“抗战老兵”为主体的“关爱民族脊梁”行动成为洪江区常态化、社会化志愿服务活动的精美名片；以“青春辉映夕阳红、雷锋精神代代传”为主题，组织学生代表、青年志愿者、卫生、文化、理发店等团体组织志愿者，结合各自特点优势，到区社会福利院开展慰问、义演、义诊、义务理发、包爱心饺子等活动；招募志愿者参与抗洪救灾及灾后重建，筹集物资向桂花园、横岩乡各村运送救灾物资。组织赈灾义演，现场募捐四千余元，由区慈善会全程监督，所有款项交慈善会。7月31日，举办“纪念抗战90周年，军民一家亲”文艺晚会。组织16名青年志愿者服务“欢乐潇湘文艺演出洪江区专场”。组织21名志愿者服务中美篮球对抗赛。整合大学生资源，在暑假开展连续20天的关爱留守儿童支教和送教下乡活动、“大学生实践团情系脱贫攻坚”等活动。

【开展青年联谊活动】 5月4日，在星空庄园开展“青春有约”户外交友活动和实战CS竞赛、“奔跑吧青年”草地寻宝等青年交友联谊活动，125名洪江青年参与。8月27日，举办“青春有约，浪漫七夕”青年交友会，40名洪江区单身男女参加，现场成功牵手4对。暑假期间，组织“激情一夏·活力青春”青少年篮球赛。在八一节期间，主办“军地一家亲·共叙军民情”纪念建军90周年活动。春节前，举办“青春逐梦·洪福洪江”青年联谊晚会。

洪江区妇女联合会

【概况】 开展“平安家庭”创建活动。将“平安家庭”创建工作纳入综治工作及平安建设总体规划。“腊八节”“重阳节”期间，与河滨路街道、沅江路街道开展孝老爱亲活动，发放“平安家庭创建告知书”，通过文娱节目、知识抢答赛等活动，宣传“预防和制止家庭暴力法”“拒绝毒品进我家”等知识。

引导妇女岗位建功立业。开展“巾帼建功标兵”“巾帼文明岗”“最美系列”“秀美庭院”等评比活动。3名优秀女性被评为怀化市“巾帼建功标兵”，区司法局公证处被评为怀化市“巾帼文明岗”，横岩乡梁芳之家被评为怀化市“秀美庭院”。

【开展妇女基础性工作】 2017年，洪江区管委印发《2016—2020年妇女发展规划》和《2016—2020年儿童发展规划》。全面完成14个村、19个社区基层妇联组织改革换届工作，乡（街）、村（居）妇联主席顺利进入乡（街）、村（居）两委；开展家庭律师、妇女维权志愿服务进社区、进农村活动。“三·八”维权周期间，宣传《妇女权益保障法》、新《婚姻法》《未成年人保护法》《关于预防和制止家庭暴力》等法律法规。配合区禁毒办开展“禁毒之声—唱享健康”大型禁毒毅行宣传活动。积极争取“辣妹子温馨驿家”试点项目，为受害女性提供庇护、心理疏导、法律咨询等服务。

3月8日，举办“旗袍天下秀·韵动古商城”活动，与省妇联、省旗袍协会联系，将首个“湖南省旗袍文化展示基地”落户到洪江古商城。活动吸引湖南日报、华声在线、今日女报、新浪、红网、怀化电视台等20余家媒体的争相报道，仅人民网的一篇文章点击率就突破240余万次。

【关爱留守儿童】 2017年，区妇联争取到湖南省妇基会“知心屋”项目，并聘请国家二级心理咨询师定期对留守儿童进行团队辅导和个案咨询。7月，区妇联、区电力公司联合在桂花园乡开展“你的童心，我来守护”、爱心“爸爸妈妈团”进乡村活动，以“陪伴、感恩”为主题，情景剧、手工实践等形式关爱留守儿童。

【维护与帮扶妇女】 2017年，与司法、民政建立婚姻家庭矛盾纠纷调处中心，指导全区两乡四街全部建立妇女儿童维权服务站、婚调室，促进婚姻家庭纠纷及时排查和就地化解。同时发挥“洪江区法律援助中心妇联工作站”的职能和妇联干部担任人民陪审员的作用，做好群众来信来访接待工作。全年，接待群众来信、来电、来访25余件（次），办结率100%。

10月，联合区就业局、湘军职业学校免费为60余名下岗妇女及农村贫困妇女开办母婴护理培训，12名下岗妇女通过参加此次培训后找到自己合适的就业岗位。联合区人社局开展“春风送岗位”活动，30多家企业现场进行招聘，提供就业岗位1000多个，有1000余人达成就业意向。

联合区民政局开展“贫困母亲”救助活动，20位贫困母亲发放救助金近五万元。参与脱贫攻坚政策宣传，发放《脱贫攻坚政策告知书》《洪江区扶贫政策宣传资料》《妇女“两癌”检查相关知识》等资料2000余份，一对一宣讲解读脱贫攻坚政策，受益贫困户700余户、贫困人口近2千人。

农村适龄妇女“两癌”免费检查被列入2017年政府重点民生实事项目，纳入省政府绩效考核范畴。全年，“两癌”免费检查完成1211人，完成率101%。同时，为6名“两癌”农村贫困户争取救助资金6万元。

工商业联合会

【概况】 2017年，发挥民主监督作用，积极参政议政，组织民营企业家提交人大建议10条、政协提案15个，其中市政协提案1个、市人大建议1条。引导会员弘扬中华民族传统美德，热心社会公益事业，积极参与“金秋助学”、抗洪救灾等活动。

【开展商务活动】 会同区工委、区管委领导指导广东洪江商会的年会活动，参与组织洪江在外成功人士联谊会，承办清明节洪江籍成功人士回乡祭祖活动，协调组织澳门和珠海的非公经济人士来洪开展考察，参与接待湖南浙江商会怀化商务考察活动。引进洪江籍成功人士回乡创业，共引资1.6亿。

【发展光彩事业】 组织开展“金秋助学—帮扶贫困学子”活动，每年重点和帮扶关注农村贫困学子和农村留守儿童10户。协助区关工委与广东洪江商会企业家对接，采取“一对一”和“多对一”的方式对洪江区贫困学子进行长期帮扶。特大洪灾期间，珠海湖南怀化商会、蓝海之略医疗股份有限公司及其董事长罗志林为家乡捐献100万元灾后重建款，靖州玉华山泉饮料有限公司向区总商会捐赠价值10万元的矿泉水。

【参与脱贫帮扶】 积极开展“万企帮万村”精准扶贫行动，组织会员企业10家与10个村签订对口帮扶协议，仅嵩云禽业一家企业就带动1600多名贫困人口就业或增收，实现巩固脱贫成果与企业发展双赢；开展“我想有个家”安居工程公益募捐活动，共募捐善款53000元，着力解决贫困群众住房难问题；组织会员企业开展“金秋助学”，每个学生500元，每年捐助10个贫困学子。

科学技术协会

【概况】 7月12日，中国科协、财政部2017年度“基层科普行动计划项目”评选结果揭晓，洪江区推荐申报的横岩乡养殖协会获得奖补资金10万元。9月21日至23日，在桂花园乡桂花园村、横岩乡菖蒲村举办“科学破除迷信、创新驱动发展”为主题科普日系列活动。12月23日，区科协经评审，全区17件青少年科普创新作品送怀化市参加第39届青少年科普创新大赛。

【开展科普活动】 11月10日，全区青少年科普创新大赛在青少年活动中心举行，100余名青少年科普爱好者参与活动，共评选出优秀科幻画作品10件、科技制作作品5件、青少年科技实践活动作品2件参加怀化市2018年第三十九届科技创新大赛。动员科技组织和科技工作者参与科技精准助力建档立卡贫困村（户）稳定脱贫，帮助横岩乡菖蒲村争取助力精准扶贫项目资金10万元。省农科院6名专家在菖蒲村开展科技培训、技术推广、科普活动、成果转化、决策咨询等科技服务，培训人员200人次，发放科普资料400份。

【进行科普宣传】 2017年，制作科普宣传展板，到学校、社区、乡村等进行展览、展示。联合科普志联愿者开展市民免费发放科普书籍的活动。发放科普宣传资料、知识手册等共计500余份。围绕“创新驱动发展，科学破除迷信”科普日活动主题，在横岩乡菖蒲村，桂花园乡桂花园村，桐油湾社区开展科普宣传活动，发挥科普宣传阵地作用。在九月“全国科普日”期间，科协与教育局联合开展科普知识讲座进校园活动。邀请洪江区优秀辅导员在青少年活动中心开展《青少年如何进行科技创新制作》《科普动漫制作之我见》等科普知识讲座，提升青少年科普创新的能力。

残疾人联合会

【概况】 2017年，开展残疾人康复服务，发放轮椅、坐便椅、拐杖及盲杖等辅具共53件。开展残疾少年儿童九年义务教育促学工作，落实扶持残疾人创业就业4户。

【做好康复服务】 落实“人人享有康复服务”的要求，多渠道、多措施做好残疾人康复服务。全年，共收到免费辅助器具申请表50余份，完成辅具适配和免费发放轮椅32台、坐便（厕）椅4台、拐杖及盲杖等辅具17件。对全区“0-6”周岁残疾儿童抢救性康复项目，取得一定效果。

【开展教育与就业工作】 联合区教育局对6—14周岁适龄残疾儿童少年入学情况调查，全区6—14周岁七残少年儿童38人，在校学习29人、送教上门3人，入学率为84%。全年，资助贫困残疾人子女及残疾学生4人，发放资金0.8万元；资助新录取大学残疾人子女及残疾学生3人，发放资金1.2万元。全面推进残疾人按比例就业，新增按比例安置残疾人20人，全区入库残保金较2016年增长139%。扶持残疾人创业就业，落实2户残疾人创业贴息2万元，扶持2名残疾人创业，组织残疾人职业技能培训，培训残疾人40人。分别选送5名残疾人参加全省第二届职业技能精英赛，易彩平取得全省编织组竞赛个人二等奖，代表队获得组织二等奖。

【维护残疾人权益】 利用全国“助残日”、“爱耳日”等重大节日，多途径、多形式有针对性地开展残疾预防康复及扶残助残宣传，着力提高残疾人事业法规政策的社会知晓率，增强全社会依法维护残疾人权益的法制观念，全年发放宣传资料3000余份。全年共接待办理残疾人及其家属来电来访30余次，及时为他们提供相关政策、法律咨询服务，解决实际问题。实施残疾人无障碍设施改造15户，资助特困残疾人80余人，发放慰问金4万余元。着力扩大残疾人“两项补贴”覆盖面，将三、四级低保残疾人纳入困难生活补贴范围，全区残疾人重度护理补贴受益580人，残疾人困难生活补贴受益829人。全面完成全区2235名残疾人信息动态更新调查和数据录入工作，全年核发残疾人证178本，按程序和要求重新聘请残疾人专职委员50人。

【参加残疾人运动会】 组队参加怀化市第二届残疾人运动会，区20名运动员参加了全部六个大项的比赛，获体育道德风尚奖。

法　治

综　述

【概况】 3月，区“四大家”主要负责人联合接访涉及体制问题的9名老同志代表，进行正面引导和说服教育。全区33个村（社区）的醒目位置安装平安建设标识牌。

3月至8月，政法系统开展“忠诚、为民、担当、公正、廉洁”正风肃纪主题教育活动，怀化市督导组组长刘小明、怀化市政法委书记蒲学联、怀化市政法委政治部主任田昌喜分别对洪江区开展活动情况进行督导。邀请市政法委副书记廉世龙为全区政法干警授课《保持清醒头脑，恪守职业良知，争做一名合格政法干警》，市纪委常委姜明文授课《坚守幸福的源泉》。6月21日，洪江区督导组分四组对各参学单位正风肃纪主题教育活动第二阶段工作进行督查。

6月29日，洪江区遭遇特大洪水灾害。灾情发生后，区政法各单位立即启动应急预案，出动政法干警2000余人次、警车60辆，解救被困群众2949余名，转移受灾群众8000余名，抢救物资近50余吨，挽回群众直接损失约100万。疏通道路9条，帮助移转群众车辆360余台。

7月4日，制定下发《洪江区集中开展新一轮影响社会稳定矛盾问题摸排调研工作的方案》。全区共开展矛盾纠纷大排查大调处活动3次，查处矛盾纠纷283起，化解267起，化解率为94%。其中重大矛盾纠纷31起，化解30起，化解率为97%。共获取情报信息512件，其中重大情报信息26份，收集综合月报48件，周报198件。处置突发事件10起、化解10起，化解率100%。

7月12日，妥善处置洪纸公司职工因维权而堵政府大门事件，该案例被省维稳办作为成功处置典型案例向中央维稳办推荐，中央维稳办在10月初安排专人来洪进行调研。

2017年，综治民调进入怀化市前三，继续保持湖南省前列。综治工作被评为省、市先进县（市区）；连续八年保持省平安县（市区）称号。获评湖南省首届“十大平安”创建示范县（市区）和怀化市党的十九大安全稳定工作先进县（市区）。被湖南省防范处理邪教办评为全省无邪教创建示范县（市、区）。怀化市政法系统2017年度“忠诚、为民、担当、公正、廉洁”正风肃纪主题教育活动考核评估先进单位、怀化市平安乡（街）和社会治安综合治理工作先进单位，怀化市法学会工作先进单位、怀化市维护稳定工作先进县市区等光荣称号。

【加强思想、组织、作风、反腐倡廉和制度“五大”建设】 思想建设，以“两学一做”学习教育为契机，结合怀化市政法系统“忠诚、为民、担当、公正、廉洁”正风肃纪主题教育活动，组织开展集中学习和自学，邀请市政法委领导来洪授课。通过“微信课堂”，进行党员权利、义务教育和党内监督等有关知识的专题宣传教育。加强基层法治创建和法学会工作，法学会会员郑添懿撰写的《留守儿童教育权益法律问题研究》一文，荣获全国第十届中部崛起法治论坛优胜奖。

组织建设，建成区综治中心1个、乡街综治中心6个、村（社区）综治中心33个，实现区、乡（街道）、村（社区）三级综治中心全覆盖。按照相关标准，在川山新区仁园小区建成区级综治中心、智慧城市指挥中心、乡街综治中心和村（社区）综治中心。顺利实现法、检两家省级统管和公安“4＋X”警务改革；基层派出所、司法所建设和村级辅警全覆盖。

作风和反腐倡廉建设，开展“讲规矩，有纪律”警示教育活动和“忠诚、为民、担当、公正、廉洁”正风肃纪主题教育活动，全区8个单位30名政法领导干部、300余名普通干警参加怀化市正风肃纪基础知识考试。组建全区政法系统正风肃纪督导组，共查摆出班子问题30条、个人问题402条。开展“雁过拔毛”式腐败问题专项整治和“纠‘四风’、治陋习”专项整治，确定班子问题意见建议30余条，其中反映“四风”方面问题10余条。开展岗位廉政风险排查工作，认真梳理排查财务管理、津补贴发放和公车使用等风险点12个，有针对性的风险防控。

加强制度建设，出台《综治工作考核办法》《洪江区肇事肇祸精神障碍患者管理办法》《洪江区“一村一辅警（兼任村级网格长）”工作方案》等规范性文件，全面推进综治工作领导责任制的落实。制定《洪江区政法委机关2017年度党风廉政建设工作计划》，印制政法委机关党风廉政建设责任书，层层签定责任状。加强领导班子建设、党风廉政建设、联系基层工作机制、财务管理、人事工作、效能督查、重大事项集体讨论等一系列制度建设。对涉及家庭婚姻、购房购车、出国出境等重大事项，及时予以上报。

【建立社会治安防控体系】 以网格化、信息化、法治化、实名制“三化一制”工作为重点，深入推进社会治安防控体系建设，严防发生重大恶性案件和事件发生。重新调整网格划分，全区划分网格210个，其中农村网格140个、城区网格70个，区财政每年给每个村（社区）安排网格化服务管理工作经费预算1万元，所有兼职网格员发放一定金额的岗位补贴。按照《怀化市“一村一辅警（兼任村级网格长）”工作指导意见》要求，全面推行“一村一辅警（兼任村级网格长）”工作，为19个社区配备19个全额事业编的专职网格长，选聘14名村辅警（兼村级网格长）。

【推进雪亮工程建设】 区财政先后追加综治工作经费30万元，安排天网工程建设经费214万元和视频监控“以奖代补”工作经费20万元，明确智慧城市（含综治中心）建设经费3亿元。在已有334个天网监控的基础上，新增130个，城区天网监控密度将达到每平方千米60个，村（社区）天网监控覆盖率达到100%，新建2个鹰眼系统，每个点平均辐射区域为2平方千米，对主城区进行24小时俯瞰全覆盖，初步实现全城动态监控。在城区各大主干道及入城口，新建30套人脸识别系统。

【推行居民安装监控“以奖代补”】 区财政每年预算20万元，作为视频监控系统“以奖代补”专项经费，居民通过验收即可发放奖励200元/年，直至2020年。将机关企（事）业单位、村（社区）安装视频监控系统作为年度综治考核评先评优的必需条件，全区参与综治考评的173个单位中已有112个单位安装视频监控系统。

【开展全天候武装车巡和步巡，强力推进护城行动、护校行动】 将40%警力屯警街面，组织6支巡逻小队开展“红袖章”志愿者夜巡活动。对重点单位、要害部位、城市广场、码头、车站等人员流动密集公共场所加强安全防范措施，强化对危爆物品的暴力恐怖活动和个人极端事件安全监管。深入推进“社会治安、交通安全、消防安全”三人重点领域专项整治，刑事治安案件、交通事故四项指标、城乡火灾起数、森林火灾起数等指标全部较2016年大幅下降。

【依法开展严打整治】 依法开展打击非法集资、电信网络诈骗、聚众扰乱企业秩序、阻挠施工等违法犯罪专项整治行动，持续进行禁毒扫黄和打击赌博犯罪专项斗争，加大对侵财型案件和涉众型经济犯罪的侦破审理力度，重点督办“非法电打鱼”“未成年上网”等群众关注较高的热点问题。全年共评查案件43件。司法一审服判息诉率92.84%。公安机关立刑事案件115起，发案率同比下降54.18%。破案74起，破案率64.35%，同比上升15个百分点。检察院共批准逮捕案件23件，提起公诉33件。

【开展平安创建活动】建立科学考核制度，修改完善《洪江区综治工作考核办法》，制定《2017年平安洪江创建宣传工作方案》。全区干部职工按照“每人包十户”的结对方式，入户宣传平安创建知识，帮助群众解疑答惑、收集诉求，解决困难。“平安洪江”微信公众号关注人数已达全区人口的10%。

按照“方式贴近群众，内容来源基层”的理念，将平安创建主题融入到“龙狮闹新春”、洪江区厨神大赛等区内大型群众活动中。将关爱留守儿童、百家宴、群众文艺汇演、平安创建口号征集、小手拉大手等基层平安创建活动举办到村（社区）、小区、楼栋。开办“平安洪江”电视专栏，并与区内各大微信平台同步推送，得到省长安网、新湖南客户端的转载。官方微信公众号“平安洪江”每周推送1次全区警情通报，每周推送平安创建类新闻3期，举办平安创建知识微信有奖竞赛2次，微信关注人数递达1.5万人。

【维护社会稳定】建立党政一把手负总责的工作制度，各单位在重大节日、重要会议期间安排值班，坚持情报信息日报和重大情况随时专报制度。重点开展以洪江体制、重点工程、企业改制、环境污染、城市管理、医患纠纷、征地拆迁、涉法涉诉等涉稳群体、影响社会稳定矛盾纠纷排查化解工作，按照维稳“五个一”(一个问题、一名领导、一套方案、一个班子、一抓到底)的处置工作要求派出工作组，对重点涉访人员，采取每天早上、下午两见面，上午、晚上两报告的工作机制，确保每名对象24小时不脱离视线。充分发挥基层情报信息员职能作用，建立健全情报信息网络体系，及时掌握不稳定群体动态情报，掌控重点人员行动性信息。全年共排查出11个重点涉稳问题，化解5个、基本化解3个、控状态3个。

按照《洪江区维护稳定工作责任制及问责办法》的要求，切实做到“不发生到市、赴省、进京非正常访，不发生有恶劣影响的重特大刑事案件，不发生有恶劣影响的治安事件，不发生重大群体性事件，不发生群死群伤的安全事故，不发生法轮功滋事和暴力恐怖破坏活动”的“六个不发生”。

妥善处置洪纸公司职工维权堵门、茅头园村精神障碍患者意外落水死亡、亿豪旅馆自杀等事件，有效维护全区社会和谐稳定。获2017年湖南省信访工作“三无”县（市区），怀化市信访工作先进县（市区）。

公　安

【概况】2017年，公安机关全面深化警务体制改革，从严从实从细推进保稳定、护安宁、促和谐、强改革各项工作措施的落实。组织开展“忠诚、为名、公正、担当、廉洁”正风肃纪—政治信念主题教育活动，制订《洪江区公安机关警务体制改革方案（试行）》。

抓维稳和安全保卫工作。部署“十九大”安保维稳、“中美篮球明星对抗赛”安保、环中国国际公路自行车赛湖南站洪江段比赛安保任务。高标准达成“六个严防”和“四个绝对不发生”工作目标，为怀化市没有进京上访人员的“三个县市区”之一。

组织应急反恐演练活动。区管委应急办、区公安局、区教育局、区卫计局、区消防大队、区武警中队、区中医院120救援中心、区东方红小学等参加演练。组织应急处突综合演练，区工委书记罗国宇、区政法委书记王慧成、区管委副主任、公安局局长许云，区公安局政委及全体局党委班子成员全程坐镇指挥中心指挥调度演练。

2017年，公安工作荣获“市、区两级抗洪救灾先进集体”、怀化市“公安机关抗洪抢险成绩突出集体”及怀化市“公安机关重点人员集中清理专项行动先进单位”，怀化市打击“盗抢骗”犯罪专项行动第一名、怀化市“公安交警部门2017年度春运道路交通安全工作先进单位”，连续4年实现“控发案、提破案”的工作目标，发案下降率位居怀化市第一名。

【维护社会安全稳定】 2017年，全区公安机关认真做好信访重点人的稳控化解、各类矛盾纠纷的平息调处和反恐处突等各项工作，确保全区社会大局平稳。在十九大特防期间，通过大排查、大管控、大演练、大研判，排查重点人、重点行业、重点单位共计2305人（处），发现大隐患242处，整改率达到89.5%。区公安局荣获集体三等功，申立、修剑波等8名同志荣获个人三等功，易文皓等3名同志荣获个人嘉奖。

【开展刑侦工作】 2017年，立刑事案件115起，比2016年降幅54.18%。破获刑事案件74起，破案率为64.35%，较2016年上升32.38%。破获一起“非法生产制毒物品”大案，缴获1.15吨制毒前体，该案已列入公安部年度督办案件。

【建立治安防控体系】 强化应急突出备勤，武装巡逻与路面监控和局指挥中心高清指挥系统实时联动，新建130个高清视频监控，重点布局居民小区周边、背街小巷及乡村主干道。选择2个制高点，新建2个鹰眼系统，每个点平均辐射区域为2平方千米，对主城区进行24小时俯瞰全覆盖，初步实现全城动态监控。新建30个人脸识别系统，建成后通过比对重点人员后台数据库，违法犯罪嫌疑人的自动识别率可达到100%。

【进行警务改革创新】 2017年，将公安机关内设机构重新设为7个中心、5个派出所，破解公安民警难以解决政治待遇的问题，民警想干事、敢担事、做成事风气形成，警力配置实现基层和实战中心警力增长5%以上，在全局形成中心统领、基层作战单元呼应的警务模式。

【开展交通安全系列宣传活动】 结合“春运”“开学第一课”“百日会战”“十九大”期间安保、“12·2全国交通安全日”“12·4全国宪法日”等主题活动，组织交通运管、交警、公路等部门深入湘运运输公司、富达危化品运输公司等客、货运企业、中小学校、幼儿园等“五类重点车辆驾驶员”集散地，通过采取发放宣传资料、开展安全知识宣传和专题讲座、现场案例分析等多种形式，组织开展交通安全系列宣传活动，开展各类培训25次，培训人员500余人次。开展应急救援演练、危化品运输泄露事故应急救援演练、大客车发生碰撞事故应急救援演练，参加救援演练人员180余人次，观摩人数共计300余人次。

【监管“两客一危”企业】 深入客运企业—湘运洪江分公司、富达客运、公交公司、危化品运输企业—洪江区联运公司和7所幼儿园、5所小学、2所中学等重点单位，对校车、危化品驾驶员从业资质、安全教育培训、校车、危化品登记及保险情况、维修、保养、接送幼儿人数（运输次数）、路线、趟次记录，以及校园周边乱停乱放、违法摆摊等情况进行摸底排查并登记造册。对“客运车辆上灭火器未年检、危化品运输车辆逾期未年检、校车停靠点不正常乱停乱放”等安全隐患进行排查，共检查“两客一危”企业100余次，排查安全隐患5起。

【开展重点时段、重点路段、重点车辆违法行为专项治理】 制定城区交通秩序整顿工作方案，从交通运输、交警、城市执法大队抽调精干人员，对城区交通秩序进行全面整治，打击和取缔非法营运，遏制乱停乱摆、占道经营、非法营运等现象；围绕重点企业、重点车辆、重点人员分组不定期开展安全隐患排查工作，开展源头隐患“清零”行动、“预防重特大道路交通事故”行动、“大排查、大管控、大整治、大教育”行动、摩托车专项集中整治、“百日会战”行动、“十九大”期间安保、联合教育局校车办对接送学生车辆交通违法整治、“酒驾醉驾”集中整治统一行动、农村道路交通秩序整治等一系列违法整治行动，对重点时段、重点路段、重点车辆违法行为进行专项治理，深入乡道主要路段，进行道路交通违法行为实地查纠，严打客车、货车、面包车、农用三轮车、两轮摩托车、低速载货汽车超员、超载、无牌、无证、疲劳驾驶、酒后驾驶等违法行为。共查纠各类交通违法行为26014起，其中，现场执法5882起，非现场执法摄录20202起，依法处理5200人次，办理一般程序的交通违法行政执法案件271件，超速行驶2800起，货车非法改装13起，不符合安全技术标准390起，酒后驾驶260起，涉牌涉证160起，摩托车非法安装遮阳伞290起，摩托车未投保交强险50起。刑事拘留9人，行政拘留53人。

森林公安

【概况】 2017年，建立党员管理积分制考核体系，对每一名党员进行积分制管理，考核不合格者取消年终评优资格。加强林区治安隐患排查整治，健全完善林区公共安全及森林防火应急处置预案，做好应对突发事件准备。发挥职能作用，组织开展乱砍乱伐、非法占用林地大排查，对非法占用林地的给予依法打击。全年，洪江区无重大森林火灾案件，无重特大涉林群体性事件。

【森林法规与森林防火宣传】 2017年，怀化市森林公安局洪江区分局在森防期进入林区和墓葬区的主要路口设立醒目的森林防火警示牌，会同区森林防火指挥部在重要路段和村庄集中地悬挂防火条幅20幅，张贴防火标语80条，发放禁火令1万份。清明节积极倡导安全用火，文明踏青，教育、引导群众在祭祀活动中破除迷信、更新观念，移风易俗，提倡用鲜花文明祭祖，从源头上消除火灾隐患。同时开通12119森林火灾报警电话，为广大群众及时反馈火情火警、预防和扑救森林火灾，提供一个便捷的火灾报警通道。

【打击涉林违法犯罪行为】 2017年，怀化市森林公安局洪江区分局严厉打击破坏森林和野生动植物资源违法犯罪，维护林区治安秩序稳定。全年，共出动车辆756台次、警力2214人次，接处警案件78起，办理涉林案件13起，其中刑事案件4起、行政案件2起、刑转林案件1起。林业行政案件20起，处理违法人24人，挽回经济损失100余万元。共办理火灾案件4起，其中1起刑事案件。

检　察

【概况】 2017年，怀化市洪江人民检察院坚持以维护公平正义，服务全区经济社会发展为着力点，各项检察业务工作和队伍建设取得新成效。被评为湖南省文明单位、怀化市综治先进单位、怀化市文明卫生单位、洪江区党风廉政建设先进单位等荣誉。党组成员、反贪污贿赂局局长张庭辉被评为全国检察机关优秀侦查员、全国检察机关侦查能手人才、湖南省优秀反贪局局长，反贪污贿赂局副局长范佑洪被评为全国检察机关侦查能手人才，公诉科副科长吴芳被评为“全市十佳公诉人”。

【维护社会政治稳定】 全年，共受理移送审查逮捕案件39件48人，批准逮捕24件31人。监督侦查机关立案3件，撤案4件，发出纠正违法通知书1份。受理移送审查起诉案件51件74人，提起公诉45件59人。起诉“两抢一盗”案件21件31人，涉毒案件13件13人，两类案件占公诉案件的72.7%。在出庭公诉中，注重对审判活动的监督，其中受理审判程序违法案件1件、侦查活动监督1件，并及时发出纠正违法通知书，程序违法得到纠正。

【查办职务犯罪】 抽调精干力量，先后参与办理省公安厅原副厅长周某涉嫌受贿系列案、省电广传媒股份有限公司董事长龙某受贿系列案、靖州县许某等五人涉嫌组织卖淫案的查办工作。在三个系列案件中，共依法立案侦查贿赂和渎职侵权案件犯罪嫌疑人1人，刑事案由立案5人，侦查终结4人，移送审查起诉5人。

【监督刑罚执行与监管场所】 在驻所检察工作中，办理羁押必要性审查案件3件3人，其中变更强制措施1件1人。加强对监管场所的日常监督，监督清监11次，有针对性与在押人员进行谈话教育42次，发出违法通知书1份，检察建议5份。无超期羁押现象发生，确保监管场所的安全。在刑罚执行监督上，严格监督司法、公安对监外五种人的监管和教育改造。瞄准脱管漏管这一薄弱环节，开展专项检查，确保全年无脱管漏管现象的发生，监外五种人较好地回归社会，重新犯罪率为零。

【完成检察人员岗位等级评定】 完成检察人员分类定岗、员额检察官等级转换和检察官助理、书记员等级评定，9名入额检察官全部回归办案岗位。改革以来，员额检察官共办理刑事案件186件，较改革前办案效率增长18%。检察官薪酬改革平稳落地，保障检察官依法履职，增强职业尊荣感和使命感，提高检察官学习业务的自觉性，提升队伍的整体素质，为创新检察工作打下坚实的基础。

法 院

【概况】 2017年，洪江人民法院结合怀化市政法系统“忠诚、为民、担当、公正、廉洁”正风肃纪主题教育活动，组织干警参加廉政报告会、开展廉政约谈、观看廉政警示片、听廉政党课、发廉政短信等方式，提醒干警思廉，确保干警不敢腐、不能腐、不想腐。修订完善《加强机关作风纪律九条规定》《考勤制度》《车辆管理制度》《财务管理制度》，用制度管人、管事。

制定《洪江人民法院2017审判管理工作方案（试行）》及配套规定，实行人员分类管理。全年院、庭长办案456件。推进案件繁简分流和专业化审判工作，全年一审服判息诉率达92.84%，案件平均审理周期缩短20天。完善多元纠纷化解机制，积极推进司法救助与法律援助、社会救助相衔接，充分保护弱势人群的合法权益。全年，为困难当事人减免缓诉讼费19.53万元，为得不到履行的申请人和生活困难的群众发放司法救助金8.5万元。健全司法公开制度，不断推进审务、立案庭审、裁判文书、执行公开。在横岩村审理向某某涉嫌盗伐林木一案，通过以案释法，使广大人民群众在庭审过程中知法、懂法、守法。

围绕“努力让人民群众在每一个司法案件中感受到公平正义”目标，牢牢把握司法为民、公正司法主线，狠抓案件质效。全年，共新收案件536件、旧存75件，审（执）结523件，结案率85.6%，与2016年同期相比，新收案件数增加159件，同比增长42.18%，结案数增加92件，同比增长21.35%。2017年，荣获怀化市“法院党风廉政建设和反腐败工作先进单位”“怀化市文明卫生单位”“怀化市文明单位”等荣誉称号。

【打击刑事犯罪】 坚持宽严相济的刑事政策，推进以审判为中心的刑事审判方式和量刑规范化的进一步深化，加大轻微刑事案件和解和认罪认罚制度的实践以及刑事附带民事案件的调解力度，最大限度减少对抗，化解矛盾。全年，新收各类刑事案件43件、旧存3件，审结45件，结案率97.83%，判处罪犯57人，处有期徒刑以上的37人。

【做好民商事审判】 坚持用“调解优先，调判结合”的审判理念审理民商事案件。全年，新收民商事案件350件、旧存41件，审结359件，结案率91.82%，与2016年同期相比新收案件增加130件，审结案件增加109件，结案率提高5.61%。

【调整行政审判思路】 根据“建设法治政府，推进依法行政”的要求，洪江人民法院积极调整行政审判工作思路，在办理好行政非诉案件的同时，将工作重点放在加强对行政机关的执法培训、开展行政法律宣传、预防和减少行政争议。全年，新收行政案件11件、旧存1件，结案10件，结案率为83.33%。

【完善执行工作机制】 2017年，按照最高人民法院提出的“用两到三年时间基本解决执行难”的要求，积极开展反抗拒执行、反规避执行、反消极执行、反消极协助、反干涉执行等“五反”专项工作，认真实施失信被执行人“黑名单”制度，发布失信被执行人20人。全年，新收执行案件129件、旧存30件，结案106件，结案率为66.67%，到位标的额798.22万元，与2016年同期相比到位标的额增加354%。

司法行政

【概况】 2017年，洪江区司法局抓组织机构，网络建设，成立司法行政系统各项工作领导小组，细化责任书，形成全区司法行政系统干警、法律服务工作者积极参与的良好工作格局。

推进党组班子建设，健全和完善党组各项工作制度，坚持民主生活会和组织生活会制度，健全集体领导和个人分工负责相结合的工作制度，对重要工作、人事调整、装备购置、大额开支、评先选优、社区矫正人员审前调查等重大事项，均由党组会议碰头、支部会议讨论决定，再通过党员大会或全体干部大会等形式予以公布，确保各项工作程序健全、决策公开透明。

【开展法制宣传教育和普法工作】 配合全区村（居）“两委”换届选举工作，联合区工委组织部、宣传部和区民政局等部门，在全区开展为期2个月的“两委”换届选举相关法律法规专项法治宣传教育活动，构建“选举未动·普法先行”大舞台。省委法治办《法治湖南》专刊推荐介绍洪江区这一做法。

“七五”普法期间，在全区开展“决胜小康·普法先行”暨“十个一”主题法治宣传教育专项活动，全区每个行政村和城市社区有1个牵头普法责任部门、2至3个对接联系单位。

2017年，组织专题法治讲座70余场次，开展法治宣传教育活动120余场次，专题法治节目4期。完成在线学法积分任务的2276人，占应学应考人员总数的99.3%。全区有1923名国家工作人员报名参加在线学法正式考试，参考率、合格率均达100%。

【做好安置帮教和社区矫正工作】 社区矫正：配合检察院做好执法监督检查工作，定期与公安机关、检察院对矫正人员的人数和相关信息进行核查比对，严防出现漏管现象，把好入矫宣告关。全年，社区矫正中心共接收17人、解除17人、迁居1人，全区在册社区服刑人员16人，未出现脱管、漏管现象。

安置帮教：建立健全安置帮教工作机制，实行“必访制度”“一人一档案”“五帮一”等管理制度，村、居委会均成立安置帮教小组。全年，刑释解教人员313人，新增加刑释解教人员18人，安置率100%，落实帮教率99%。

【开展法律服务工作】 2017年，完成公证处改革，开展点援制与排班制相结合的服务制度，将法律援助办案律师及法律工作者的擅长案件类别、办理案件数等信息进行公示。建立一支以基层工作站点人员为骨干的法律援助宣传队伍，实现法律援助与群众“零距离”。开展“如法网”网络提供法律援助服务的运行工作，让群众足不出户，通过电脑、手机在网上找法律援助进行法律咨询解答、法律援助案件的申请。全年，共受理法律援助案件119件，其中民事案件114件、行政案件1件、刑事案件4件。公证共办证163件。

防范和处理邪教

【概况】 2017年，洪江区将无邪创建纳入政法工作要点和政府绩效考核、精神文明建设及基层党建考核内容，要求各责任单位抓好落实。区综治办利用信息平台发送1万条无邪创建短信，并在平安洪江微信平台发布无邪创建信息。区电视台在黄金时段结合《平安洪江》主题栏目宣传播出反邪警示片。区行政执法大队要求店面有电子显示屏的业主滚动播放反邪标语。2017年，洪江区荣获湖南省无邪教创建示范区和怀化市610工作先进县市区。

【开展反邪教宣传】 沅江路街道开展“共创平安耀古城，构建和谐进万家”主题活动，活动以“崇尚科学，反对邪教，构建和谐，促进发展”为主要内容，通过宣传展板、横幅、小册子、有奖竞答等形式，向古商城居民和外地游客进行生动的反邪教宣传教育。印发10000份防邪知识卡发放到各中小学学校，通过讨论、学习知识小卡片，加深反邪教意识，增加防邪知识。全年开展反邪教宣传16次，接受群众现场咨询4500人次，发放各类宣传材料12000份，各乡街“一墙一橱”共出版反邪板报48期。

【做好教育转化工作】 按照教育转化攻坚要求和“四把锁”的工作要求，明确由区级领导直接联系未转化对象，真心实意为转化对象解决生活当中的困难，化解对象的抵触情绪。特别是充分利用已转化人员开展对未转化人员的教育转化工作，取得良好的转化效果，顺利完成2017年转化3名对象的工作任务。

消　防

【概况】 2017年初，洪江区公安消防大队组建新班子。“以领导班子好样子带动消防队伍好样子，以消防队伍好样子带动全面工作好样子”理念管理队伍，部署开展“两项重大教育”“学讲话精神、做先锋模范”“纪律作风整训”等活动，围绕“学习先进、看齐标杆”等主题组织研讨，抓好消防监督员和窗口人员的的廉政教育，强化消防监督员执法为民意识。

罗国宇、毛运鸿、杨军等区领导多次听取汇报，批示、指示“议消议警”，每季度带队开展消防检查。区财政投入100万余元对古商城进行电气线路等消防安全改造。8个社区基本完成消防安全创建任务。

【建立防控网络开展消防整治】 建立工业园化工处置专业救援基地，开展微型消防站联勤联训，紧盯“一高一低、一大一化”等重点场所，开展灭火救援档案、数字化预案、辖区“六熟悉”等实战化工作。全年，修订完善化工园各类危化品应急预案，制定重点单位预案35份，开展“六熟悉”活动100余次。

利用约谈、一单四制等手段，开展冬春火灾防控、夏季消防检查及高层建筑整治等专项行动，围绕人员密集场所、易燃易爆单位、文物古建筑以及电气火灾防范、养老院服务质量建设、室内大型市场专项整治。重点开展高层建筑、电气火灾等14类消防安全综合治理和专项整治。运用挂牌督办、警示约谈等措施，全面完成整治金牛、武陵城大酒店等历史遗留的老大难问题。指导全区建立8个示范社区，推动社会单位20余名“消防经理人”、“消防楼栋长”上岗履职，织密社会面火灾防控网络。全年，共检查单位1704家次，下发《责令整改通知书》839份，拘留5人。

【开展消防宣传教育】 与洪江区电视台建立消防宣传联动机制，第一时间跟踪报道消防工作，在黄金时段免费播放消防公益广告。立足微信平台等自媒体，建立重点单位群，广泛宣传消防法律法规和防火灭火知识，引导广大群众参与消防工作，支持消防工作。利用消防安全社区创建，定期组织官兵深入街道、乡镇或人员密集场所开展消防宣传，推进消防宣传“七进”活动，营造良好的宣传氛围。组织全区人员密集场所的消防安全管理人员和普通从业人员参加消防安全培训，提高全区人员密集场所相关人员的消防意识。

【组织参加消防救援行动】 6月29日至7月1日，洪江遇特大洪水，洪江区消防大队立即组织救援人员出动消防车赶赴现场，经过3个昼夜的转移和执勤守护，出动警力78人次，出动车辆8辆次，共转移群众588人。

全年，洪江区消防大队共接警出动61起，出动车辆102辆次，出动警力649人次，抢救被困人员98人。

经济管理与监督

发展规划管理

【概况】 2017年，区发改局围绕“建设全国知名旅游目的地城市”战略目标和“旅游旺城、旅游兴区、旅游富民”发展思路，以“党建树旗帜，业务立标兵”的工作思路，编制2017年国民经济和社会发展计划，搞好国民经济运行监测、预测，根据调研情况按时完成经济运行分析报告。全年，完成固定资产投资37.7亿元，增长19.0%。重点项目推进顺利，全区42个实施类重点项目，年度计划投资19.44亿元，完成投资13.42亿元，同比增长26.1%。争取到位发改口上级资金3640.2万元。

【推进重点项目】 2017年，完成投资12.16亿元，其中，重大项目完成投资6.58亿元，完成年度计划104.5%；重点项目完成投资5.58亿元，完成年度计划的43.1%。纳入市级考核的重点建设项目8个,完成投资6.58亿元，完成全年任务的104%；纳入区重点建设项目42个（包括省级重点项目1个，市级重点项目7个），未开工项目13个，开工项目有29个，开工率为69.1%。

【促进产业发展】 旅游产业：成功举办“春节十大民俗文化活动”“洪江古商城樱花浪漫季活动”“三八旗袍秀”“厨神大赛”等节会活动，文化旅游业对全区经济整体的促进和带动作用进一步增强。全年，实施旅游产业发展项目5个，完成投资3.3亿元。全年，接待游客426.41万人次，同比增长19.8%，旅游总收入13.92亿，同比增长19.89%。

工业：工业园区基础设施日趋强化，承载功能进一步完善。全区实现规模工业增加值14.8亿元，同比增长7%。完成工业固定资产投入21.4亿元，同比增长22%。新增高新技术企业4家、规模工业企业2家、上市企业5家。

农业：雪峰乌骨鸡产业园建设累计完成投资4700万元，完成冷链物流中心降能技改、品控中心无菌室精装修等项目建设。全年，产业化引进新品种23个，推广农业综合技术6项，建立省级示范合作社1个。

【做好易地扶贫搬迁工作】 2017年，争取中央级项目资金25.2万元，率先完成十三五期间易地扶贫搬迁45户131人任务，其中42户为集中购房安置在洪江区桂花园乡川山村仁园小区内，3户8人为分散自建安置。

【开展价格监管和收费管理】 2017年，区发改局贯彻落实国家和省、市各项收费政策，及时将各项收费文件转发给相关单位，并不定期对收费单位进行监督检查,进行事中事后监管。出台《洪江区2017年政府定价的涉企行政审批前置服务收费目录清单和涉企经营服务收费目录清单》《洪江区2017年行政事业性收费目录清单》《关于开展全区涉企经营服务性收费清理规范暨涉企收费检查工作的通知》。开展城市供水、养老福利院收费、校服、生活垃圾等服务项目的成本调查监审工作。做好12358价格监管平台工作，执行价格监测报告制度，优化涉案财产价格认定工作，规范案卷管理，全年，办案53起，共计金额15万元。

【做实移民工作】 投入290万元对茅头园村水、电、路进行优化升级。完成51人次移民避险解困搬迁。发展乡村旅游，帮助贫困移民户脱贫致富。发展楠竹产业，扶持楠竹产业开发，引导库区龙头企业走“企业+合作社+农户”之路，委托恒裕公司培训移民，让洪江移民在家门口就业。

统计调查

【概况】 加强统计基层建设。推进乡(街道)统计机构达标建设，统计名录库维护节点向乡(街道)延伸；开展“一套表”调查单位大清查，重点抓好企业“入规”以及企业上报数据审核等方面工作，确保企业上报数据与生产经营活动记录一致。强化数据质量评估。坚持以用电量、税收、货物周转量以及行政记录等指标对统计数据实行定期评估，提高统计数据的协调性和匹配度，确保统计数据真实可靠。规范和完善监测工作机制。承办省、市、区三级重点民生实事项目23项32个，其中，省级9项12个指标、市级5项11个指标、区级9项9个指标。圆满完成第三次全国农业普查。完成7000余户普查对象的入户登记和全部数据的审核、汇总、上报工作。2017年被怀化市评为“第三次全国农业普查工作先进单位”。

【创新统计服务平台】 建立洪江区统计系统QQ群，创建微信公共平台“洪江区统计局”，以此为纽带建成全区统计工作网络，实现统计培训、业务指导、数据隐患排查、统计执法检查的全程监控和调度。建立完善“四上”企业及行业主管部门联系制度，密切跟踪全区经济发展运行动态，加强运行调度和监测分析，对联网直报企业数据出现异常波动的，及时预警，确保真实、全面地反映经济运行状况和发展成果。

审计管理

【概况】 2017年，完成审计项目189个，查出违规金额5893万元，管理不规范金额76728万元，发现非金额计量问题2个。审计促进整改落实有关资金7260万元，其中上缴财政10万元，审计后挽回(避免)损失1366万元，归还原渠道5883万元；出具审计报告和专项审计调查报告189篇。提出建议205条。

【审计财政预决算】 2017年，对区本级预算执行情况及有关部门预算进行审计，揭示区本级财政管理及决算草案、部门预算执行、重点专项资金等18个方面的问题，并在区政府门户网上对区本级2016年度预算执行情况审计结果进行公示。

【审计领导干部经济责任】 探索领导干部自然资源资产离任审计，起草《洪江区审计局关于党政领导干部自然资源资产审计的暂行办法(草案)》，审计领导干部3名，发现问题金额中，领导干部负领导责任金额1003万元。

【开展固定资产投资审计】 对新民路管网下地工程等工程重点部位、关键工序及隐蔽工程全程监督，记录勘察测量数据，留存相关影像资料，做好取证备案；黑臭水处理工程、新民路立面改造工程的相关材料进行询价。全年，共完成工程竣工结算审计项目187个，送审金额1.38亿元，审定金额1.22亿元，核减工程造价1529万元，核减率11%。

市场与质量技术监督管理

【概况】 2017年，明确乡(村)、街道(社区)食品安全工作职责，各村(社区)设立食品安全信息员(协管员)。对食堂、餐饮店、小作坊、小摊贩等加大监管力度，实现食品生产、流通和餐饮服务“一体化监管”。组织开展“护苗”行动及食品安全“四小”集中整治，共出动执法人员2497人次，检查各类生产经营单位3101户次，抽检各类食品665批次，查处食品违法违规案件14件，没收不合格食品300余公斤，罚没8.1万元。开展“医疗机构药品、医疗器械安全专项”“两非”“特殊药品专项”等系列执法检查，共检查医疗机构、药店364家次，覆盖率100%。

开展专项整治工作，出动168人次检查特种设备使用单位41家，下达安全监察指令书17份。与全区19家电梯使用单位签订责任书，确保52台电梯安全运行。对液化汽站负责人及送气工人的培训和指导，超期钢瓶的送检率100%。对车站附近一家涉嫌传销及非法集资连锁店经营行为实施查封，责令其立即停止经营活动。

开展“红盾护农”“打击非法集资等虚假广告专项治理行动”“打击商标侵权专项整治行动”“烟草市场专项整治行动”“打击假冒伪劣商品专项行动”等20余次执法行动，抽检各类商品13批次。全年，出动执法人员283人次，检查4800余户次，立案16起，结案16起，罚没10.2万元。

对区内二家计量认证单位实行监督检查，特别是在春节期间对洪江区的超市、农贸市场、液化气充装站、加油站、医院等民生计量工作重点单位，进行监督检查规范计量器具的使用。检定计量器具2151台件，其中检定压力表1132块、砝码395件、加油机76枪、衡器462台、天平10台、血压计76台件。

集中销毁过期食品、饮品、农资产品、假劣药品、烟草制品等假冒伪劣产品，标值38万余元。开通“12315”、“12331”、“12365”举报投诉热线电话。共受理投诉举报12起，其中投诉案件30余起、举报案件7起，为消费者挽回经济损失10万余元。

开辟项目和企业登记绿色通道，实施无障碍、零距离、保姆式服务。施行认缴制的企业占总体的47.45%，先照后证的企业占39.71%，其中农专共设立63户，占总体的12.83%。

1月至10月，全区各类市场主体注册资本52766.99万元，其中企业（45783.49万元）、农专（3235.8万元）、个体（3747.7万元）。各类市场主体户数同比新增13.20%，其中企业同比增长89.47%、个体2.25%、农专27.27%；注册资本新增51.71%，其中企业同比增长56%、农专同比增长50.02%、个体同比增长0.76%。

2017年，荣获怀化市计生工作先进单位、怀化市打传工作优秀单位、怀化市“消费维权”整治先进单位、怀化市“商标广告”监管工作先进单位。

【规范市场经营秩序】 开展“红盾护农、利剑行动”暨打击传销宣传活动、“打击非法集资等虚假广告专项治理行动”“烟草市场专项整治行动”“打击假冒伪劣商品专项行动”等20余次执法行动。抽检各类商品13批次，检查4800余户次，立案16起，结案16起，罚没10.2万元。

【提供优质服务】 2017年，共设立企业402户，施行认缴制的企业占总体的32%，先照后证的企业占23%，其中农专社共设立57户，占总数的14%。新增各类市场主体239户，其中新增企业40户，注册资本（金）2.2亿元。个体工商户191户，资金数额2122.7万元。农民专业合作社8户，出资总额3065.8万元。

【保证抗洪救灾食品药品安全】 6.29汛情发生后，洪江区食品药品工商质量监督管理局迅速组织人员上门对低洼地区800余家经营户进行通知转移，帮助转移经营户13户（其中1户残疾人列为重点帮助对象），转移冷冻食品300余件、白酒100余件、药品30余箱等。为保障灾后食品、药品、特种设备安全，截至7月2日，共计出动人员240余次，车辆30余次，检查集贸市场10家次，食品经营单位（摊）450余户次，特种设备10余户次，药店21家次，卫生院4家次，诊所6家次，没收销毁浸水、变质食品515余公斤，过期食品5公斤。并要求受洪水浸泡的食品生产加工经营单位必须对经营场所进行全面消毒且取得疾控中心出具的报告证明，才可恢复正常生产，以确保食品安全。

农业与气象

综 述

【概况】 粮食种植面积1.49万亩，其中一季中稻1万亩，玉米、大豆、马铃薯、红薯等旱杂粮0.48万亩，推广超级稻0.81万亩、优质稻0.61万亩，粮食总产量保持在6000吨以上。油菜种植面积0.48万亩，油菜优质率达到95%以上。

水稻生产：中稻1.05万亩，其中：推广超级稻种植面积0.81万亩，主要品种为Y两优7号、隆两优534、深两优3059、Y两优9918、深两优5814、中浙优1号等，占水稻总面积的81%左右；优质稻0.61万亩。

旱粮生产：旱粮作物收获0.48万亩，旱粮总产1089吨。其中：马铃薯类0.06万亩，蚕豌豆面积0.015万亩，春玉米0.135万亩，大豆0.045万亩，红薯0.225万亩。

油菜生产：油菜收获面积4650亩，总产量353吨公斤，平均亩产0.07612吨。主要品种有沣油5103、丰油730、油研10号等双低杂交油菜，优质率占95%以上。

柑桔类生产：柑桔生产稳定0.67万亩，总产值1768.8万元，品改0.2万亩，总产量8040吨。品种以冰糖橙、脐橙、冰糖柚为主。

时鲜水果生产：时鲜水果总面积0.305万亩。其中梨类生产面积0.102万亩，总产量1530吨，总产值902万元；葡萄生产面积0.06万亩，总产量280吨，总产值112万元；杨梅生产面积0.1万亩，总产量120吨，产值为150万元;其它水果生产面积0.04万亩，总产量150吨，总产值24万元。

香、西瓜生产：香、西瓜总播面积0.22万亩，总产4400吨，总产值1584万元。

蔬菜生产：全年蔬菜生产面积1.095万亩，总产量3.38万吨，产值9464万元。

【发展农业生产】 全面开展农村土地承包经营权确权登记颁证工作，完成2个乡镇15个行政村141个村民小组4379户口确权登记工作。为58位农户(58台机具)办理农机购置补贴申请，完成农机购置补贴5万元。全年，粮食播种面积稳定在1.5万亩、产量5000吨以上，蔬菜生产面积1.095万亩，柑桔生产0.67万亩，时鲜水果总面积0.305万亩，香西瓜总播面积0.22万亩。

【建设生态林业】 完成速丰林建设0.0504万亩，完成楠竹低产林改造0.3015万亩，完成绿色通道补植补造任务0.0123万亩；对劳动路，创业路、国防路行道树补植樟树92株；在工业园和大湾塘安置小区开展义务植树1300余棵；对嵩云山景区及密岩尖景区内0.24万亩马尾松毛虫进行防治。

【维修水利设施】 11月，洪江区河长制工作委员会成立，建立区、乡(街道)、村(居)三级河长和属地管护员制度体系。对受洪水影响最严重的桂花园乡10个行政村投入扶贫整合资金180万元水毁设施灾后重建。完成0.11万亩高效节水灌溉奖补项目主体工程。投资64万元实施维修养护资金项目。

【开展农民素质教育】 累计开办培训62期，培训农民3102人次。其中，完成农民大学生培训12人、农业技能（种植业）培训905人次、林业产业技术培训120人次、畜牧产业技术培训205人次、扶贫开发培训746人次、移民开发培训100人次、农机推广技术培训175人次、科普惠农培训153人次。

【完成重点项目】 投资600余万元建立横岩乡菖蒲村美丽乡村示范建设，投资40万元建设桂花园乡优胜村、岩门村和横岩乡菖蒲村3个秀美村庄；雪峰乌骨鸡产业园6120万元项目全面完成；嵩云山国家森林公园基础设施建设项目2276.3万元任务全面完成。

农业技术推广

【概况】 2017年，洪江区农业技术推广中心集成粮油绿色安全高效关键技术，推广应用良种、合理密植、合理播期、集中育秧、适度规模、统防统治、绿色防控、测土配方施肥、全程机械化、节水灌溉等技术。加强畜禽粪便治理，对奶牛、生猪养殖场设施进行治理，提高畜禽粪便资源化利用率。推广机械化秸秆全量还田和秸秆资源化综合利用，提高农作物秸秆综合利用率。全年，引进新品种23个，推广农业综合技术6项，办点示范8个。开展农产品质量安全例行监测2028批次，合格率98.7%（其中蔬菜2000批次、水果28批次）。

【推广粮油绿色安全高效关键技术】 集成粮油绿色安全高效关键技术得到推广。合理密植：通过增加用种量，增加基本苗，提高大田穗数，通过合理密植，减少肥料用量，降低成本，保护耕地环境。合理播期：引导农民按品种和种植制度，选择适宜时期集中播种，形成较一致的播插期，提高水、肥、病虫管理水平，减少病虫“桥梁田”，提高病虫防控效率，降低农药用量，提高产量。集中育秧：引导专业户育秧，提高技术集约和社会化服务水平，降低生产成本，提高生产效益。适度规模：引导家庭农场、种粮大户、合作社等经营户规模化种植，提高规模经营效益，提高农民收入。统防统治：积极推广农作物病虫害专业化统防统治，在专业化上上水平，在专业化上推进规范化服务，提升农业社会化水平，提高农作物病虫害防控技术和防控质量，解决好乱用药、多用药、包装物污染等农业污染问题。绿色防控：按照“预防为主、综合防治”的方针，采取综合防治措施，合理用药等办法，降低病虫害发生水平，减少农药用量，推广低毒低残留农药，实现农药用量的“零增长”。测土配方施肥：全面推广测土配方施肥技术，合理施肥，提高肥料利用率，努力降低肥料污染，实现化肥用量的“零增长”。全程机械化：大力推广农业机械，提升农业的装备水平，推广一批经济适用的从种到收的农业机械，发展农机大户，降低劳动强度，提高劳动效率，提高生产效益。节水灌溉：推广合理播种、合理耕作、集中育秧、水肥一体化等一批节水种植技术，通过改善农田条件，提高灌溉效率。

【开展农产品质量安全例行监测】 完成蔬菜例行监测2000批次，合格1962批次、农残超标38批次，合格率98.1%，其中蔬菜基地随机抽检948批次，合格927批次、农残超标21批次、合格率97.8%；市场随机抽检1052批次，合格1043批次，农残超标9批次，合格率99.1%；超市随机抽检385批次，合格380批次，农残超标5批次，合格率98.7%。确定塘托农贸市场、大渔坪蔬菜基地等8个备选抽样点。

【办点示范，推广新品种、新技术】 2017年，引进新品种23个，推广农业综合技术6项，办点示范8个。

水稻品种9个：超级稻深两优5814、Y两优7号、中浙优1号；再生稻Y两优9918；粳稻甬优4149、甬优1538；高档优质稻泰优390、粤王丝苗、象牙香珍。果树品种5个：柑桔黄金贡柚、安江红橙王柚、世纪红柑；杨梅王子安海、东方明珠。

香西瓜品种6个：郑抗一号、

绿康988、志国6号、景龙宝、绿密9号、西农9号。植保品种3个：大果实蝇药剂诱粘、稻飞虱药剂吡蚜酮、柑桔蚧壳虫药剂索蚧。

农业综合技术6项：超级稻标准化栽培、优质杂交油菜高产栽培、柑桔标准化栽培、蔬菜标准化栽培、测土配方施肥、水稻黑条矮缩病综合防控技术。

办示范点8个：①桂花园乡千亩优质超级稻绿色高产高效模式示范点。示范地点桂花园乡，示范品种：超级稻Y两优7号、深两优5814、中浙优1号等，面积0.1万亩。②再生稻百亩示范。示范地点洪高村，示范品种Y两优9918等，面积0.01万亩。③粳稻百亩示范。示范地点桂花园村，示范品种甬优4149、甬优1538等，面积0.01万亩。④农作物品种安全跟踪评价示范。示范地点楠木田村，示范品种10个、面积0.0103万亩。⑤高档优质稻示范。示范地点茅头园村，示范品种：泰优390等、面积0.002万亩。⑥千亩优质杂交油菜示范。示范地点桂花园乡，示范品种油研10号等、面积0.1万亩。⑦稻田改制示范。示范地点在铁溪村、茅头园村进行稻－菜，在鸬鹚村进行稻－玉米，在桂花园村进行稻－香西瓜。⑧柑桔大实蝇防控示范。示范地点：茅头园村、楠木田村，面积0.03万亩。

【开展新型职业农民培育、实用技术培训和咨询活动】 根据洪江区耕地少，青壮劳动力大量转移，从事农业生产的劳动力多为老人、妇女，熟悉农业的农民较少情况，开展粮油、经作、土肥、植保、种子等专业类农业实用技术培训34期，其中：粮油技术培训8期、经作技术培训6期、土肥技术培训5期，植保技术培训10期，种子技术培训5期，培训农民2040人次，完成扶贫培训17期，培训扶贫人员1080人。技术咨询3890人次，开展现场指导320场次，为农民解决技术难题3310余次，发放技术资料15000余份。

畜牧水产业

【概况】 2017年，发展生猪6.1万头，出栏4.5万头；家禽发展465万羽，出栏家禽380万羽；发展草食动物1.6万只，出栏1.1万只。推广湘华鲮养殖技术，20个养殖场（户）参与湘华鲮人工养殖试验，试验总面积达0.022万亩，水产品900吨。肉禽蛋奶鱼供应充足，价格稳中有降，市场供应求平稳，生猪、家禽除自给自足外，部分外运怀化、广州、上海、贵州、云南等地，水产品、鸡蛋、牛奶市场供应主要靠从外调入。

开展动物防疫工作，全区共免疫禽流感380万羽，应免密度为100%；新城疫免疫380万羽，应免密度为100%；口蹄疫免疫牲猪6.1万头、牛0.17万头、羊1.4万只，应免密度均为100%，挂标率为100%；猪瘟免疫6.1万头，高致病性猪蓝耳病免疫6.1万头，免疫密度均为100%；狂犬病免疫0.155万只，免疫率100%，进入流通的大中家畜产地到点检疫率达到100%，屠宰检疫到场检疫率100%，出县小动物产地检疫率达到100%。

2017年，荣获“湖南省动物防疫工作先进区”称号，申群燕获得“全国最美农技员”称号。

【开展规模养殖场污染治理】 开展畜禽无害化处理，印制《生猪规模养殖场病死猪无害化处理补助政策宣传资料》、病死动物无害化处理技术规程、无害化处理制度等宣传资料，对补助对象、核查程序、补助金额、监督举报电话及无害化处理方法等作详细说明。全年，监管养殖户处理病死生猪142头，监管屠宰场处理病死生猪17头，病死家禽565只，病害动物产品44911斤。

【推广科技养殖技术】 推广雪峰乌骨鸡标准化养殖技术、生猪标准化养殖及生猪疫病防控、湘华鲮规模繁殖技术及网箱养殖、池塘养殖等6项基层农技推广技术。筛选洪江区鱼苗鱼种场1个水产养殖场作为技术推广示范基地进行湘华鲮人工繁育及四大家鱼养殖。同时在全区筛选出家禽养殖示范户20户、生猪养殖示范户20户、水产养殖示范户20户，并辐射带动家禽养殖户100户、生猪养殖户100户、水产养殖户100户。开展对点指导工作，实现每出栏一只家禽经济效益增加3–5元、每出栏一只生猪经济效益增加50元、每亩水面经济效益增加200元的目标。

农业机械化管理

【概况】2017年，农业机械化管理结合丘陵山区实际，在桂花园乡均冲村创建0.02万亩家庭农场粮油全程机械化生产示范点。为58位农户（58台机具）办理农机购置补贴申请，完成农机购置补贴5万元。在每个环节上严把政策和纪律关，做到补贴资金专款专用，没有发生任何套取、挪用补贴资金，违规收费、索拿卡要、索贿受贿等违规违纪违法行为。

【开展粮油生产全程机械化作业示范区建设】在茅头园村、洪高村、岩门村、优胜村、均冲村、楠木田村等开展粮油生产全程机械化作业示范区建设。结合丘陵山区实际，在桂花园乡均冲村创建面积0.02万亩家庭农场粮油全程机械化生产示范点1个。农机大户覃高云、胡艳芳等同志承包0.035万亩土地实行全程机械化规模种田。

气　象

【概况】3月，洪江气象局组织业务人员对2017年汛期气候分析，汇报2017年汛期降雨偏多，可能带来洪灾。6月23日，发布一周天气预报：预告6月23－6月30日有两次暴雨。在洪灾过程中发布气象暴雨预警4次，6000多人次，100多次电话向防汛各部门及主要领导汇报雨情。

【开展气象服务】2017年，指导农村根据天气变化进行生产，给区属各乡村发布气象信息、预警预报15000多条，两个乡的气象信息站发布气象简报50多份，确保2017年虽然遭遇特大洪涝灾害无人员伤亡；做好春节和清明节预警预报，及时发布森林防火预警7次；发布春运预警预报8期，发布春运大雾预警12次，1200人次。

【开展气象宣传活动】开展“3.23”国际气象日宣传活动。3月22日上午，幸福路小学红领巾气象员来到洪江区自动气象观测站，参观现代气象设备，了解气象观测知识。3月23日，开展“科学防灾避险”防灾减灾科普宣传，发放如何科学合理地应对暴雨、雷电、干旱和高温等气象灾害的防灾减灾宣传资料2000份。

工业·科技

综述

【概况】 2017年，洪江区经信科技局重点做好中小企业融资和融资担保的服务与协调工作、电力执法、全区科技项目与技改项目备案与申报、全区信息安全建设、无线电管理、推进全区科技创新等工作。全年，落实重点项目工作8个，组织4家企业申报高新技术产业，新增高新技术企业12家。

2017年，经信科技局荣获怀化市社会治安综合治理先进单位、怀化市墙体材料改革工作先进单位。

【推进工业化进程】 全区现有规模企业39家,其中上市企业5家，新增规模企业4家、新增高新技术企业达4家。1-12月R&D经费支出2957万元，占GDP的比重1.28%。全区规模工业总产值50.2亿元，同比增长19.1%；规模工业增加值14.2亿元，同比增长6.8%。工业集中区规模工业总产值34.71亿元，同比增长27.8%；规模工业增加值8.82亿元，同比增长18.2%,占全区规模工业增加值的比重为62.09%。高新技术产业总产值达32.67亿元，同比增长32.2%；高新技术产品产值增加值8.08亿元，占全区规模工业增加值的比重为56.88%，占GDP的比重为22.1%。

工业固定资产投入21.32亿元，同比增长24.3%；工业用电量4.59亿千瓦时，同比增长1.57%；规模工业企业增值税9647.12万元，同比增长26.5%。洪江区工业集中区规模企业增值税5006.82万元，同比增长104.5%；新增规模工业企业4家（洪江区金益水处理有限公司、怀化稀贵化学材料有限公司、洪江区方元源新型墙材有限公司、洪江区赤诚棓雅生物科技有限公司）。

【落实重点项目工作】 实施重点项目8个，完成投资4.72亿元。其中，年产2万吨光固化材料生产基地建设项目（市重点项目）、恒光科技氯碱系列二期技改项目、年产3000吨新型消防灭火剂生产线建设项目、年产5000吨阻燃剂、光引发剂生产线建设项目、年产3000吨环已甲酸生产线项目、工业园基础设施建设、2017年洪江区农网改造项目均已完成。岩门村、优胜村、鸬鹚村、饮溪村、洪高村已完成农村宽带网络改造升级并开通使用。新引进2.5亿元的新能源电池项目、2000万的供能项目、1.2亿元的固废项目、500万的艺术瓷等6个总投资额达8亿元的工业项目，产业逐步向化工新材料、新能源等战略性新兴产业聚集。

【完成精准扶贫任务】 协调电力、通信部门开展信息化扶贫、农网改造工作，全年实现14个行政村，实现4G网络和光纤全覆盖，全面完成五个行政村农网改造工程，两项工作总投入达1000万元。制定《洪江区科技特派员管理办法》，派出区级科技特派员12名，其中农业类9人、医卫类

3人，分别派驻9个村和3个乡（街）卫生院，对7个贫困村科技帮扶达到全覆盖。全年，共组织各类技术培训20余次，上门技术指导及服务3000余人次。

【维护知识产权】 发明专利申请量完成38件，增长170%。发明专利授权23件，每万人发明专利拥有量为3.5件，完成专利质押贷款1700万元，为怀化市首例专利质押融资贷款。专利行政执法案件处理假冒30件，其它专利纠纷4件，在规定时限内结案率达100%。

【编制智慧城市建设规划】 包括建智慧城市基础设施系统、智慧民生系统、智慧（党建）政务系统、智慧产业系统等方面内容。完成洪江区智慧城市建设项目立项，洪江区智慧城市建设项目被纳入洪江区2018年重点项目工作计划、洪江区重点项目三年滚动计划。

电 力

【概况】 2017年，推广“电能替代”，成功完成中医院、洪江区工业集中区、11个贫困村、13个中心村电网改造。全年，累计完成售电量4.85亿千瓦时，售电均价（含税）534.60元/千瓦时，实现营业收入2.23亿元（含税到户），完成电网建设投资972万元。城网电压合格率100%，农网电压合格率99.28%，综合供电可靠率99.79%。

2017年，有30余篇与工作相关稿件在《电网头条封面故事》《湖南日报》《红网》《怀化新闻网》等刊登。

【开展“本质安全实践”活动】 2017年，公司深入开展“本质安全实践”活动，实现人身安全记录6929天，设备安全记录6021天。全年，生产作业现场共计281个，现场安全稽查率100%，创建省公司和市公司标准示范现场各1个。深化隐患排查整治，共排查隐患、缺陷91项，整改率100%。抓计划检修管控工作，完成10千伏及以上设备检修计划109项。公司配电线路故障率2.48次/百千米/年，同比下降0.28次/百千米/年。开展季节性专项工作，积极应对暴雨山洪和雨雪冰冻灾害，

2017年，先后荣获洪江区抗洪救灾先进集体、市公司安全生产先进集体，输电运检班获省公司安全生产先进班组，配电运检班获市公司先进班组。

【提供优质营销服务】 推进“互联网+营销”服务，倡导业扩报装网上办理，实现业扩全流程信息公开与实时管控，业扩线上办电率达100%，线上缴费率72%。全面推行远程费控，平均预收电费比重达到115%，有效防控电费风险。建立大客户、工业园区常态化沟通联系机制，实施一对一个性化服务，满足多样化服务需求。从2017年10月份起，实现交易电量3770万千瓦时，降低客户用电成本324万元。

【建设与改造电网】 推广“电能替代”，完成中医院“煤改电”项目和电动汽车充电桩的应急低压接入；完成5个贫困村、2个中心村的农网改造，供区内11个贫困村、13个中心村改造完成；分三个批次接收客户资产2244.5万元，涉及33个小区专转公配电工程项目，入账完成率100%。

【创建先进党组织】 深入开展“三亮三比三无”主题活动，设立党员示范岗2个、党员责任区7个。党员在“险、急、危、难”任务中充分发挥先锋模范带头作用，事迹得到红网、电网头条封面新闻等媒体报道，得到当地政府充分认可。公司党委先后荣获国网湖南省电力公司“十佳电网先锋党支部”、湖南省电力公司文明单位、怀化市委先进基层党组织等荣誉。

企业改制服务

【概况】 2017年，企业改制主要以解决改制企业遗留问题，推进三个企业的改制，做好政府兜底企业职工的社保收缴工作。

【妥善处理改制企业遗留问题】 2017年，全区共有改制国有、集体及商业企业共54家，下岗职工12850人，其中正在改制的集体企业2家、国有企业1家、未改制的集体企业5家。集中处理国民工业破产清算案件、丝绸厂企业改制群体性上访、火柴厂职工拆迁集体上访、二印厂社保问

题群体性事件、饮料厂及集管会企业改制群体性上访等重大维稳事件。

【推进三个企业改制】 启动饮料厂、集管会、二印厂三个企业改制，涉及改制企业职工 287 人。饮料厂职工安置方案基本到位，集管会的改制方案已经通过，征收工作前期调查完成，二印厂的资产清查已经完成，职工社保问题初步解决。

【配合做好指挥部的征拆工作】 完成古商城 108 户的搬迁工作，占该项目拆迁总户数的四分之一。完成城南指挥部原丝绸厂职工 123 户的拆迁安置；完成小寨溪指挥部原商业职工宿舍 16 户的拆迁安置。启动巫东指挥部（原集管会）22 户商户及 S222 线（原燃烧公司）18 户职工宿舍的征收工作。

工业集中区

【概况】 怀化市洪江区管理委员会管辖。位于洪江区东南部沅江下游，其中南部片区四至范围：东至工业二路，西至沅江，南至沅江岸往北西段、沅江中段、省道 222 线东段，东至工业一路、码头路；北部片区四至范围：东至公溪路，西至沅江，南至工艺路南面 180 米与发展环路南面 150 米处形成的斜向界限，北至双江路西端、园北路中段、工艺路东端连接形成的斜向界限。总体规划用地面积 7.79 平方千米，已建成面积 2.45 平方千米。洪江区工业集中区原名洪江区工业园，成立于 2005 年 3 月。2012 年被湖南省人民政府批准成为省级工业集中区。园区以基础化工、精细化工、新材料等产业为主，将园区打造成为综合型工业集中区。力争到 2020 年园区工业总产值超过 120 亿元。园区目前有盐化、石化、林化、医药化工以及化工新材料五大主导产业集群，主要产品有烧碱、硫酸、双氧水、氯酸钠、光固化材料、石英玻璃、二氧化锗、碳酸镍、没食子酸等。近年来，园区大力发展生态循环经济，内循环工业初具规模，以恒光科技为龙头的盐化、石化、林化、生化及化工新材料五大主导循环产业链条得到进一步延伸，已基本形成由基础化工向精细化工延伸，由单一化工产业链向多种产业链扩张的生态循环工业良性发展态势。2015 年，园区共有企业 30 家，其中上市企业 4 家，高新企业 8 家。实现年销售总收入 27 亿元，利税过亿。水、电、路、通讯等各项生产、生活基础服务设施配套齐全，项目场地平整、园区企业服务中心、园区道路绿化、亮化、硬化工程已全面完成。2017 年，园区规模工业企业产值比 2016 年增长 27.8%。

洪江水电站

【概况】 位于境内的沅水干流上，是沅水梯级开发的第 8 级电站，上距洪江市 21 千米，下距洪江区 4.5 千米。1998 年 3 月，正式开工建设；2003 年，主体工程全部竣工，第 1 台机组并网发电；2005 年第六台机组（最后 1 台）全部投产并网发电，整个工程完成总投资近 20 亿元。以发电为主，兼顾航运、灌溉等综合效益。坝址以上控制流域面积 35500 平方千米，多年平均流量 705 立方米 / 秒，多年平均年径流量 222 亿立方米。水库总库容 3.2 亿立方米，正常蓄水位 190.00 米，汛限水位 187.00 米，调节库容 0.75 亿立方米，属周调节水库。电站装机 5 台，总容量 225 兆瓦，年均发电量 9.7 亿千瓦时。船闸设计年过坝货运量 80 万吨、木材运量 25 万立方米。从水库引水 4.08 立方米 / 秒，灌溉农田 3333 公顷。

渔梁湾水电站

【概况】 位于巫水下游与沅江汇入口 2 千米处，巫水干流的最末一级水电站，III 等水电枢纽工程。2004 年 11 月，正式开工建设，2006 年 8 月，第 1 台机组正式并网发电。坝址控制集水面积 4193 平方千米，水库正常蓄水位 171.2 米，正常尾水位 165 米，总库容 1580 万立方米，设计装机 2 台 4000 千瓦发电机组，日发电量 2300 千瓦，年发电量 4000 万千瓦时。

城乡建设与管理

综 述

【概况】 怀化市洪江区住房和城乡建设局为怀化市洪江区管理委员会工作部门。主要职能包括城乡规划、城乡建设、房产管理、公用事业管理、城管执法等。内设办公室、城乡规划管理股、建筑工程管理股、城乡建设管理股、房产管理股、村镇建设股、行政审批服务股和执法督察股8个职能机构。二级企事业单位有区城市管理行政执法大队、区保障住房管理办公室、区城建档案馆、区城乡规划管理办公室、区路灯管理所、区城市污水管理站、区城镇生活垃圾卫生填埋场、区环境卫生管理处、区房地产交易所、区建设工程质量安全监督站、区建设工程招标投标办公室、市建设工程监理有限公司洪江区分公司、区市政工程公司、洪江自来水公司、区佳园房地产公司、洪江第一建筑工程有限公司、怀化景镇能源有限公司、区兴和液化气充装站共18个。

【编制城乡规划】 完成《洪江区古商城文化旅游区控制性详细规划（2016修改）》编制,《洪江区全域旅游总体规划》意见征求,《洪江区城市出入口形象设计—道路绿化提升方案》《节点景观设计方案》《新民路整体形象设计》《洪江区高坡街形象设计方案》《川山大道道路及景观工程规划设计》通过规划评审。启动乡村规划编制，完成鸬鹚、菖蒲、横岩、堆边、桂花园、洪高6个村庄整治规划的编制，其余村庄整治规划纳入《怀化市洪江区城市总体规划》。逐步实现旅游发展规划、土地利用总体规划、城乡规划、生态环境保护规划等有效衔接,建立全区规划“一张图”，通过启动全区控规整合开展“多规合一”工作。

【进行重点项目建设】 投资8000万元,实施新民路综合整治工程，内容包括新民路两厢立面改造、强弱电下地、夜景亮化、街头景观等；强弱电下地土建工程全部完成，东厢建筑立面改造进入施工阶段，建行至工行路段的立面改造、夜景亮化工作正在实施。计划投资1.67亿元，实施三个入城口改造，范围为东入口5千米、西入口18千米、南入口3千米，内容包括道路两侧房屋改造、绿化景观、夜景亮化、挡土墙、地标景观等。

【抓好公租房建管和棚改工作】 投资2456万元，在城东片区购买公租房144套；投资1.9亿元，在城东、城南片区，采取货币安置，实施城市棚户区改造600户；投资1505万元，对棚改小区“广达·万象”一期进行小区外基础配套设施建设。对全区直管公房进行清理整顿，全面查处租户违规违约行为。拟订保障性住房、直管公房年审、清退、租金收缴、住房维护、定期回访、帮扶服务等新的管理办法和规范性文件，力推房产市场管理。

【开展城市道路环境卫生工作】投资 130 万元，完成桐油湾商铺楼后小道改造、原百货公司至堡子坳小道改造、高坡街审计局至广播局小道改造、广播局宿舍背后长岭界小道改造、雄溪路 222 号小道改造、长岭界公厕处小道、幸福西路 167 号小巷内小道改造、幸福西路 133 号茅俺小巷内小道改造、歌诗坡沥清路面及歌诗坡监理公司宿舍前小道改造、桐油湾原居委会至党校小道改造等 10 条背街小巷改造。

推进生活垃圾清扫、清运、无害化处理、公厕保洁等城乡生活垃圾收转运体系建设，实行城乡生活垃圾收转一体化。污水处理厂、生活垃圾填埋场良好运行，污水排放各项指标稳定达标，处理率达 92% 以上，全年污水处理量共计 264 万吨，生活垃圾无害化日处理量约 80 吨，垃圾定点存放清运率、垃圾处理率、垃圾无害化处理率均达 100%。

安装背街小巷路灯 123 盏，全区路灯亮灯率和设施完好率达 98% 以上。销售自来水量 198 万立方米，新增用水户 1382 户（全区用水总户数达 14571 户），新安装供水管道 6 千米。

【治理村镇环境卫生】安排农村危房改造补助资金 219 万元，实施农村危房改造 104 户，其中桂花园乡 92 户、横岩乡 12 户。各村科学设置垃圾桶（围），新增农村大型分类垃圾桶 300 个，新修农村分类垃圾收集点 43 处，实行城乡生活垃圾一体化收运，实现农村生活垃圾定点存放清运率 100%，覆盖农村率达 75% 以上。

城市供水

【概况】2017 年，洪江区自来水公司注重抓安全生产意识，提高职工饮水安全理念和饮水安全业务水平，为确保全区人民饮水安全筑起一道坚实的“防火墙”。完成新一轮水价调整和居民生活用水阶梯水价。全区用水总户数已达到 14903 户，管网压力合格率 99%，出厂水水质综合合格 100%，管网水水质综合合格率 99.9%。

2017 年，洪江市自来水公司荣获 2016 年度创建省级文明城区优秀单位、2017 年度洪江区计划生育协会工作优秀单位、2017 年度洪江区社会治安综合治理工作合格单位、2017 年度洪江区安全生产工作合格单位。

【进行水质安全预警】在夏季高峰供水期，及时清理平流沉淀池、更换虹吸滤池滤砂，保证出厂水的浊度达标。严格按规程对水质检测化验增加化验次数和项目，所有指标全部达到国家《生活饮用水卫生标准》。完善供水事故综合应急预案，做到无论发生什么事件，必须保证城市供水。

【提供优质供水服务】坚持“用户满意就是我们的工作标准”服务理念，创造和谐供水环境。收费大厅推行“一站式”服务，7 个工作日完成从服务大厅受理用户申请到现场勘查、施工图绘制到通知交费，以方便用户办理业务。供水 110 大队实行 24 小时服务热线电话，不管是节假日还是星期天都有人上班，晚上由维修人员轮流值班，中午由科室轮流值班，做到小修不过夜，大修不超过 24 小时。

【实施居民生活用水阶梯式价格】10 月 31 日，洪江区城区自来水价格调整及实行阶梯水价听证会在洪江宾馆会议室召开。区内机关事业单位、工商企业、人大代表、政协委员及消费者代表就自来水价格调整方案进行讨论发言，参会人员同意适当上调城区自来水价格和实行居民生活用水阶梯水价。具体实施方案是：居民生活用水价格由每吨 2.09 元调整为 2.42 元；非居民生活用水价格由每吨 3.14 元调整为 3.63 元；特种行业用水价格由每吨 8.36 元调整为 9.68 元；代收的污水处理费居民生活用水每立方米 1.00 元、非居民生活用水、特种用水每立方米 1.20 元；水资源费每立方米 0.08 元。

居民生活用水实行阶梯式价格制度。第一阶梯，每户月用水量 15 立方米以下（含 15 立方米），按规定水价 2.42 元 / 立方米计量收费；第二阶梯，每户月用水量 15 立方米 – 25 立方米（含 25 立方米），按批准到户的供水价格加收 50%，即按 3.63 元 / 立方米收取；第三阶梯，每户月用水量 25 立方米以上，按批准到户的供水价格加收 100%，即按 4.84 元 / 立方米收取。阶梯水价以住宅为单位，一套住宅为一户。每户按 4 口人核定，人数每增加一人，月增加水量基数 4 立方米。即常住人口为 5 人的，用水量在 19 立方米以内按第一阶梯水价执行，以此类推。考虑季节性因素影响，阶梯用水量可以按年度综合考核，根据年度累计用水总量计算各阶梯价格水费。继续实行城区五保户和低保特困户每户每月免交5吨水费（含污水处理费、水资源费）的优惠政策，具体由辖区街道和民政主管部门明确500户对象，登记造册，发放优惠卡。

【保证汛期安全正常优质供水】 6月30日零时至7月1日20时，沅水一级支流巫水控制站洪江（二）水文站水位175.88米（警戒水位174.50米）超警1.38米。源水浊度最高达到1000度。为了确保全区的正常优质供水，带子街水厂组织全厂力量，针对汛期源水浊度增大、泥沙含量多的情况，及时增减制水药剂，增加现场人工排泥与巡视次数。化验人员加大水质检测力度，坚持不间断地对源水、沉淀池水、出厂水进行检测与分析。无论河水多么浑浊，无论源水浊度多么高，流到千家万户的自来水必须清澈透明、达到生活饮用水的国家标准，确保汛期安全正常优质供水。

征收安置

【概况】 2017年4月，《国有土地上房屋征收与补偿实施办法（试行）》颁布实施。圆满完成600户棚户区改造房屋以及古商城项目8.6万余平方米，20家公产单位，454户私房（其中经营性房屋43户）的房屋征收任务为古商城旅游景点开发铺平道路。

住房公积金管理

【概况】 2017年，归集住房公积金6113.53万元，较2016年增长725.63万元，累计归集总额、余额分别达4.33亿元、1.78亿元；资金提取额为6021.89万元，同比增长60.88%。全区新增开户人数为743人，较2016年增长87.15%。全年，累计为140户干部职工家庭发放个人住房贷款4090.7万元，累计贷款总额3.07亿元，贷款余额1.79亿元。

【宣传住房公积金政策】 在豪逸家园、豪逸君庭、绿水茗苑、广达万象城、银杏回龙湾、金湾国际等楼盘进行住房公积金政策和“12329热线”宣传，对部分楼盘售楼人员开展住房公积金政策培训。建立洪江区各缴存单位住房公积金专管员微信群，在线解答相关业务政策，及时传达最新的工作信息。

【搞好住房公积金财政配套工作】 全区105个财政单位配套金额949.4万元，配套率为8%，其中63个财政单位自行配套金额519.3万元；财政综合配套资金1468.7万元，较2016年增加273.56万元。

行政执法

【概况】 2017年，城管执法先后开展以占道经营、车辆乱停、牛皮癣、夜市经营秩序、城区建筑垃圾、渣土管控为重点的专项整治，采取定点执勤、流动巡查、集中整治的方式，制止、纠正违规占道、出店经营行为5000余起，扣押摊担200余个、教育300余人次、处罚100余人次；处罚违规停放的车辆200余台次；清理2000余处“城市牛皮癣”，查获1起夜间非法张贴广告行为；清运川山新区、大湾塘、青山界、川岩入口处等偷倒乱倒建筑垃圾100余吨，整改违规处置渣土工地10余处，处罚违规渣土装运车辆沿途撒漏40余起。

【开展特色亮点工作】 开展沅巫两水岸坡风光带两违建设大清查行动，重点对河岸坡养鸡棚屋、养殖场进行查处，先后拆除大湾塘大桥下（青山界）河岸坡两处违章建筑。新民路临街外立面违章建筑整治，共有违章搭建30余处，已立案调查14处，强制拆除2处。重点民生工作有序推进，全年应施划摩托车停车位400个，实际施划900余个，并按要求进行公示。对沅巫两水岸坡偷倒乱倒建筑垃圾、“两违”建设及菜地进行集中清理整治。

安全生产监督

【概况】 为加强全区危险化学品安全监管，强化安全隐患排查治理工作，采取政府购买服务的方式，聘请专家对辖区内1家危险化学品生产企业、6家危险化学品使用企业、6家危险化学品经营企业，开展为期3个月的安全生产专家“会诊”检查工作，最大限度消除事故隐患。开展安全生产大检查，实现事故起数与死亡人数双下降（均下降66.7%），保持连续15年未发生较大以上生产安全事故的良好成绩。洪江区被评为“2017年度湖南省安全生产工作良好单位”和“怀化市安全生产先进市县区”。

【建立责任追究制】 为进一步深化安全生产责任体系建设，明确各级领导及部门职责，出台《洪江区安全生产监督管理职责规定》《<洪江区工委委员会组成人员及区管委班子成员安全生产领导责任体系><洪江区有关部门安全生产监管责任体系><洪江区生产经营企业安全生产主体责任体系>》，坚持管行业必须管安全，管业务必须管安全，管生产必须管安全，进一步明确“党政同责、一岗双责”工作要求，深化认识，严守“红线”。出台《洪江区防范安全生产责任事故事前责任追究暂行规定》，严格安全生产责任目标考核和“一票否决”制度，完善和落实安全生产责任追究，对因安全生产工作受到“一票否决”“黄牌警告”的单位、以及涉及领导干部责任追究的严格按照“事故原因不查清不放过、事故责任者没有处理不放过、干部群众没有受教育不放过、防范措施没有落实不放过”和“当事人一律处理、单位一律通报、单位领导一律问责、企业一律整顿、损失一律追偿”的“四不放过”“五个一律”原则从快从严处理。

【贯彻执行安全生产法律】 2017年，列入执法检查重点监管的生产经营企业30家，其中危险化学品企业23家（生产企业5家、使用企业13家、经营企业5家），烟花爆竹批发企业1家；列入抽查企业10家（职业健康安全监管企业6家）、（非煤矿山企业4家）；纳入日常安全监管范围生产经营单位40余家。

围绕“落实企业安全生产主体责任年”活动，对烟花爆竹领域、危险化学品领域、道路交通领域、非煤矿山领域、建筑施工领域、消防领域、燃气管道领域、工贸行业领域、特种设备领域开展安全舒畅监管执法，全区共组织开展安全监管执法行动950余次，组织检查人员3890余人次，检查生产经营单位1840余家次，下达执法文书1200余份，其中立案调查69起，处罚金额80余万元，责令停产整顿4家，吊销许可证照20家。

【做好安全生产基础工作】 推进危险化学品综合整治专项行动。对辖区内13家危险化学品生产、使用、经营企业开展安全生产专家“会诊”检查工作，为企业整改提供技术咨询支持，协助企业开展隐患整改；开展宣传活动。全区举办各类宣传活动、咨询活动、安全知识竞赛、应急救援演练等活动10场次，出安全知识黑板报34期，电视台播放安全专题25次，发放安全知识手册、悬挂横幅、标语、挂图3000余份，接受宣传教育人数达16000余人次；做好培训。举办2017年，第3次区工委中心组（扩大）集中学习暨安全生产知识培训会议，全区烟花爆竹1家、非煤矿山4家、危险化学品企业21家、其他企业23家主要负责人参加。完善危化安全生产应急救援系统。积极做好危险化学品应急救援基地和应急救援队伍建设，提升应急救援能力，投入市本级及各县（市、区）危险化学品领域抢险除患和技术咨询活动，及时处置各类事故险情及安全隐患。

环境卫生

【概况】 洪江区环境卫生管理处承担城区主干道19.78万平方米的道路清扫，清运覆盖面积50平方千米，日产日清垃圾量78余吨（其中农村21个行政村垃圾12吨），负责37座公厕的清洗。

【进行人事制度改革】 2017年，洪江区环境卫生管理打破“铁饭碗”，大胆启用有能力、能做事、敢做事、会做事的一线临时工，做到因事设岗、按岗录用，提高职工的工作积极性、工作效率和经济效益。全年，普工从900来元 / 月提高到1230元 / 每月，技术工从350元 / 月提高到1850元 / 月，传统节日的慰问金从200元提高到1000元。

国土·生态环境保护

国土资源管理

【概况】 根据工作职责，开展土地利用建设、基本农田保护、地质灾害防治工作，推进不动产统一登记改革，对土地、矿产进行监督、检查、问责。2017年，被评为怀化市计划生育优秀单位、洪江区社会治安综合治理先进单位、抗洪救灾先进集体、安全生产先进单位。

【利用土地建设】 2017年，完成《洪江区土地利用总体规划（2006–2020年）》（2016年修订版）、《洪江区桂花园乡等两个乡土地利用总体规划（2006–2020年）2016年调整完善方案》和《洪江区矿产资源总体规划（2016–2020年）》的报批工作。获批新增建设用地720亩，其中耕地465亩。全年共出让土地192宗，出让金额为6959.59万元，出让面积184.78亩，其中招拍挂出让7宗，面积169.56亩，金额5579万元；协议出让185宗，面积15.23亩，出让金额1380.59万元。受理村民建房29宗，总面积5.81亩。划拨用地1宗，总面积1.13亩。

【保护基本农田】 洪江区2016年下达的耕地保有量为14250亩，基本农田指标为10800亩。2017年，洪江区实际耕地总量为15899.85亩，基本农田总量为10820.7亩，完成2017年的耕地占补平衡。

【防治地质灾害】 制定完善地质灾害防治方案和应急预案，组建应急抢险队伍，明确湖南省核工业地质局301大队为洪江区地质灾害防治技术支撑单位。积极参与“6·29”灾情处置工作，完成10处较大地质灾害隐患点的治理，投入治理资金599万元，确保全年地质灾害“零伤亡”目标的实现。

【推进不动产统一登记改革】 积极推进不动产登记中心职能机构整合、编制配备等工作，推出绿色通道、预约服务、延时服务、上门服务等特色服务。全年共接待不动产登记业务咨询310余件，办理相关业务查询380余件；办理不动产登记证书945件，不动产登记证明798件；完成权籍调查30件，完成上级交办的核查任务约95批次。

【进行土地例行执法监察】 2017年，完成2016年度土地（矿产）卫片执法检查和2016年度省域督察及2017年度土地例行督察工作，共对2个疑似违法图斑和20个问题进行核查，并通过上级工作验收，实现土地（矿产）卫片执法工作“零问责”。

【实施矿政管理】 完成全区3个采矿企业的年审工作和3宗页岩采矿权延续登记工作。完成2017年度采矿权价款27.3万元和地质环境治理恢复保证金28.08万元的收缴。完成矿山安全检查、巡查等日常管理工作，全年实现“零”安全事故和“零”违法违规开采行为。

环境保护

【概况】 2017年，全区空气质量平均优良天数比例为94.0%（343天），其中优级205天、良好138天、轻度污染16天、中度污染5天、重度污染1天，没有发生严重污染天气。空气质量综合指数（AQI）为3.17，按照城市环境空气质量综合指数评价，在全省90个县级城市中排名第6。

主要河流（沅江、巫水）断面水质保持在II类水质以上，1个“水十条”国家考核断面水质达到2017年水质目标，1个城市集中式饮用水源地水质优于III类水质标准，水质达标率为100%。

【开展污染减排工作】 2017年，全区减排项目分别为：湖南泰格林纸集团洪江纸业有限责任公司、湖南金干纺织集团洪江有限公司主要污染物结构减排项目；完成污染物减排量分别为：化学需氧量991吨、氨氮12吨、二氧化硫1929.08吨、氮氧化物122.4吨、挥发性有机物87.002吨；完成量分别占2017年上级下达任务的：化学需氧量1738%、氨氮200%，二氧化硫1908%、氮氧化物1224%、挥发性有机物259%。

【划定生态保护红线，开展环境执法工作】 划定生态保护红线面积约为65.68平方千米，占洪江区国土面积比例57.11%。对全区污染源工业企业进行检查，共检查企业230余家次，共处罚款21.21万元。清理公示违规建设项目企业15家，其中淘汰关闭5家、整顿规范9家，完善备案1家。

园林绿化

【概况】 洪江区园林绿化管理处属洪江区农业林业水利局二级机构，负责管理园林绿地，美化城市环境，城市园林绿地建设，管理与维护。

【建设绿化工程】 新增渔梁湾花园1700平方米，水木华庭三岔口花园3000平方米，药王寺花坛2800平方米，沿江风光带5000平方米，建有游步道、健身器材、清水平台、园林灯光等一批高品位、高质量园林景观工程。

【进行绿化养护】 定期检查、防虫、防病，按季度变化进行跟踪管理，修剪、浇水、施肥、除草。开展病虫害普查、防治，本着“预防为主、综合防治”的方针，采取上早、晚班的办法多次进行病虫害防治。运用新技术和设备，改变原来传统工艺的手工作业和白石灰作原材料的方法，引进新型刷白喷雾机器两台，购入新型喷雾原材料，对全城4000余株行道树冬季刷白，确保苗木的正常生长好安全越冬。

嵩云山森林公园

【概况】 嵩云山国家森林公园，东至洪江大桥，西至横岩乡菖蒲村，南至大峰坡、药王寺，北至横岩乡横岩村（原沿河村）、密岩尖，总面积20245.05亩。共包含嵩云山景区、竹海景区、古商城景区、沅江景区等四个主要景区，其中嵩云山景区被授予国家3A级景区和省级生态旅游示范区。随着园内旅游资源开发不断深化，基础设施配套逐步完善，景区名气逐年提高。近年，已全面启动国家4A级景区创建工作。

【景观林已初具规模】 共营造各类景观林3000余亩。除先期栽种的230亩樱花林以外，还补植桂花150亩、红枫30亩、梅花15亩、深山含笑100亩，栽植早樱1500株，杜鹃2500株。

【基础配套设施日益完善，接待能力普遍提高】 嵩云山国家森林公园基础设施建设项目：2017年实际投资完成2276.3万元，其中：通景公路及附属设施工程完成投资680.9万元，完成计划投资的104.75%，完成拓宽道路硬化和白改黑工作；茶园改造工程完成投资70万元，完成计划投资的100%；小湾水库整治项目（一期）完成投资110万元，完成计划投资的100%，目前小湾水库改造工程一期竣工。溪流整治工程完成投资270万元，完成计划的65.85%，目前完成所有招标程序，已进场开工。佛教附属设施建设完成投资1000万元，完成计划的100%，完成僧寮房装修装饰，妙音寺主体建设，财神殿内外装饰装修。华严阁用水工程完成投资15万元，完成计划的100%。小湾水库整治项目（二期）完成41.6万元，完成计划的80%，完成2座亭子土方和平地及基础。小湾水库整治项目（三期）完成58.8万元，完成计划的60%，完成小湾水库三级工程公厕。嵩云广场停车场完成30万元，完成计划的100%，完成嵩云广场小型停车场及铺油路。

【宣传营销力度加大，景区品牌形象逐年提升】 依托洪江古商城核心品牌，嵩云山景区也不断加大宣传营销力度，利用景区自身资源特色和文化，先后举办各类文化旅游主题活动，如“中韩禅文化节”“庙会民俗活动”“樱花浪漫季”等活动。

交通·邮政·通信

交通运输

【概况】 2017年6月28日至29日持续暴雨。交通运输系统各单位严峻以待，实行24小时领导带班值守，公路、海事、运管、客运等部门进一步加强巡查，应急响应队伍到岗到位。抢通道路，救援船只，疏散乘客。10月17日，在汽车站检查“十九大”道路运输安全维稳工作，重点查看车辆安全例检、行包X光安检、售票大厅、候车大厅等处的客运经营秩序和安全保障工作落实情况。

2017年，荣获洪江区社会治安社会综合治理工作先进单位、区计划生育工作优秀单位、区信访工作先进单位。

【实施交通项目建设】 怀洪旅游干线：完成拆迁户入户调查摸底基本情况。规划选址滩头家苑安置小区。土地调规已获得国土资源部支持，获省交通运输厅行业审查意见批复。各项审批前期工作正在市财政财评，财评后即可开展。堡横公路洪江区段:5月份开工，已完成工程进度的70%。萝卜湾大桥至桂花园加油站路段改造工程:完成2200米73%的工程量。实施重点民生农村公路建设项目7个24.7千米，即新店至菖蒲6千米，纺织厂至洪高道路2.8千米，莲花地至老庵堂道路3.8千米，翁杓溪至军田道路1.8千米，淘金冲道路1.8千米，滩头至密岩尖道路6千米，桃李园至孵化场道路2.5千米。公路安保工程：已完成S222线雷马线公路安全生命防护工程。洪江大桥危桥改造工程：已完成。

【进行交通行业管理】 公路养护：日常养护工作每月不少于15次。3月底—4月初对洪黔公路、S249线、涵洞进行维修，修复涵洞4座。

运政管理：农村客运完成通畅工程的行政村客运班车通车率达100%。全区营运车辆拥有量为150辆，机动车维修企业16家，危险品运输企业1家，驾驶员培训学校1家。

水上管理：出动海巡艇100艘次，出动执法车辆180辆次，检查渡口120道次，排查各类安全隐患5起。

道路运输管理：强化流动稽查，检查客运车辆是否按规定携带“五证两卡一牌”、无从业资格证驾驶、出站超载、不按核定班次运行、站外揽客、乱停乱靠、无证经营等违规行为。

公路治超治限：检查检测车辆3111台次，查处违法超限超载车辆857台/次，卸载及载转货物计重1382.58吨。超限超载车辆查处率100%，结案率100%。

交通工程质量安全监督：抓好源头管理，组织进行监督交底，实现主管监督项目监督覆盖率100%，实现建设工程监督覆盖率100%，经检测工程合格率100%。

交通质安

【概况】 2017年，洪江区交通质

安站突出重点，严格监管，开展“工程质量年”活动，行业文化建设，围绕“质量与安全”中心，内强素质，外树形象，开创交通质安工作新局面。

【监管农村公路建设】 全年对6条农村公路建设工程进行监管，实现主管监督项目监督覆盖率100%，实现建设工程监督覆盖率100%，经检测工程合格率100%。

【建设质安文化】 围绕“平安、优质、致远”实现交通质安核心价值观（强基固本、担当奉献）和职业操守（精、诚、勤、廉）为根本，提升干部职工精神状态、综合素质、工作作风、服务质量和办事效率、廉洁自律意识。培育“阳光、上进、友善”的精神风貌，树立“和谐、文明、高效”的机关形象，创造一流的工作业绩。

公　路

【概况】 2017年，围绕“办人民满意公路”的主题，本着以“畅”为先、以“安”为本、以“舒”为基、以“美”为要的宗旨，创建“四个公路”。加大干线公路和农村公路的管养，进行预防性养护、生命防护工程，公路绿化率达98%。

2017年，荣获湖南省“十佳中心养护站”、怀化市公路路政管理知识竞赛二等奖、洪江区计划生育工作优秀单位、洪江区社会治安综合治理工作先进单位。

【做好公路维修工作】 完成横岩乡养护里程21.851千米，桂花园乡养护里程43.97千米，管养率达到100%。完成干线公路（S249）和农村公路20千米的清灌缝工作。对水毁路段进行抢修，共修建挡土墙12个，清理塌方10000立方米。养管里程共计133.41千米，其中省道3条，里程44.03千米，县道8条，里程42.85千米，乡道11条，里程38.81千米，村道4条，里程4.71千米。

【开展文明创建工作】 组织公路道班养护人员开展雨季杯劳动竞赛，不断提高业务能力水平。开展百千米示范工程创建，创建15千米文明示范路。创建YZ09（团湾线）4.147千米、Y320（纺洪线2.441千米、YZ03（雷马线）5.398千米、YZ08（烈熊线）4.441千米、（双桂线）2.364千米共计5条线路。

【查处违法超限超载车辆】 3月25日，安装完成不停车超限车辆预检系统；12月15日，实现不停车预检系统及精检系统全省联网，实现超限超载“零容忍”。联合区交警大队对非法改拼装车辆及超限超载货运车辆进行严厉打击，全年，检查检测车辆3111台次，查处违法超限超载车辆857台/次，卸载及载转货物计重1382.58吨。超限超载车辆查处率100%，结案率100%。

道路运输

【概况】 2017年，全区营运车辆拥有量为174辆，其中货车142辆（危货车32辆），客车32辆，行政村通班车率100%。各类机动车维修、小修、专项修理16家，危险品运输企业1家，驾驶员培训学校1家。

2017年，荣获市“平安交通”创建示范单位称号。

【进行车辆年审】 每年六月份为营运车辆年审期，对运管人员做出三不准规定：不准徇私送人情、不准刁难运输经营者、不准乱收费。全年，年审客车32台，年审率100%；货车,80台，年审率73%；危货车32台，年审率100%。

【开展打非治违活动】 利用“打非治违”活动为契机，积极开展打“黑”专项整治活动，严厉打击三无“黑车”、“黑面的”、“黑出租”以及维修市场中的马路“黑摊点”等违法违规经营行为。加强路检路查，加大对“非法营运”打击力度。严格查处旅游包车无证无照、超范围经营、异地经营、持有虚假包车客运标志牌、搭载包车合同以外乘客等违法违规运输行为。全年，查处各类“非法营运”车辆35台次。联合公安交警、安监部门开展危险货物道路运输违法行为专项整治，严厉打击违法违规装载、运输危险货物行为。共开展4次联合执法行动，检查物流企业11家，检查危货运输车辆48台次，危货运输从业人员60人次，查处违法行为2起。

海 事

【概况】 2017年，洪江区地方海事处加强培训宣传，全年对所有工作人员、各乡街安全管理员、运砂船主要负责人及船员、各渡口船舶驾驶员等进行水上交通安全业务培训。突出水上交通安全监管、打非治违工作尽职履责，完成抗洪抢险任务，实现“零”事故工作目标。

【开展水上交通安全宣传与培训】 2017年，洪江区地方海事处选拔多名年轻骨干组建水上安全流动课堂，定期深入到渡口、学校、水运企业宣讲海事港航法律法规，培训水上交通突发事故应急处置，普及水上交通安全知识，提高船舶操作安全意识，切实把安全和服务送进校园、送进企业、送进渡口、送上船头、送进基层一线，营造安全、文明的水上交通环境。全年，开办流动课堂2期，印制水上交通安全宣传资料4000份，组织从业人员参加安全培训1000余人次。

【监管水上交通安全】 严厉打击非法渡运、超载等水上交通非法违法行为，全年出动海巡艇80艘次，出动执法车辆120辆次，检查渡口、采砂运砂船等70次，排查各类安全隐患5起，救助遇险船舶2艘，保障辖区水上安全稳定。开展安全监管“3+3”，即“宣传+预警”，宣传采取温馨传单、安全通告、电视播放等多种方式宣传教育；实行渡运标识统一，整合航行须知、安全承诺、安全警示、渡运平安谣、救生衣穿戴示意图等，对6艘渡船进行标准化改造。实行“管控+保障”“服务+联动”措施，管控重点部位、重点渡口和水力枢纽，保障车艇、物资、人员到位。对过闸船舶实行零等待服务，随到随办，特事特办，急事快办，不间断为船主提供政策法规咨询服务，设置、维护航标32座，补标60座次，巡航纠违16次，有力保障航道的畅通。

湘 运

【概况】 位于城区东北部，沅江岸边，南岳山下。1968年扩建，分客、货运两组。1982年7月，洪江汽车站建立专业客、货运输车队湘运148车队，增设萝卜湾代办点，增辟客车营运线路16条。2005年5月，重新改扩建洪江汽车站，其占地面积17360平方米，可容纳120辆客货车辆，拥有进站经营客运车辆66台，其中跨市班线3条，跨区班线7条。每日发送120个客运班次，日发送量2000多人次，年客运总量70万人次。车站实施智能化、现代化管理，并设置大屏幕电子显示系统和电子监控系统、GPS全球定位系统，电脑语音广播系统，“三品”检查仪系统等先进的设备设施。

电 信

【概况】 2017年末，洪江区分公司有在职员工46人，外包员工20人。内设1个综合管理支撑部和7个四级承包团队。其中综合支撑部设包含综合支撑主管岗、市场支撑主管岗、网络支撑主管岗在内共8个管理支撑岗位；6个四级承包团队包含政企承包团队、新民路营业部承包团队、郊区支局承包团队、自营厅承包团队、社会渠道分部等5个经营团队和接入支撑承包团队1个网络技术支撑团队。外设有：萝卜湾和带子街两个模块点，茅头园和岩门村两个户外型模块点和一个鸬鹚电话交换点，茅头园、化工厂、萝卜湾、市区、洪高、中心局、广电、川岩、横岩乡、粮食局等12个3G网络基站以及39个4G网络基站。

【开展市场经营】 2017年，完成国际口径收入1174万元，完成年预算99.01%；准利润607.44万元，完成计划进度的105.78%。共发展移动用户3585户，出账净增985户，发展净增比为27.48%，期末出帐用户达到12323户，移动业务市场份额提升3.57%，达到22.14%；宽带发展1155户，出账净增301户，发展净增比为26.06%，期末出帐用户达到6301户；ITV发展1247户，出账净增676户，发展净增比为52.21%，期末用户达到5129户。市场份额，2017年期末过网份额提升3.57%，达到22.14%。流量经营，2017年4G期末用户6805户，净增4287户。12月份4G户均流量达到1002兆。

2017年，通过重新招商、门

店盘活、社区网店新建的方式，调整门店1家、校园门店1家、新建社区门店1家。全年，发展政企客户集团11家，其中20户以上集团1家。政府采购项目中标2个，拉动收入20余万元。

【实施电信项目工程建设】 全面实施电信4G网络覆盖，新建基站13个，城区4G覆盖率达到100%，农村4G覆盖率达到92.8%。全年，共实施工程建设项目6个，其中光网建设项目5个，其它建设项目1个。全年，共新建光网端口1508个，期末端口数达到10736个，实占5870个，占用率54.67%；局站20个，模块局点5个，接入网设备含OLT设备9台，PON口资源新增20个，达到352个，IPRAN设备4台，传输设备含SDH设备2台、MSTP设备1台、MSAP设备1台；接入网线路设备含光交12个，光缆资源525.78千米。

移动通讯

【概况】 截至2017年年底，共开通2G基站40个、4G基站103个。移动网络信号覆盖全区99%的人口居住地。期末客户数44626户，期末客户份额为67.74%。2017年度湖南省移动县（市、区）分公司业务发展暨客户份额提升竞赛活动中，业务发展和客户份额提升双双进入全省前20强。在湖南移动工会职工小家“建、管、用”竞赛中进入全省20强。

【开展移动业务工作】 落实每月“心连接、诚相伴”主题活动，充分把握与客户接触和沟通互动，引导客户积极分享推荐，有效拉动客户满意度提升和NPS。拓展小微渠道、自控厅转化、宽服站的建设等工作，分公司渠道专营份额70.37%，核心商圈渠道专营份额72.73%。

联　通

【概况】 2017年，洪江区联通分公司完成怀化市公司下达的各项生产任务指标。全年，收入目标827.86万元，完成收入任务769.91万元，完成全年整体进度92.51%。社会渠道收入（不含T卡）完成724.25万元，完成全年收入任务92.4%。新建一级渠道4家（洪江区鸿信通讯沃店、洪江区非凡固网社区沃店、洪江区利群沃店、洪江区鸿鑫沃店），累计达到10家。渠道卖场化改造完成6家，完成率85.7%。分公司共有固网渠道3家，新增1家（洪江区非凡固网合作商），共有端口数7000余个，端口利用率为42.39%。

【维护网络运营】 新建4G基站9个，其中自建基站2个，共享铁塔基站4个。完成4个FTTH宽带项目建设，共计完成800余个端口建设。定期定点对全区所有物理基站进行线路巡检、设备维护、故障处理及停电保障等工作，确保故障处理及时率100%，停电发电及时率100%，电费台帐准确率100%。

邮　政

【概况】 2017年，分公司落实集团公司“一体两翼”发展战略，以“争取主动，创造条件，寻找商机”为经营思路开展业务工作。全年，邮政业务收入累计完成873.12万元，其中函件收入11.84万元，快包收入完成11.8万元，特快专递收入完成3.75万元，报刊收入39.21万元，储蓄收入完成645.13万元，汇兑收入完成0.31万元，保险收入完成70.77万元，集邮收入完成39.83万元，代办业务收入完成11.01万元，分销收入完成1.22万元，其它业务收入49.26万元。

【发展邮政业务】 储蓄业务：推进业务发展由高成本向低成本转变，逐步降低邮储等业务的营销成本。保险业务：利用邮政网络资源优势，开拓商贸市场和大客户市场业务发展，与吉祥、人保等多家保险公司进行全面的合作，联合开展各类营销宣传活动。报刊业务：制定三管齐下的营销方案，党报党刊流转额同比增长20%。集邮业务：截止11月份，已完进度的100%。包件类业务：利用快包激励政策和国家对邮政代理速递物流业务免税三年的优惠政策，引导用户使用快包业务，加大包件业务寄递量。

【推进企业文化建设】 注重强调

人的价值，注重人的因素，挖掘和启发人的潜能。开展丰厚多彩的文体活动和劳动竞赛。通过文艺晚会、爬山、野炊、拔河等文娱活动，形成积极向上的良好学习氛围。

商贸·旅游

商务粮食

【概况】 2017年，引进招商项目22个，进出口总额446万美元，实现社会消费品零售总额160133.8万元，同比增长10.7%。新建6个电商村级服务站。

打造“怀化市洪江区电商扶贫馆”，带领“邹莱腊味”“湘民果业”“糯蜜金柚”“小赵竹坊”“吾爱艾灸”等6家企业参加2017年湖南省农博会，洪江区电商扶贫馆销售额达到20多万元。12月11日，组织10家企业参加第二届武陵山（怀化）国际健康产业博览会，推出涉及大健康产业产品20余种，设置“一县一品”专区和“电商扶贫特产专区”，其中邹莱腊味当天销售1.2万余元。

【开展招商引资】 全年，引进招商项目22个，其中投资额在1亿—5亿元项目11个，5亿—10亿元的3个，合同引资41.5亿元，实际到位市外境内资金25亿元，同比增长53.7%，完成年度目标任务的108.7%，项目开工率达到95%，投产率达到68%。其中，省外到位资金7.29亿元，省内到位资金17.71亿元。

洪江区管委与江苏省南通市泰通化学科技有限公司签署年产5000吨阻燃剂项目，计划总投资额1.5亿元；与湖南永达房地产开发有限公司签署五星级旅游度假式酒店及配套建设项目，计划总投资额5亿元；与怀化市炯诚新材料科技有限公司签署新能源电池项目，计划总投资额2.5亿元；与怀化中油振宇清洁能源有限公司签署供能项目，计划总投资额1.5亿元；与湖南金益环保股份有限公司签署固废处理厂项目，计划总投资额1.2亿元；与洪江区湘腾大球泥陶瓷艺术有限公司签署艺术瓷项目，计划总投资额500万元；与湖南建工集团签署工业园基础设施建设及滨江大道改造PPP项目，计划总投资额8.5亿元；与北京华成燃气有限公司签署工业集中区集中供能项目，计划总投资额2亿元。

【做好外经外贸工作】 对外经济合作：全年，外派劳务输出82人，完成年度任务103%。进出口总额：全年，累计进出口总额达到446万美元。洪江区旺达生物科技有限公司备案登记；炯诚新材料、芬芳香料均获得外贸订单，实现外贸出口零突破；棓雅生物进口14万美元，芬芳香料，出口3万美元；恒昌锗业出口27万美元，湖南久日新材料有限公司220万美元，实现倍增；棓雅生物参加美国迈阿密国际精细化工展；芬芳香料参加迪拜国际香精香料工业展。

【建设农村电子商务】 全年，新建6个电商村级服务站，累计建成14个，农村电商网络体系基本建成；16家企业、店铺、个人受到电商创业奖励，共发放奖励金25.3万元；对7个贫困村的村级电商服务站与金融扶贫站进行整合，实现网上代购、线上发布农产品、物流配送、助农取款、金融知识宣传教育等便民服务；举办3期农村电商培训工作，参训达450余人次，学员开店率达100%。全区示范网店交易总额为199.41万元，带动235贫困人口就业。

旅　游

【概况】 2017年，编制《洪江区全域旅游总体规划》，出台《关于建设旅游强区的决定》《洪江区旅游发展奖励办法》《洪江区全域旅游三年行动计划（2017–2019年）》。投入2亿元用于核心景区建设。全年，接待游客426.41万人次，同比增长19.8%，旅游收入13.92亿元，同比增长19.89%。

2017年，明芙蓉获湖南省AAAA级景区数据对接工作先进个人。

【制定旅游规划】 2017年，成立洪江区旅游工作领导小组，明确、细化、整合旅游领域职能职权。聘请清华大学建筑学院设计团队编制《洪江区全域旅游总体规划》，出台《关于建设旅游强区的决定》《洪江区旅游发展奖励办法》《洪江区全域旅游三年行动计划（2017–2019年）》。通过樱花节、美食节等品牌活动，助推星级饭店、电子商务、时尚餐饮等旅游业上新台阶。成功申报为湖南省精品旅游线路重点县，洪江古商城被纳入国家旅游局“十三五”旅游发展规划的长江国际黄金旅游带名录，嵩云山景区纳入国家PPP重点项目库，茅头园村星空庄园景区成功申报为湖湘文化风情小镇。

【落实重点项目建设】 2017年，旅游公司投入2亿元用于核心景区建设、征拆安置工作和配套基础设施建设；投入8000余万元用于配套基础设施、景观林建设；投入7000余万元用于星空庄园的大棚、花卉、苗木及景区基础设施建设；洪江“1915”项目竣工并投入使用，徽州会馆、黄州会馆等“烟雨洪江”项目建设进展顺利；沅水北岸慢行系统等项目启动建设。

【开展旅游营销活动】 2017年，洪江区旅游部门利用沪洽会、港洽会、旅博会及各类媒体、名人等平台推介展示洪江。主要有：1月，举办“洪江古商城民俗文化旅游年新春十大文化活动”、在“2016湘菜年度盛典”上，洪江血粑鸭代表怀化市唯一选送的菜品、茅头园村荣获第四批全国美丽宜居村庄示范。2月，重大革命题材电视剧《秋收起义》剧组在原洪江瓷厂废弃厂房和古商城内拍摄，国家级京剧大师、洪江区人陈少云回洪，考察城市建设和嵩云山森林公园，湖南旅游最新宣传口号“锦绣潇湘，伟人故里——湖南如此多娇”及宣传片出炉，洪江古商城作为怀化唯一代表景点出镜。4月，举行洪江古商城2017嵩云山樱花浪漫季活动、湖南旅游推介会昆明召开，首推洪江古商城，桂花园乡荣获“湖湘风情文化旅游小镇”。5月，文化旅游开发按下“快进键”，“中国旅游日”“寻找最美海外中国游客”活动在洪江古商城颁奖，清华大学王晨琛老师为洪江区旅游人主讲“礼仪与沟通”。8月，2017两岸婚姻家庭子女财商夏令营在洪江古商城举行、两岸青少年“聚洪江·财商”夏令营结深情、湖南美术家协会创作基地落户洪江古商城。9月，怀化推出三条精品旅游路线首荐古城商道，寻根之旅、2017年湖南国际旅游节考察团亲身体验“商道”洪江。11月，洪江古商城点亮爱尔兰“中国旅游之夜”。12月，中华商帮文化论坛将永久落户洪江古商城、怀化职业技术学院与洪江古商城校企合作签约仪式在“洪江1915”举行、洪江古商城荣登湖南金鹰盛会。

供销合作

【概况】 2017年，洪江区供销合作社开展经营体系改革、服务体系改革、监事会改革、建设电子商务运营中心、抓安全信访维稳、推进“两学一做”学习教育常态化制度化,引领党员干部做到“四个合格”。

【进行基层组织体系改革】 经营体系改革：横岩禽业专业合作社投资310万元兴建雪峰乌骨鸡育雏场项目并全面投产运营，怀化市振洪供销有限公司和洪江区青椒科技有限公司共同组建洪江区凤腾供销电子商务有限公司，其旗下的电子商务运营中心正式上线运营；服务体系改革：3家社属企业全面完成社有资产安全统筹及保险；监事会改革：调整怀化市振洪供销有限公司和洪江区红日日用杂品有限公司监事会成员，出台《洪江区供销合作社监事会工作细则》和《洪江区供销合作社内部审计规定》，强化审计监督。

【建设电子商务运营中心】 2月7日，社属怀化市振洪供销有限公司和洪江区青椒科技有限公司共同组建洪江区风腾供销电子商务有限责任公司。6月18日，公司旗下的电子商务运营中心正式上线运营，电子商务运营中心致力于农产品营销体系、农村物流配送体系、“同城生活圈”服务体系建设，利用网上交易平台，吸引和培育企业、商铺入驻，推进洪江区产业特色和开展商品网上交易；对村级服务站进行信息化改造，为农民开展网络代购服务和自家农产品进城服务，让农民享受到电子商务带来的红利。运营中心和村级服务站，构建起由区到村的物流配送体系，将网络商品从运营中心送到农村服务站，将服务站农产品带回城镇，实现“网货下乡”和“农货上网进城”双向流通功能，打通农村物流“最后一千米”。

烟草专卖

【概况】 2017年，洪江区局（分公司）结合洪江区实际，提出“1234”工作思路，即“明确一个目标，落实两个责任，夯实三个基础，开展四项活动”，加强市场监管、营销服务、规范经营、真烟治非“四个全覆盖”。全年完成卷烟年度销量任务2735箱的99.40%，单箱值完成年度任务28941元/箱的95.32%，销售收入完成年度任务7915万元的98.54%。实现税利1374万元。

2017年，荣获“湖南省重合同守信誉单位”称号。

【开展卷烟营销工作】 2017年，洪江区局（分公司）按照卷烟销量15.91万箱，单箱值增长850元，税利总额增长3%的年度经济发展目标，全年销售卷烟2718箱，实现销售收入（含税）实现7500万元，销量完成年度销量任务2735箱的99.40%，单箱值完成年度任务28941元/箱的95.32%，销售收入完成年度任务7915万元的98.54%。

真品卷烟被省外查获数量为131条，全年控制目标为133条，同比增加97条；实现税利1374万元，完成目标任务的88.56%，同比减少99万元，减少比例为6.71%；产生费用868万元，同比增加21万元，增长比例为2.47%，上缴税收361万元。

【兼管烟草专卖市场】 实行零售许可证制度，新办37户，延续101户，注销62户，停业8户，暂停访销4户，变更3户。创新打假方式：通过与公安、电信、物流等部门的合作，开展卷烟综合治理创新，查获非法寄递假冒卷烟包裹224个，涉案假烟24.46万支，涉及24个品牌，案值累计达30余万元。

2017年底，洪江区卷烟零售办证294户。全年查获各类涉烟案件54起（真烟案件23起，一般处理案件31起）；查处涉案卷烟81.2万支（其中：假冒卷烟54.34万支，真烟26.86万支）。累计查获案件案值41.25万余元，上缴财政罚没款1.03万元。

财政·税务·金融

财 政

【概况】 2017年，完成一般公共预算收入32797万元，增长11.74%；完成地方财政收入18083万元，增长10.70%。一般公共预算收入税占比和地方财政收入非税占比均居全怀化市第1位。全区公共财政预算支出111930万元，增长12.84%。

开展“两学一做”学习教育，组织赴通道转兵纪念馆参观学习、志愿服务抗战老兵、滩头村扶贫帮困活动、犁头嘴社区党员活动日、帮扶搭建桃李园社区爱心超市等，增强党性锻炼和“四个意识”。开展文明创建系列活动，巩固“省级文明标兵单位”创建成果。

【争取上级资金支持】 2017年，区财政局克服体制障碍，早衔接、多汇报、勤跟踪，最大限度争取上级资金支持，全年累计均衡性转移支付到位10940万元，增长7.34%；县市基本财力保障到位2548万元，增长33.61%；上级调度资金到位83000万元，同比增加16000万元，增长23.88%。争取上级交通、水利、环保、城建等专项资金27783万元，增长31.98%；争取省级精品旅游线路重点县专项补助1400万元，市级旅游产业引导资金1000万元；城乡居民养老保险提标增资部分由原区级100%负担改为和省级各负担50%。财政管理综合绩效考核评比居全省县市区第1位，获得奖励资金950万元。

【做好民生支出】 全年，完成民生支出85485万元，占财政支出比重76.37%，提高2.49个百分点；安排各类基层组织建设资金500万元，同比增长37.87%；村级组织运转经费保障经费提高到211万元，同比增长5%；整合资金8500万元，促进扶贫工作深入开展；教育支出9015万元；社保支出42351万元；城乡居民基础养老补贴标准提高到85元/月；企业养老人均增发186元，人均月水平达到2356元。确保工资津补贴提标政策落地，累计补发工资2600万元。

【监控审核预决算项目】 政府投资工程预决算审核，全年，评审各类政府性投资项目250个，送审金额64919万元，审减金额15451万元，综合核减率达到23.8%。采购审批监管，全区实际采购规模达到14125.92万元，节约资金690.33万元，资金节约率4.66%。预算绩效管理，组织完成对2016年农村危房改造、优抚资金、生态文化旅游产业发展引导专项资金等重点绩效评价工作。把控三公经费，三公经费支出1051.65万元，同比下降28.53%，其中：公务接待费620.19万元，同比下降30.13%；公务用车购置及运行维护费431.46万元，同比下降23.37%；无因公出国（境）费用。规范预算追加程序，全年预算追加同比减少4500万元，下降40.91%。

国家税务

【概况】 2017年，完成税收收入20221万元（不含车购税、代征地税），同比增收4885万元，增长31.85%。累计入库车辆购置税174万元，代征地税27万元。

为落实税务系统“放管服”改革，优化税收环境，洪江区国地税开展数据清理工作，实现国地税金三系统数据无缝对接，累计完成数据清理1516条，完成率100%。

2017年，洪江区国税局荣获“怀化市五四红旗团（总）支部”“湖南省国税系统先进集体”“湖南省巾帼建功先进集体”“怀化市国税系统绩效管理先进单位”等荣誉称号，并连续三年荣获“怀化市社会治安综合治理先进单位”荣誉称号。

【落实“放管服”改革举措】 2017年，洪江区国税局落实“一窗一人办税”“实名办税”、涉税信息共享等42项合作事项，实现国地税金三系统数据无缝对接，全面实施纳税人分类分级管理，建立“一户式”税收征管电子档案，稳步推进增值税发票管理新系统、“五证合一、一照一码”及“两证整合”为主的商事制度改革。

利用畅易代开、电子税务局等服务平台，精简涉税资料，全面实行“一站式”服务、二维码“扫一扫”服务。开展纳税信用等级评定、实施银税互动、“问需求、优服务、促改革”大走访活动，提升纳税服务质效。2017年，在湖南省国税系统纳税人满意度调查中，洪江局纳税人满意度综合得分96.80分，荣获怀化市第一，位居湖南省第三。

【建设家文化】 建设家文化，提出“以局为家、以家聚人、以人建局”的核心理念，通过入职关怀、谈心对话、打造“吃亏是福”税务文化品牌、开展家属大走访、建立青年干部成长档案、设立“青年之家”活动中心等，增强干部组织归属感。制定“一带一”培养方案，开展师徒结对，促进师徒双方教学相长，实现共同发展、共同进步。实施“一人多岗”工作机制，打破部门和人员禁锢，激励青年干部不断挑战自我，激发潜能，提高业务工作能力。文化建设，打造“吃亏是福”文化品牌，依托洪江区陈荣信商行、厘金局等有关“吃亏是福”地域文化元素，挖掘“团结、友爱、奉献、进取、探索”文化理念。

地方税务

【概况】 加强税收票证管理，对“二票”进行监督，每月对税收票证和税收资金包括各种税款、基金、费、税款滞纳金、罚没收入情况以及税收票证使用、缴销、销毁、保管等进行全面的检查。

2017年，洪江区地方税务局继续保持“湖南省文明单位”称号。荣获怀化市地方税务局系统办公室工作、法规工作、流转税工作、规费工作、财务管理工、政工工作、监察工作、创新优秀项目工作、“互联网+税务”工作项目、演讲比赛、党风廉政建设工作荣誉称号。有7人获得省市区级优秀个人和优秀奖光荣称号。

【依法治税纳税】 2017年，洪江区地方税务局每一项决策遵循公众参与、专家论证、风险评估、合法性审查集体讨论等决策程序。按照“放、管、服”要求，全面梳理单位权责清单，清理规范权责事项，在大厅公开展出执法和服务流程图，详细解释每一步骤纳税人拥有的权利、需履行的义务及必须提交的相关资料。强力打造企业减负最后一千米“绿色通道”，确保优惠落实到位，2017年共减免各项税费793.5万元。

全年，累计完成预算收入8576万元，比2016年（剔除营业税）增收1845万元，同比增长27.41%。其中：税收入库7556万元，比上年增收1782万元，同比增长31%。

【做实征管工作】 通过国地税日常数据比对，发现7家企业缴纳增值税1800余万元，没有申报缴纳地方税费，推送分局后依法追缴并加收滞纳金200余万元；全年共推送各类风险76条，其中低风险40条、中风险34条、高风险2条；全年201户新增纳税户40余项、9849条户籍关键信息中严格把核查关，对占全年收入87%的年纳税10万元以上的87户重点纳税户的数据监控管理；提高财务报表的采集率，报表采集率由2016年的66%提升至目前的93%；强化数据动态管理，在“两税”清理中补录、修改房产土地信息37条。共查补和督导地方各税费、罚款、滞纳金入库1583.81万元，实现化解风险促收入、促征管的“双促”作用。

【做好国地合作工作】 根据《国税地税合作工作规范（3.0版）》、《怀化市国地税局联合服务实施方案》确定合作事项，联合国税局制订本区域内国地合作文件，对合作细节进行细致的规定，保证合作规范高效便民；联合国税局攻坚2个联合办税厅，国地互设业务窗口，真正实现“进一家门办两家事”。

【开展税务稽查】 2017年，洪江区地税稽查局共立案检查7户，共查补和督导地方各税费、罚款、滞纳金入库1583.81万元。全年共提交《稽查稽征情况报告书》7份，提出征管方面建议13条。区局领导核实情况，对应承担责任的征管人员进行批评教育7人次，合计处罚1400余元。审核重点税源企业相关涉税信息，通过对企业财务报表的筛选和分析，以及实地检查走访，查补地方税费、滞纳金及罚款716.67万元。查补地方税费、滞纳金及罚款199.55万元，督导收入494.79万元。对洪江区7户企业进行发票检查，查处多起违法发票管理办法的行为进行批评和处罚。

【推进政务公开与服务】 成立政务公开领导小组。建立和完善主动和依法申请公开、申请受理、申请办理、申请答复、公开评议、公开监督、公开考核、公开考评奖惩、公开审核、保密审查、发布协调、责任追究、公开评议等制度。严格履行政务公开审批手续。全年未发生一起失泄密事件，每周检查内部电脑及u盘，严厉禁止外部u盘或者其他存储介质连接内部电脑。建设政务公开栏，设置部门信息查询点。实施欠税公告制度，建立健全舆情收集和回应机制，设立形象监督信箱、举报电话、热线电话，通过政府网、微信公众号、税企QQ群等渠道，正确引导舆情。组织办税厅干部对纳税服务全部事项进行梳理，整理出登记、注销、认定、征收、开票等五大类十七项具体服务，简并整理为五条办税流程，并编制办税流程图，制作地税涉税事项一次性办结告知宣传图，在大厅醒目位置张贴。

金　融

【综述】 2017年，开展金融稳定工作，建立洪江区金融稳定协调领导小组，截止11月底，各金融机构清收不良贷款4076万元；各项贷款余额为152,91万元，比年初增长2,91万元。引导银行机构支持地方经济建设，全年推动重点项目20个，签约金额7.5亿元。推进金融精准扶贫，在洪江市、区实现82个贫困村服务站全覆盖，完成17家金融扶贫服务站、电子商务服务站、助农取款点的“三站合一”工作，推动完善金融扶贫风险补偿、担保贴息等配套措施，洪江市区投入扶贫小额信贷风险补偿金基金分别为1220万元、300万元。开展扶贫小额信贷，发放5779万元，完成政府下达任务数的112%。开展“富农贷”业务，给259户建档立卡的贫困农户发放1295万元，9月底前到位分红77.7万元。推广“财银保业务及再就业贴息贷款”，共发放贷款90万元支持建档立卡贫困户发展生产。

开展征信工作，办理和规范各项征信柜台业务。截止至11月底，支行共办理征信柜台企业信用报告查询46笔，个人信用报告查询3952笔，发放机构信用代码证283份，变更换发64份，注销1份。以农村信用社贷款管理系统为平台，开展客户信息采集、评级、授信工作。洪江市、区采集农户信息数89268户，已建档86700户，对86700户进行了评级、授信，授信总金额135869万元。规范ACS业务操作，发生ACS业务323笔，业务受理的成功率100%，连续12个月零差错。助推国债发行，共销售国债是2266.1万元。

·工商银行洪江区支行·

【概况】 2017年，各项存款余额为801万元，其中储蓄存款53992万元；对公存款余额26151万元，完成年考核任务818%。年末各项贷款余额为25134万元，其中个人贷款余额10858万元，个人客户余额14276万元。

【开展中间业务和转型业务】 全

年完成中间业务收入 204 万元，完成分行下达任务 37%。全年，新增代发工资 8 户，共计代发人数 592 人，月代发金额 240 万元。完成特约商户 27 户，成功营销私人银行客户 1 户销售法人理财产品 8400 万元。触 E 行客户净增 3742 户，完成任务的 172%，企业网银净增 32 户，完成任务的320%。新开第三方存管221户，E 行支付净增 2037 户，融 E 行他行客户净增 809 户，融 E 行移动端月均动户 1780 户。

·建设银行洪江区支行·

【概况】 2017 年，全口径人民币存款时点余额 62658 万元，增长 14.92%。个人存款时点 43312 万元，增长 0.03%，日均余额 9001 万元。公司存款余额为 19518 万元，增长 71.76%，新增占比 46.5%，完成计划 81.16%。年末各项贷款余额为 29273 万元，较年初递减 1646 万元，逾期非不良贷款 1734 万元，信用卡不良贷款控制在不良范围内。

【拓展中间业务】 加大产品营销力度，公司机构有效客户 156 户，比年初 122 户增加 32 户，计划完成率 200%。对公一户账户完成 16 户，对公一户通帐户完成 16 户，对公账户自助服务账户完成 40 户，活跃单位结算卡完成 48 户。全年实现基础性中间业务收入 335 万元。

【营销电子产品】 2017 年，企业网上银行活跃客户净增 37 户，完成 32 户，计划完成率 56%，个人网银活跃客户新增计划 1901 户，完成 1956 户，计划完成率 102.89%，短信金管家新增计划 3840 户，完成 4282 户，计划完成率 111.51%，微信银行客户新增 1521 户，完成 1859 户，计划完成率 122.21%，电子银行中间业务收入，计划 62.67 万，新增 54.54，计划完成率 104.25%。

·中国银行洪江区支行·

【概况】 2017 年，人民币储蓄存款时点余额 31650 万元，较年初净增 1909 万元，日均余额 30875 万元，较年初净增 1502 万元，完成全年任务的 56.34%；对公存款时点余额 7680 万元，日均余额 607 万元，完成全年任务的 57.51%；信贷资产余额 6166 万元，其中公司贷款余额 5109 万元，零售贷款 1620 万元，信用卡 1056 万元。中国银行洪江区支行开通财政集中支付业务，财政专户资金恢复至 4482 万元，较 3 月底增长 3013 万元；日均 2663 万元，较 3 月底增长 3013 万元。

针对扶贫资金下游客户情况加大对交通局的营销，成功开立 3 个工程账户，初步实现资金体内循环。持续加强对城投、拆迁办和指挥部的营销，于 8 月成功介入洪江棚改拆迁兑付，年底实现 1300 多万元的兑付资金。加强对人社局的营销，成功开立洪江区人力资源和社会保障局五险统缴专户。代理洪江区国家社保卡业务，主动上门到各企业、社区激活社保卡 8014 张。

·农业银行·

【概况】 2017 年年末，各项存款净增 10019 万元，其中个人存款净增 1380 万元，对公存款净增 8639 万元；各项贷款净增 5370 万元，其中对公贷款比年初净增 4945 万元，农户贷款净增净增 539 万元。年末实现营业收入 1983 万元，同比增加 519 万元，其中贷款利息收入 1681 万元，同比增加 179 万元；实现中间业务收入 407 万元，同比增加 246 万元，实现拨备后利润 1461 万元，同比增加 511 万元。年末不良贷款余额为 17.7 万元，较年初下降 8.6 万元，不良率为 0.06%，较年初下降 0.05 个百分点；信用卡不良为 11 万元，较年初下降 15 万元，不良率为 1.32%，较年初下降 2.12 个百分点。

营销政府 PPP 项目，经过多方共同努力，成功投放城市综合建设贷款 2100 万元。根据洪江古商城建设进度，顺利投放 3500 万元固定资产贷款。

【服务三农】 农户贷款持续发展，全年净增 539 万元，完成率怀化市第二；惠农通工程服务点有效率达到 100%；涉农代理有新突破，与乡财政所签订代理财政涉农补贴资金发放协议，系统对接已基本完成，“两卡两折”发放工作正在推进。在省分行开展的县域支行穿透式考核中位列全省 C 类行前列。

·邮政储蓄银行·

【概况】 2017 年，储蓄余额 12895 万元，活期比重 18.06%，储蓄余额净增 675 万元，日均余额净增 966 万元。实现业务收入 141.44 万元;完成利润 68.15 万元。

个人贷款结余6517.414万元，本年净增2013.988万元，本年累计放款2651.561万元。信用卡累计进件777张，累计发卡546张，完成全年进度110%。手机银行年累计激活1832户，中邮保险趸缴12万元，期缴20万，均超额完成市分行下达的计划任务。清收不良贷款，全年计划收回不良贷款资金50万元，完成全年计划进度125%。

·怀化农村商业银行股份有限公司·

【概况】截止11月末，全区设6家支行存款余额62134万元，较年初上升1800万元；贷款余额28200万元，较年初上升4780万元。对区政府信贷支持累计3000万元，支持当地企业19家，信贷投放累计14000万元，完成政府下达净增3000万元。扶贫贷款余额1820万元，投放户数371户，累计授信5540万元.完成扶贫下达任务309万元。

清收不良贷款67户3886万元，扶贫不良贷款余额140万元，共30户，其中，分贷统还占125万元，共25户，主要统还企业是金宇新型材料厂95万元；企业不良贷款余额500万元2笔，其中，洪江市发展建筑有限公司（世纪阳光）200万元，怀化汇通化工科技有有限公司300万元，均已投诉。非扶贫个人不良贷款余额3246万元，35户，已起诉20笔，金额2542.35万元。对不良贷款采取“清收暴风活动”，清收人员采取“白＋黑”“5＋2”的模式走街串巷清收不良，回收658万元。

保　险

·中国人民财产保险股份有限公司怀化市洪江支公司·

【概况】中国人民财产保险股份有限公司怀化市洪江支公司是隶属于中国人民财产保险股份有限公司的地方经营机构，是洪江区财产保险市场份额占比最高、历史最悠久、资金实力最雄厚、基层服务网络最全、合规经营最规范、理赔服务最专业的国有保险公司。 2017年，公司保费规模880余万元，年缴保费税、车船税等160万余元。

·中国人寿保险公司洪江支公司·

【概况】2017年，分公司实现新单保费收入1928万元，其中，个险首年期交完成701万元，完成年计划的118.7%，十年期交完成523万元，完成年计划的123.48%。完成短险收入52万元，完成年计划的123.2%，月均增员率12.1%。完成期短险保费52万元，完成年计划的123.2%，月均增员率12.1%。其中，员福业务完成42.56万元，完成年计划的211.8.7%，学平险完成79万元，完成年计划的100%，政策性保险完成45万元。完成小额贷款保险48,2万元，完成年计划的187.67%。月均增员率12.1%，其中，员福业务完成42.56万元，完成年计划的211.8.7%，学平险完成79万元，完成年计划的100%，政策性保险完成45万元，完成年计划的100%。银险共实现新单保费收入1072万达成年度目标的204%，首年期交完成365万达成年度目标的148%，十年期交完成109万达成年度目标的195%，标保完成84万元达成年度目标的149%。

教　育

综　述

【概况】 2017年，洪江区有普通高中1所、初中2所、中等职业学校1所、教师进修学校1所、城区小学3所、乡中心小学2所（含村小教学点1个）。小学适龄儿童入学率达100%，残疾儿童少年入学率达92.11%，小学、初中巩固率分别达到100%和99.75 %。幼儿园8所（其中：农村公办幼儿园2所、城区公办幼儿园4所、民办幼儿园2所），学前一年入园率达100%，学前三年入园率达89.55%以上，实现学前教育普惠发展。2017年下学期，全区中小学校在校学生5273人（其中，中等职高学生379人、普通高中学生813人、初中生1174人、小学生2907人），在园幼儿1405人。全区公办学校在编在岗教职工625人（其中：中小学教师517人）。从2017年秋季起，洪江区全面实施高中阶段免学费教育，被怀化市教育局评为2017年度县级教育行政部门工作创新（特色）项目；职业学校与三一重工集团签订联合办学协议，开设机械加工、旅游等特色专业，职中在校学生已达379人。

2017年，先后被评为怀化市社会治安综合治理考核优秀单位、怀化市人口计生综治工作优秀单位、县级教育行政部门安全生产工作评估考核优秀单位、怀化市教育系统风险防范和化解工作先进单位等。

【加强教师队伍素质建设】 组织教师参加国家级培训、省级培训、市级培训167人次；区级中小学教师培训7期419人次；举办130余人参加的教育系统中层以上领导干部培训班。组织教师参加省级教研活动7次，市级活动24次；教研员策划、主持区本级研讨活动37次，参与面达400多人次；组织全区教师参加8次省、市级教研成果、课件、论文等评比活动，上报教研成果、课件、论文等110余件（篇），荣获省级一等奖3个、二等奖2个、三等奖6个，市级一等奖14个、二等奖13个；积极申报省、市“十三·五”教育科研课题，共申报11项，已有8项省级课题立项。

【提高教学质量】 2017年，高考本科录取87人，录取率为43.93%，钟奕欣同学语文133分进入湖南省高考单科成绩前十名。初中毕业会考进入全市第二方阵，小学教学质量居怀化市中上等水平。在中学生学科竞赛中，荣获市级一等奖14个，二等奖33个、三等奖5个。教师在各类教学竞赛中，获得国家级二等奖1个；省级一等奖2个，二等奖4个、三等奖2个；市级一等奖13个、二等奖11个。教改方面，教研成果、课件、论文等获得省级一等奖4个、二等奖6个、三等奖6个，市级一等奖14个、二等奖20个、三等奖1个。参加市玩教具评比活动获得市级一等奖3个、二等奖2个。

【开展素质教育】 落实立德树人根本任务，开展国旗下讲话、主题班队会、道德讲坛、社会实践等活动，强化德育养成教育。开展大课间、国学经典教育，组织足球队、武术队、田径队等兴趣小组。组织学生参加怀化市"三独"比赛、乒乓球、足球比赛，其中，"三独"比赛共获得市级一等奖4个、二等奖5个、三等奖12个；幸福路小学足球队在全市中小学生足球联赛中，获得第六名的好成绩；在怀化市第五届全运会，2名学生获得金牌。一中、幸福路小学列为全国足球示范学校，中山路小学被评为怀化市中小学心理健康教育特色学校。

【提倡特色办学】 注重学校内涵发展，提高办学品位，办学特色彰显，基本形成"一校一品牌""一校一特色"的局面。幸福路小学"幸福快乐成长"、中山路小学"国学经典诵读"、东方红小学"书香校园"、横岩中心小学"留守儿童之家"等特色教育活动开展的得有声有色。

【进行教育扶贫】 投入资金416万元，用于堆边村基础设施建设。率先实现农村幼儿园全免费。落实资金133万元，实施高中阶段免学费教育。全区4078名学生享受"营养改善计划"补助资金319.5万元；加大资助力度，共资助1025人138万元。

【维护校园安全】 共投入近50万元，对各中小学校（幼儿园）校园监控系统和校车GPS进行改造升级。抓安全宣传教育。制发《交通安全致家长的一封信》等，并通过主题班会、宣传专栏、电子屏等媒介对学生进行安全教育，张贴各类安全宣传标语500余条，刊出安全板报专刊2000多版。抓实防溺水工作。落实市委市政府《关于进一步做好全市中小学生防溺水工作的通知》，2017年，学生溺水死亡人数为0。

【开展教育督导】 制定《洪江区中小学校责任督导挂牌督导工作章程（试行）》和《洪江区中小学校责任督学挂牌督导实施方案》，督促开展多种形式的教学比武，开展课堂教学和作业批改情况、考纪考风等教学常规专项督导督查。重点对初三、高二年级常规教学管理专项督导，总计听课412节次。扎实开展违规征订教辅资料专项整治工作，上缴违纪违规所得51.3万元，清退违规资金4.28万元。"互联网＋监督"问题线索已基本完成整改，清退资金41694元。对学校食堂、校内午托、超市违规经营等问题开展专项整治。

中等教育

·洪江第一中学·

【概况】 洪江区第一中学占地面积46817平方米，建筑面积2万余平方米，塑胶运动场近1万平方米，学校藏书10万余册。现有教学班40个，在校学生2000人；教师176人，其中：正高级教师1人、特级教师3人、副高级教师49人。

学校坚持经验示范引领成长，促进青年教师成长。全年为欧阳迎光等18名优秀班主任、陈立新等30名优秀教师、尹雪松等10名青年优秀教师、欧阳克基等10名优秀教育工作者、张蔚芳等5名优秀党员颁奖。周玲冬被省人社厅批准为正高级教师。

2017年，学校获得"高考单项贡献奖"、市"应急示范学校"、"市红旗团委"、区"先进基层党组织"、区"综合治理先进单位"等十多项荣誉称号。张毅教师获评首届"湖湘优秀班主任"称号。

【提高教学质量】 积极推进新课改，提高教育教学质量。2017年高中、初中教育教学成绩取得新的突破，其中高考一本录取16人（含专业生）、二本录取62人、三本录取87人；初中毕业会考，语文、政治平均分在怀化市13个县市区排名第二，英语排名第五。

【维护校园安全】 校领导经常带领行政人员对学校教学楼、图书馆等场所、部位进行安全隐患排查，重点对食堂操作间、餐厅、围墙、厕所、护栏及校园周边等重要部位逐一开展拉网式隐患排查。各班主任利用开学前时间对教室、走廊进行安全排查，做到不留一处死角，不漏一个隐患，把隐患消灭在萌芽中。常态化开展防踩踏安全疏散演练，提高师生在危险中迅速逃生的能力和自救自护能力，预防和处置各类突发事件的能力和水平得到提升，无一起重大安全事故发生，安全生产保持较好的稳定发展态势。

职业教育

·洪江第二中学（工业职业中等专业学校，教师进修学校）·

【概况】 洪江区工业职业中等专业学校、洪江区第二中学、洪江区教师进修学校实施三校一体的管理模式。学校占地面积14200平方米，足球场、篮球场、排球场和乒乓球场等运动场地总面积5600平方米，校舍面积9318平方米，绿化面积2200平方米，教学及辅助用房面积6284平方米，藏书361103册。建有多媒体教室、物理实验室、化学实验室、生物实验室、劳技室、美术室、音乐室、图书馆、阅览室、计算机室，旅游客房餐饮实训室、机械加工实训车间、电子电工实验室。学校初中部有8个教学班，在校学生318人，教职工51人，其中高级教师13名、一级教师34名；职高部有11个教学班、共有学生381人；教职工33人，其中高级教师5人、一级教师20人；教师进修学校在职人员11人，其中高级教师2人，一级教师5人，二级教师3人。

加大校企合作力度，学校与三一重工集团签订联合办学协议书，每年招收两个三一重工班学生为集团培养技术人才，实现招生与就业“零”距离。全年进修学校共招收成人教育学生13人，农民大学生12人，其中怀化市农民大学生培训任务提前1年完成。2017年对教师培训工作进行严管理、严要求，共举行11个培训班，培训教师600人次。

2017年，学校荣获洪江区计划生育先进单位、区综合治理先进单位、区“610”先进单位、区文明先进单位、区“五四”红旗团委，学校党总支被评为教育系统先进基层组织，党总支第一支部被评为洪江区先进党支部。

【抓实德育工作】 学校坚持“学习与生活合一，育成人美德”的育人理念，注重加强对学生的品德、素质及养成教育，为学生提供良好的学习、生活和成长环境。学校将星期一第一节课定为德育课，每堂德育课要求有教案，学生科进行督查。加强学生文明行为习惯养成教育，每周有值周班级派学生代表在学校门口坚持文明礼仪岗。关爱每一位寄宿生，利用重要传统节日的契机，陪学生过节，让寄宿生们安心在学校学习。

【开展教学教研活动】 开展“一带一”传、帮、带教学活动，对新进来的年轻教师指定资深教师进行帮带。教师积极参与教育教学研究，共撰写省级教育教学论文20篇，获奖14篇；市级教育教学论文17篇，获奖15篇；区级教育教学论文17篇，获奖8篇。

【提升教师队伍素质】 分类、分层、分岗培训教师，初中数学、政史地、理化生、音体美计及职中部各学科教师都参加“信息技术应用能力提升”培训，通过线下专家讲座和线上专业学习及运用，提高教师对信息技术的应用能力。全年，教师参加国家级培训17人次，参加省级培训64人次，参加市级培训14人次，参加县级培训118人次，参加校级培训100人次。

【做好安全工作】 学校按照“一单四制”的要求，改善学校“三防”设施，完善各项安全管理制度和责任追究制度，做好安全工作。对学生进行安全教育，强化值班巡逻、课间护导、应急疏散演练和隐患排查等工作。对监控系统进行升级，现有监控摄像头58个，其中高清摄像头52个（食堂18个）、模拟摄像头6个，对校园重点部位进行全面覆盖。

小学教育

·洪江幸福路小学·

【概况】 怀化市洪江区幸福路小学占地18000平方米，建筑面积6445平方米，现有29个教学班，在校学生1110人。在编在岗教职工104人，其中高级教师4名、一级教师67名，教师资格合格率达100%。学校加强学生道德教育，把道德教育融入有益活动中，坚持开展校园文化活动，陶冶师生高尚情操。

【抓精细化管理促教学工作】 坚持学校行政每天一至二次的巡堂，在日常教学中发展问题及时解决，每周随堂听课，开展“随堂课随堂听”“随堂课随堂评”“发现问题及时纠”“出现亮点大家学”,向全区展示六堂“推优课”。组织教师开展业务学习和组织培训，5 月 9 日受邀到深圳石厦学校参加“语文主题学习”诗词教学研讨活动，王敏老师执教的《题临安邸》得到参与活动的专家、领导、老师的好评。伍余明珠老师执教的美术课《主题与背景》被评选为教育部部级优课；在湖南省中小学教师信息技术与融合在线集体备课大赛中，幸福路小学的语文备课组、数学备课组和美术备课组等五个团队的教学设计与视频公开课均荣获二等奖。

【寓德育工作于主题活动】 洪江区幸福路小学结合学校特点，有创造性的开展“学雷锋”“把温馨送给妈妈”“植树绿化”、烈士纪念亭扫墓、“幸福之歌”庆“六一”大型文艺汇演、“爱国、爱校、爱家乡”教育、“共筑幸福梦”“我们是光荣的少先队员”、德育经验交流、“最美孝心少年”道德讲堂等德育主题活动。

【开展校园文化建设】 学校校园文化节坚持月月有主题，其中三月阅读节、四月体育节、五月美术节、六月艺术节、九月读书节、十月运动节、十一月“三独”节、十二月科技节。10 月，学校校徽设计完成，以 " 幸福路 " 三个字的汉语拼音首字母“XFL”为主要设计元素。“X”演变成为气象风向标，象征着享誉全国的幸福路小学红领巾气象站。两个重叠的 " X " 以昂扬之势蕴含 " 展翅、腾飞、超越 " 的寓意，象征学校各项事业持续协调发展的良好态势。" F " 演变为一只展翅高飞、自由翱翔的雄鹰，既象征孩子们鹏程万里的前途，也寓意学校更高更远的发展。" L " 演变为一座山峰，学校是镶嵌在嵩云山下的一颗明珠。演变后的字母组合在一起又似一艘扬帆远航的轻舟，承载着每个幸福学子的幸福梦，寄意“直挂云帆济沧海”。

【打造幸福特色】 洪江区幸福路小学每周的幸福阅读以“晨诵、午读、暮省”的方式开展，周二、周四的幸福讲坛，让学生们在诵读中感受中国优秀传统文化的博大精深，培养学生热爱祖国优秀文化的优秀品质。学校幸福大课堂中开设 40 个课程，包含古筝、葫芦丝、武术、围棋等传统文化课程，还增设非物质文化遗产木偶课程，努力争做优秀传统文化的传承者、传播者。2017 年学校的“幸福阅读”被评为怀化市全民终身学习活动品牌。

学校作为“全国首批足球示范校”严格按照每周每班开课一节，每天清晨六点半在广场训练。校队于今年 6 月代表洪江区参加“怀化市青少年校园足球联赛”获二等奖。

·洪江东方红小学·

【概况】 小学为公办完全制小学。学校班级 12 个 395 名学生，教师 42 人。

完善教学教研制度。以制度严格规范学校教师日常行为及教育教学工作。教导处、教研组长每月对所有任课教师进行一次教学常规督查，对教师的备课、上课、作业批改、听课记录、班主任手册、学习笔记、班级日志进行全面检查，并认真分析与总结、通报。每学期期中、期末分别举行两次大规模的学生学业成绩考查活动。开展学科质量监控。每学期末，由教导处把关，对全校语、数、英三科进行严格的期末检测，实行三级管理：即，教师个人教学质量分析；教研组对本学科的教学质量分析；教导处对全校教学质量分析。健全和完善奖励机制，对成绩优异或有进步的班级科任教师给予质量奖励。建立完善的巡课制度。严格按课程表上课杜绝私自挪用、调换课程。做好学籍注册与管理、基础教育学校统计等各项数据上报与资料的整理等工作。

开展阳光体育活动。大课间活动中，每个班级在固定的活动场地，开展如跳绳、踢键子、打乒乓球、打篮球、打羽毛球及各种游戏等活动。开发校本课程，开设 13 个特长培训班，做到“三定”:即定时间（每周二的下午)、定地点、定老师。内容包括乐器、武术、舞蹈、导游、主持、绘画、篮球、足球、象棋等多个类别。开展“乡村少年宫”活动,从科技、艺术、体育等促进发展，构建课内与课外结合、校内与校外配合、布局合理、功能完备、资源共享互补，独具特色的未成年人思想道德建设体系。

开展教研工作。学校成立教研工作领导小组。成立语文、数学、综合三个教研组，教研活动做到制度化、常态化（每周一次)，每次一个主题，解决一个问题，做到时间、人员、地点、内容四落实。开展听课评课活动。每学期初，学校邀请区教研室、区教育督导室的专家来学校，听评新进老师和年轻老师的课，结合课改理念、新课标的要求，提出指导性的意见。

2017年，学校获省级荣誉15个，其中个人荣誉奖1个，8人次获省级论文评选一、二、三等奖，4人次获省级辅导奖，学生2人次参加省级比赛获奖；市级荣誉18个；124人次在区级各项比赛中获奖。

【维护校园安全】 规范食品加工和食堂采购。学校食堂对食品加工和食堂采购建立一套规范的管理制度，切实执行《学校食堂与学生集体用餐卫生管理》，炊事人员做到分工明确，责任到人，严格采购、贮存、保管和消毒制度，严格实行生熟食分开，切实保证食品卫生，严防食物中毒。开展安全教育活动。举行森林防火教育、嵩云山插森林防火牌、污水河畔防溺水教育、发放安全工作致学生家长一封信、进行安全第一课教育、全区“应急反恐防突”活动演练和“疾病防控”活动等活动。

【建设校园文化】 树立学校精神。把“乐学善思”作为校风、“博学笃行”作为校训，“构筑幸福的学习人生，追求真实的教育生活”作为办学宗旨、“营造书香校园，点燃读书激情”作为办学特色、“为每位教师的教育人生导航，为每位学生的终身发展奠基”作为办学目标。

校园建设实现“净化、绿化、美化”。学校充分利用墙壁、走廊、教室空间，设计校园人文环境，创设美观、实用的教室文化、墙壁文化、走廊文化。制作“班级名片”。内容包括年级、班级名称，班主任姓名、照片，班主任寄语及学校校风、校训、办学特色等。强调班级文化的建设。内容包括班级黑板报的定期更新，班级文化墙的布置，班级读书角、卫生角等的建设等。同时，学校读书长廊的书籍定期更新，学生阅览室定时面向全校学生开放等。

·洪江中山路小学·

【概况】 学校占地面积16420平米，校舍面积6348平米（包括教学楼3栋、科教楼1栋、学校大门、河滨路社区文化教育中心楼1栋），绿化面积8636平方米。教学班27个，在校学生1135人（其中新招收一年级新生204人，农村留守儿童 人，进城务工随迁子女61人），小学毕业学生167人；在职教职工92人，其中中小学高级教师2人，中小学一级教师57人；中小学初级教师32人；湖南省骨干教师1人，洪江区骨干教师8人。

开展教学教研工作。实行推门听课，校长、分管教学副校长、教导教研主任每期听评课40余节。坚持集体备课研讨制度，每周一次分科教研活动，实施省级“十三五课题”《国学经典与多门学科的协同教学研究》、市级“十三五课题”《小学低年级数学教学游戏实践与研究》研究，实施有效课堂教学研究，巩固市级基础教育课程改革基地成果，全面提高教学质量。邓琦老师录像课《长方形正方形面积的计算》荣获省级比武课小学数学课堂教学一等奖、卢瑞英老师的论文《浅谈幼小衔接后一年级的写字教学》教学研讨获省级一等奖。熊林凤老师荣获第二届微课大赛基础教育组个人赛省一等奖，伍筱、伍晓菲老师荣获省级三等奖。熊林凤老师微课《角的度量》荣获省级小学数学一等奖。汪晓红老师导学案案例《用最大公因数解决问题》荣获省小学数学优秀导学案评比一等奖。卢瑞英老师《雪地里的小画家》在省小学语文第二届团体会员年会暨低段教学研讨活动比武课省级一等奖。

组织教师业务培训。每周组织一次业务知识学习，每年进行一次青年教师素养大赛，年度内参加远程教育培训国家级9人，省级7人，内容包括小学语文能力提升工程“种子教师”工作坊研修、小学科学能力提升工程“种子教师”工作坊研修、小学英语能力提升工程“种子教师”工作坊研修、乡村幼儿园骨干教师培训、校长引领教师专业发展能力提升培训、中小学安全管理干部培训、乡村幼儿园园长任职资格培训、教师工作坊研修．小学英语、乡村学校课改主持人高级研修、中小学网络研修与校本研修整合培训、中小学校国学教育骨干教师培训。

2017年，学校实现省级文明学校（2016年获评）保牌，并先后荣获2016年怀化市“安全文明校园”、怀化市教育系统关心下一代“先进集体”、湖南省五四红旗团支部、市教育学会系统先进单位、市心理健康示范学校、市安全文明校园。

【寓德育于活动中】 学校坚持育人为先、立德树人，以爱国主义、社会主义、集体主义教育为主线，以学生良好言行习惯养成为着力点，突出学校国学教育与养成教育并行的德育工作特色，引导学生从小践行社会主义核心价值观，寓德育于活动中。开展“做好小事情、争做小雷锋”学雷锋志愿者系列活动：讲雷锋故事、抄雷锋名言、读雷锋日记、唱雷锋歌曲；慰问退休教师、服务敬老院老人；清扫校园社区环境卫生；我学价值观——友善”道德讲堂；“阳光校园、我们是好伙伴”主题演讲比赛；插森林防火宣传牌、向市民宣传森林防火知识；清明节前期到洪江雄溪公园烈士纪念亭祭扫；“感恩、从心开始”朗读者；为教师送去“一个拥抱、一个祝福、一束鲜花”；“喜迎十九大、我是光荣的少先队员”庆建队节；表彰“中山之星”;“最美教室”评比;“迎新年、庆元旦”校园嘉年华等活动。

【开展特色教育】 推行国学教育。编辑4册校本教材，每周2课时经典诵读、亲自共读并写心得、每季度出宣传栏、每周一班级轮流在升旗仪式上进行经典诵读展示，按年级学段要求学生课外一年背诵古诗词；开展学生社团活动。组建美术、舞蹈、葫芦丝、合唱、鼓、号、软笔书法、硬笔书法、手工、主持、科技、羽毛球、乒乓球、篮球、国学经典、电脑制作、围棋、古筝等18个项目共35个社团，安排特长老师或聘请校外辅导员于每周三下午和周六上午上课；科技实践活动。开辟星空庄园科普实践基地，在星空庄园学校“科普实践基地”30名学生参加辣椒幼苗栽培实践活动，洪江区新闻网《洪江人》以《中山路小学实践活动丰富多彩，种植辣椒体验栽培的乐趣》为题进行报道;9月13日，五（2）班42名学生在植物园寻找蚯蚓，了解大自然中蚯蚓生存需要的环境,洪江区新闻网以《洪江区这个学校把课堂搬进了大自然》为题进行报道；9月14日，五（2）班28名学生到堆边村开展收割水稻实践活动，学生分组割水稻、脱粒、织稻草、拾稻穗体验种植粮食的辛苦，懂得爱惜粮食；组织学生参加各类竞赛。2017年国际奥利匹克青少年智能机器人竞赛中国赛区选拔赛机器人超级轨迹赛小学组项目中，六年级胡哗、阮志祥同学荣获二等奖；怀化市艺术展演活动民乐合奏、大合唱均取得一等奖，学生参加区“春苗杯’围棋赛中一举夺得冠军和季军，学生代表队参加区中小学生乒乓球比赛和田径运动会小学组团体均获冠军。

【创建文明学校】 为巩固2016年获评省级文明单位成果，贯彻落实新版《中小学生守则》，推行《守则》和社会主义核心价值观内容进教室上墙，狠抓礼仪、学习、卫生、劳动、锻炼、节俭六大习惯养成教育，设立红领巾监督岗，进行文明班级、文明处室、文明家庭、文明学生、文明教职工、文明家长评比，8月24日，通过省级文明创建复查，年终实现省级文明单位保牌。

【完成教育扶贫任务】 配合区教育局开展对桂花园乡堆边村新建组贫困户杨应友的扶贫工作；在区扶贫办建档立卡贫困学生60人，每个贫困生得到500元资助;退休教师集体募捐购买书包、学习用品等为27名贫困生送去新年礼物；全校师生为六（1）班生病学生李萱萱募集爱心款3万多元；因病致贫石章庚老师、王秀蓉老师分别得到“励耕计划”资助0.5万元；五（1）班贫困生周嘉轩得到湖南普济会大兴禅寺禅院法师牵头募集到的0.3万元资助款；区关工委筹集爱心款1.04万元陆续资助13名贫困生；因病致贫袁忆衡老师得到“爱烛行动”资助1万元。

·洪江岩门中心小学·

【概况】 岩门中心小学（含岩门中心幼儿园）占地面积6666平方米，校舍建筑面积2983平方米，有200米环形跑道、100米直跑道及标准篮球场一个。全校共有在编教师26人，临聘教职工17人。中心小学有教学班六个，学生105人；岩门中心幼儿园3个班，大、中、小班各1个，入园幼儿75人。

学校重视学生全面发展，学校在周二、周四、周六课余利用乡村少年宫平台，免费开展篮球、美术、书法、舞蹈、种植等十多个兴趣小组活动，丰富学生课余生活，使学生在特长能力发展上有所收获，受到学生、家长、社会的一致好评。怀化日报发表专版，把学校乡村少年宫活动誉为孩子的“快乐大本营”。

学校强化立德树人，从幼儿园就突出习惯养成教育，以幼小衔接教育为纽带，在日常教学中开展教师节、庆国庆主题教学活动、讲故事比赛、美工制作、亲子游戏等，逐步培养幼儿必备的卫生、守纪、待人接物、生活等各种形式的活动，让幼儿在实践中获得情感体验，在快乐的生活中获得发展，为幼儿进入小学做好准备。

小学部通过日常教育和文明班级评比活动抓好文明礼仪、阅读等习惯培养的同时，大力开展社会主义核心价值观教育活动。如“孝心少年道德讲堂进校园”、“喜迎十九大，我向习爷爷说句心里话”主题活动。以重大节日为契机，对学生进行丰富多彩的传统文化教育和爱国主义教育。开展“弘扬雷锋精神，争做岩小小主人”、清明节组织学生参加“网上祭英烈”、留守儿童参加“牵手相伴成就梦想”两史教育公益活动，感受英烈的革命情怀。结合禁毒艾防、法制等专项教育，逐步形成了“习惯－情感－价值观”的转变模式。

【实施营养改善计划】 让师生吃饱吃好，争创“放心食堂”。学校食堂就餐面积达标，布局合理，各项餐厨设施齐备，环境、用具干净整洁安全。食堂工作人员均持证上岗，定期接受培训，操作娴熟，责任心强。食堂使用的水、米、油、肉、蛋、蔬等材料均实施定点采购，及时查验，索票索证，分类存放，杜绝使用过期变质材料。食堂管理制度完善，责任到人。加工环节操作规范，生熟分开，餐厨垃圾无害化处理。消毒、留样规范及时。各项资料整理上墙，师生用餐井然有序。成立膳食委员会，加强对营养餐实施的监督。每日公布带量食谱，每月进行伙食结算，每期进行费用公示，营养餐费用独立核算，专款专用，保证伙食质量。

学前教育

·洪江区幼儿园·

【概况】 洪江区幼儿园是一所市级示范性幼儿园，占地面积1887平方米，建筑面积2253平方米，户外活动场地900平方米。有小、中、大8个教学班，在册幼儿262人。全园共有教职员工36人，其中在编在岗职工23人，临聘人员13人。教师学历大专以上为100%，本科以上50%，其中学前教育专业的为15人，中小学一级教师8人，中小学二级教师8人。

在教学楼走廊设立主题墙，在各个教室开辟益智区、操作区、语言区，让幼儿自己的想象有了展示的舞台。实行一个孩子由一个家长带一张卡（成年）护送的“一对一”管理模式。注重品德教育的随机性，将德育渗透于幼儿起床、吃饭、入厕、洗手、睡觉，整理、使用礼貌用语、轮流做小值日生、为他人服务、从小爱劳动、自由活动与同伴友好合作交往等活动之中，培养幼儿良好品德以及幼儿自我管理和组织能力。以幼儿体育游戏为载体，根据幼儿年龄的差异，开展跳绳、踢球、沙包等生动有趣的、形式多样的体育教育活动、游戏活动及户外活动，让幼儿形成良好的变通思维模式以及身体和心理上最佳的适应能力。结合《湖南省3–6岁儿童学习与发展指南》，创造性的将幼儿课堂跳出园区，搬到田间地头、机关工厂。组织幼儿参观川山新区、春游果树林，亲临消防、公安等部门。

【建立家园共育机制】 开展“梦回童年，我的迷彩梦”亲子活动和“走进洪江古商城，体验亲子寻宝乐”亲子活动，每个班级都创建微信群、QQ群，将每天幼儿在园的情况以文字、图片和视频的方式与家长进行沟通。全年通过微信平台向家长推送消息120余条。

青少年校外活动中心

【概况】 2017年，区青少年学生校外活动中心组织书法班的学员分别到横岩乡的菖蒲村、桂花园乡的堆边村、岩门村、武陵城广场进行“送春联下乡、文化惠民”活动；组织葫芦丝班学员参加文艺活动；参加“百姓大舞台”文艺演出、“乡村赏民俗”茅头园景区春节文艺汇演、“音漫嵩云”樱花节活动；带领城区、农村四所小学的留守儿童代表共80名学生，到芷江爱国主义教育基地参观，让留守儿童接受党史和革命传统精神教育；在全区中小学生中推广机器人教育；派出专业围棋教师、专业葫芦丝教师在各小学任教，填补各小学此专业专业教师的空白；派出信息技术专业教师在桂花园乡堆边村开展扶贫帮扶活动，重点关注贫困家庭科技素养、艺术素养、综合素质的提高。

全年参加较大赛事活动3次，其中区青少年学生校外活动中心获“怀化市第三届校外艺术机构展演最佳组织奖”和“湖南省第八届少儿才艺大赛优秀组织奖”。葫芦丝专业教师被破格聘为“湖南省中国竹笛葫芦丝文化研究院副研究员”，并被吸纳为湖南省音乐家协会会员。

广电·文体

综　述

【概况】 洪江区文体广电新闻出版局由区文化广电新闻出版局和区体育局的基础上合并组建而成，为区管委工作部门，正科级行政单位。指导全区文化艺术创作、教育与生产、管理全区社会文化艺术、广播影视、文物事业、体育事业、新闻出版与版权、“扫黄打非”及全区文化市场经营场所的审批、管理工作。管理区文化市场综合执法局(副科级事业局)、区文物管理所(副科级事业局)、区洪商文化博物馆、区文化馆、区图书馆、区业余体校、区老艺人办、区影剧院、区影业公司(企业)。内设办公室(产业开发股)、文化艺术股(政策法规股)、广播电影电视股、文化市场管理股、新闻出版与版权股(区“扫黄打非”工作领导小组办公室)、行政审批服务股、体育股。

农村综合广播信息系统“村村响”工程(含山洪预警广播资源整合)全网实现三级联播、三级可控、三级插播、电话应急插播以及优先级别、防非法插播功能、防干扰、无人值守编码控制指令、电脑管理系统平台8大功能。为今年汛期插播、即时传讯起到很好的辅助作用，特别是在“6·29”洪灾期间发挥了巨大的作用。

加大监管巡查力度，对互联网上网服务营业场所、娱乐场所、印刷业、书店、报刊、广播电视等进行有力监管。坚持日常检查频率最低标准制度、《行政执法检查日志》制度、节假日巡查制度、举报受理制度、明察暗访制度等“五项制度”。做好由正常工作日向节假日、8小时以外延伸，由学生正常上课时间向中、高考时段和寒暑假延伸，由学校周边检查向未成年人重点活动区域延伸“三个延伸”，使监管工作实现时间和区域的全覆盖。围绕十九大特别防护期，深入开展“扫黄打非”工作，先后开展“清源”“净网”“护苗”“秋风”“固边”五大专项行动，重点打击非法出版物，对校园周边流动地摊、邮政报刊亭、音像店、小书摊店及城乡结合部等出版物市场进行突击检查和不定期复查，共检查场所26家次，立案查处3宗；结合“双创”工作，加强对网吧、歌舞娱乐场所等文化经营场所的监管，排查整治网吧违规接纳未成年人上网现象，打击歌舞娱乐场所超时经营行为，共检查网吧108家次，娱乐场所132家次，查处超时经营娱乐场所1间；开展以文化经营场所、公共文化体育人员密集场所、大型群众性文体活动为重点的整治行动；持续加强文化市场的监管力度，对网吧接纳未成年人、非法出版物经营、娱乐歌舞场所超时经营、文化营业场所消防安全等进行专项整治。2017年，文化市场巡查共出动执法人员942人次，检查经营单位518家次，未发生一例行政复议及赔偿案件。

2017年，被怀化市文体广新局评定为优秀单位，被评为洪江区重点项目工作、安全生产工作、文物工作、文化执法工作等优秀单位。雷镇运、梁斌、陈昌艳评为洪江区工委、区管委双文明先进个人；梁斌评为区工委、区管委重点项目先进个人；陈昌艳评为怀化市扫黄打非办评为先进个人。

【加强古建筑保护与维修】推进古建筑群文物保护维修工作，完成“徐荣昌商行”“庆元丰货栈”修缮工程的竣工验收工作、“大佛寺”整体修缮工程。古建筑群消防安全工程项目和石质文物抢险加固工程项目已通过国家财政部的财审，资金已全部到位，其中消防工程 2260 万元，石质文物抢险加固工程 507 万，两个项目 2018 年将正式启动。加强古商城消防安全工作，确保 18 栋国保建筑和 37 栋历史建筑的安全，开展洪江古建筑群安防日常检查制度，40 余名消防安全监管员对古商城重要文物建筑实行 24 小时监控防范，并建立洪江古商城消防安全责任制，分片包干，责任到人。

【举办群众文体活动】弘扬传统文化，举办多种形式群众文化活动。承办“龙狮献瑞迎新春”“新春音乐会”“优秀电影免费展播”等活动；参与组织 2017 年第四届浪漫樱花节活动，组织文艺晚会，约万余人观看文艺演出；举办洪江区厨神大赛活动；参加怀化新人新歌比赛，获得金奖、银奖、铜奖各一个；组织“欢乐潇湘·幸福怀化·洪福洪江”大型群众文艺汇演活动，共演出节目 80 个，其中村、社区的节目占到 70% 以上，近两万群众观看了节目。在怀化市“欢乐潇湘”总决赛中，洪江区选送的舞蹈《一片太阳花》获得怀化市欢乐潇湘二等奖，情景剧《洪江》获得三等奖；在省、市各项舞蹈大赛中少儿舞蹈获金奖 7 个、银奖 2 个、铜奖 1 个、一等奖 1 个、二等奖 1 个、三等奖 1 个、特等奖 1 个。

开展系列群众体育活动。组织开展各项比赛活动。在苗溪举行全区钓鱼比赛；与区总工会、旅游局联合举办“庆五一”趣味体育运动会，参加人数达 1000 余人；举行夏季职工篮球联赛；组队参加怀化市第九届登山比赛，获女子个人第二名、男子个人第九名、团体二等奖；中美篮球明星对抗赛，两届 NBA 总冠军得主、原湖人队后卫香农·布朗及阿特尔·马约克等组成的美国明星队和由崔万军挂帅，鞠明欣、罗旭东、范子铭等组成的中国广州证券男子篮球队（龙狮俱乐部）之间展开精彩对决。

【体育竞技成绩斐然】怀化市第五届运动会上，个人摔跤项目获 4 金 3 银 2 铜，摔跤团体（青少年组）总分第五名；跆拳道项目获 3 铜；青少年组武术项目获 8 金 3 银 2 铜、团体总分第二名；青少年组田径项目获 2 金 1 铜；成年组武术获 1 金 3 银 2 铜；成年组乒乓球获女子乙组双打第 2 名，女子乙组个人单打第 3 名，男、女、团体个第 8 名，团体总分第 8 名；成年组足球获第 5 名；各大项目获 4、5、6、7、8 名若干，在五运会中表现优秀获体育道德风尚奖。

【建设公共文化服务体系示范区】建成覆盖城乡的“城区 10 分钟、农村 15 分钟”的公共文化服务圈。综合性文化服务活动中心示范建设点 39 个（其中：6 个乡街综合文化站、村（社区）综合文化服务中心 33 个），已建成 29 个，在建 10 个，所有示范点将全部建成并免费向社会公众开放。

广播电视台

【概况】2017 年，洪江区广播电视台采取合作开办栏目、合作开展活动、合作推进工作的“三合作”方式开展工作。保持《洪江新闻》一周五档，每档最少 4 条新闻稿件的播出量。内宣发稿 2900 余条，月均发稿 132 条；外宣发稿 183 条，其中省台发稿 116 条、市台发稿 263 条；现场专题直播 26 期，创新 10 余档专栏节目。有 3 条稿件在中央电视台播出。并首次启用无人机进行航拍。

2017 年，洪江区广播电视台荣获全区安全生产工作先进单位、文明先进单位、法制建设工作先进单位、党风廉政建设先进单位等 10 个荣誉。

【开展现场专题直播】围绕中心工作先后制作 26 期专题片。其中《万众一心斗洪魔》专题汇报片，真实再现洪江区广大干部职工众志成城抗灾救灾的昂扬斗志和坚强决心；《最美孝心少年》、《大家说法》等专题节目紧扣当今社会热点；《洪江旅游》《百姓故事》等专题栏目通过记录群众身边的人和事，进一步提升普通百姓参与旅游建设的热情。在直播过程中应用无人机拍摄和高清信号输出的新技术，开展大型活动现场直播，先后对“新春民俗活动”“樱花节”“美食节”“欢乐潇湘”等大型群众文化活动进行现场直播，直播镜头更加震撼，画面更加清晰。

【创新电视新闻栏目】 创新栏目，制作更多贴近社会、贴近生活、贴近群众的电视新闻节目作品。全年陆续推出《砥砺前行的五年》面 《将改革进行到底》《党建风采》《经济军令状·一把手访谈录》《最美村支书》《不忘初心、老干点赞》《洪江好人》等10余档专栏节目，将区工委、区管委的正确决策和部署及时传递给广大群众，让普通群众看到洪江区发展中取得的各项成绩，对幸福洪江有更全面的感受。

图书管理

【概况】 洪江区图书馆建筑面积1540平方米，馆藏图书4万8千余册，图书目录5套，报纸62种、杂志190种。设有书库、借书处、图书阅览室、采编室、资料咨询室。阅览座位155个，其中电子阅览室25个，多媒体报告厅90个，一般阅览室40个，少儿阅览室坐席24个。2017年，增购各类中文纸质图书8000册，电子图书4万册及移动触摸屏，为读者提供方便快捷的查询服务以及移动阅读服务。提升intelib升级图书馆管理系统，实现图书馆数字化管理系统全区域共享。修建无障碍通道、增设轮椅、便民服务箱。更新34台读者阅览电脑。实行阅览全开架、借阅半开架，每周开放56小时。全年共接待读者约10万人次。接受社会团体及个人赠书15册。图书馆流通借阅图书共31085册次，新办借书卡120张。帮助读者查找文献资料查阅图书约1000册次阅览室订阅期刊22种，报纸19份。

2017年，参加全国公共图书馆评估定级，取得1000多分的好成绩。征文活动获省阅读活动奖；选送的作品获省明信片一等奖3名、二等奖2名、三等奖2名、优胜奖1名，获省优秀指导老师奖1名；获得区文明窗口称号。

【开展“金色童年”关爱留守儿童主题活动】 6月17日晚，区关工委，文体广新局，教育局主办，区图书馆、文化馆、东方红小学承办以“金色童年”为主题关爱留守儿童活动。活动有舞蹈，配乐诗朗诵、小合唱，独唱，情景剧等13个少儿节目。

【开展三湘读书月活动“书香湖南·红星闪闪耀童心”少年儿童系列读书活动】 8月1–3日，在图书馆一楼举办“光辉历程——中国人民解放军军史”为主题连环画展览活动。此次展览目的是让少年儿童了解学习中国人民解放军的发展史、历史人物及英雄事迹，增强少年儿童爱国拥军意识，弘扬革命传统和优秀文化，弘扬社会主义核心价值观。

【“解放军叔叔，您好！”--手绘明信片献给最可爱的人公益读书活动】 青年志愿者们给孩子们讲解中国人民解放军史，让更多少年儿童了解和学习人民解放军的光辉历史以及创造的英雄事迹，并以书画形式表达对解放军叔叔的敬意，用自己的画致敬最可爱的人。同时让孩子们明白幸福生活的来之不易，激发历史责任感。

文化市场综合执法

【概况】 2017年，怀化市洪江区文化市场综合执法局主要抓文化市场综合执法工作，对文化市场营业场、网吧进行巡查和专项治理。年初与文化场所经营业主签订目标责任书，以明确职责。坚持每月对文化市场营业场所巡查4次；全年，开展文化市场专项执法行动4次。全年召开四次网吧经营业主会议。每周对网吧进行3次日常巡查，节假日不定时抽查。为配合洪江区省文明城区创建活动，每天不定时对网吧进行巡查，严禁查处网吧未成年人上网等违法现象。全年共出动执法人员1428人次，检查经营单位664家次，对网吧接纳未成年人、未进行实名登记等违法情况共立案8起，结案8起。对电游违规机种立案5起，结案4起。未发生一例行政复议及赔偿案件。

2017年，荣获怀化市文化市场综合执法优秀单位、洪江区社会治安综合治理工作合格单位。

【探索"规范+服务"新型执法管理模式】 规范网吧内部管理，营造良好上网环境。禁止未成年人上网、上网请出示身份证、举报电话等标识标牌统一规格、大小，证照、场内各项制度统一摆放、张贴在规定区域；从业人员统一服装，工作牌，语言规范，服务到位，认真做好上网人员核查、实名制登记、场内巡查、禁烟劝导、卫生监督等工作。

发挥协会优势，规范行业自律。针对洪江区网吧的整体装修档次较高，投入大、人口少、区域小等特点，与网协商讨建立连锁化经营，成立集团与公司化管理模式，率先走出一条网吧行业管理规范、诚信守法、和谐共处的改革新路。召开网协会员大会，就行业价格、营销活动、守法经营等制定洪江区网吧协会行业自律书，网协会员如有违反，扣除保证金，列入失信黑名单。

树立执法就是服务的理念。严格按照法律法规和政策开展工作，一线执法队员自重、自省、自警、自励，讲党性、重品行、作表率，清正廉洁，干净做人，明白做事，弘扬求真务实、艰苦奋斗的工作作风，真心诚意地为文化经营者提供优质、高效的服务。

文化馆工作

（非物质文化遗产保护中心）

【概况】 2017年，文化馆有舞蹈排练厅3个、展览室1个、多功能室1个、书画室1个、录音棚1个、数字体验室3个，电子阅览室1个。共设免费对外开放4个项目，少儿舞蹈免费培训、业余乐团免费培训、业余合唱团免费培训、中国山水画免费培训。

组织开展以"呵护文化遗产，传承中华文化"为主题首个"文化和自然遗产日"活动，在武陵城广场展出区非物质文化遗产保护成果。继续参与"2017年春节文化旅游"、全民健身日、"2017年浪漫樱花夜"大型户外演出、"欢乐潇湘·幸福怀化·洪福洪江"的大型群众文化系列活动；组织"文化惠民·送戏下乡、进社区"活动10场和"高雅艺术进社区"1场。

参加"新人新歌"大赛市级选拔赛获得金奖1个、银奖1个、铜奖1个；"三湘蒲公英"少儿音乐舞蹈大赛获银奖2个、铜奖1个。参加全省文化（群艺）馆、站业务技能大赛美术作品获银奖1个；《庆祝建军90周年湖南省书法美术摄影作品展》美术类优秀奖1个。开展洪江区非遗成果展1次，纪实作品展1次。

【举办"洪福洪江"春节系列文艺活动】 1月15到20日，"放歌古商城"歌手大赛在体育中心举行。选手胡志明一曲《来香巴拉看太阳》获一等奖，选手何怡雯《黄河渔娘》和选手何莎莎的《问春》获二等奖，选手周伶梦《为爱》、李作文《天边》和李伟《一千个伤心的理由》并列三等奖。

2017年1月19日，由洪江区工委宣传部、区文体广新局主办，区文化馆承办的洪江区2017年春节十大文化旅游活动之一——"百姓大舞台"在区体育馆隆重举行，区工委委员、宣传部长田作根，区工委委员、政法委书记、财政局局长王慧成莅临现场观看。现场，来自全区的28支队伍轮番上台，表演吹打乐《刘海砍樵》、柔力球《舞动中国印》、群口快板《平安创建好处多》、葫芦丝联奏《龙的传人》、舞蹈《和谐中国》、广场舞《祖国您好》、歌曲《我和我的祖国》等28个节目。整场演出精彩纷呈，高潮迭起，为观众呈现一道丰盛的文化大餐。

2017年正月初一，湖南洪江古商城举行盛大的龙狮迎新春大巡游活动。从大街小巷出发的100头龙狮队伍，在体育广场集体舞动5分钟，并依次上台表演，壮观的场面吸引数万市民现场观看。

【举行"嵩云山樱花浪漫夜"大型文艺晚会】 2017年4月1日，在体育馆广场举行，"嵩云山樱花浪漫夜"大型文艺晚会。收到群众的广泛欢迎，观赏的群众络绎不绝，吸引大量游客来洪江区观看演出，欣赏嵩云山樱花。

【组织"欢乐潇湘 幸福怀化 洪福洪江"演出】 2017年7月24日–29日，先后举办横岩乡、沅江路、新街、高坡街、桂花园乡、河滨路各乡街的初选，8月2日举办洪江区总决赛。此次演出，充分体现洪江区人民群众，深厚文化底蕴，对艺术的热爱。为发展洪江区优秀文化创造更好的基础与条件。

【开展“高雅音乐进社区专场音乐会”活动】 2017年12月24日，在影剧院演出的“高雅音乐进社区专场音乐会”。此次音乐会,演唱中国经典曲目《白毛女》《北京喜讯到边寨》等，将传统经典曲目走进群众、走进社区。提高人民群众艺术鉴赏能力，座无缺席，反映群众对高雅艺术的喜爱。

卫生与计划生育

综　述

【概况】 2017年，洪江区卫生和计划生育局内设办公室（宣传教育股）、人事和科技教育股、行政审批服务股（法制监督股）、规划财务信息股、体制改革和基本药物制度股、疾病预防控制股（区卫生应急办公室、区突发公共卫生事件应急指挥中心）、医政和中医药管理股、基层卫生和妇幼健康服务股、计划生育家庭发展股、计划生育基层指导股、流动人口计划生育管理股、爱国卫生股等12个职能股室；直属医疗卫生机构有区中医医院、区卫生计生综合监督执法局、区妇幼保健计划生育服务中心、区疾病预防控制中心4个区级医疗卫生单位，3个乡卫生院、4个社区卫生服务中心。卫生计生系统有职工370人，其中专业技术人员232人（含副高职称23人、中级职称85人、初级职称124人）。编制床位292张，实际开放床位281张。

2016年10月1日至2017年9月30日，全区共出生人口575人，其中政策内生育569人，政策外生育6人，符合政策生育率98.96%，与2016年同期相比上升1.47个百分点；人口出生率8.03‰，同比下降0.31个千分点；自然增长率2.88‰，同比下降0.76个千分点；死亡率为5.15‰，出生人口性别比100∶109.09。

2017年，全区婚前应检人数796人，实检人数536人，婚前检查率67.33%，检出疾病人数86人，疾病检出率为16.04%。免费优生检查任务数85对，完成87对，完成率102.35%，早孕随访率及妊娠结局随访率100%。叶酸应服用人数306人，实际服用人数287人，叶酸服用率93.79%，服用依从人数269人，服用依从率93.73%。产前筛查人数716人，产前筛查率128.78%，产筛高风险发生人数48人，高风险发生率6.7%，；新筛检查594人，新筛检查105.21%；听力筛查人数622人，听力筛查率110.09%。

全区农村奖扶对象420人，扶助金额61.3万元；特别扶助对象230人，发放金额186.3万元。制定和发放因病致贫、因病返贫人员的“就医明白卡”，享受“先诊疗、后付费”政策，出院时通过基本医疗保障（政策范围内费用报销比列提高10%）、大病保险（贫困人口大病保险起付线从8000元降至4000元，降低50%）、“扶贫特惠保”、医疗救助、定点医院医疗费用减免、政府兜底保障等政策享受“一站式结算”，实际住院报销比例达到95%以上。

2017年，洪江区桂花园乡中心卫生院获评国家级“群众满意乡镇卫生院”，区卫生和计划生育局获湖南省人口和计划生育工作良好单位、计生协工作绩效考核模范单位、查处“两非”典型案件先进单位，怀化市出生人口性别比专项整治工作三等奖、卫生重点工作目标考核良好单位、人口和计划生育工作良好单位、计划生育服务与执法主题活动二等奖。桂花园乡卫生院李玉琳获怀化市“十佳医生”。

【推行诊疗体制建设】 全面启动分级诊疗制度。初步建立各级各类医疗机构疾病诊疗目录和临床路径，实行药品零差率销售政策，辖区所有公立医疗机构、乡街卫生院均加入市公立医疗机构采购联合体，药品耗材实行网上集中议价、采购。区中医院、乡街卫生院药品网采率达95%以上，全部药品均严格执行零差率销售。推行药品采购“两票制”。继续实施药品零差率和调整医疗服务价格，规范医疗卫生机构药品、医用耗材购销行为，有效缓解群众“看病难、看病贵”问题。落实“重性精神病患者救治救助”制度。实施肇事肇祸等严重精神障碍患者监护奖励政策，每名被监护人的监护管理奖励标准为每月200元。

卫生计生综合监督执法

【概况】 2017年，洪江区卫生监督所更名为洪江区卫生计生综合监督执法局。

全年组织开展打击非法行医暨非法采供血专项整治、整治违法医疗广告、坚决查处医疗行业损害群众利益违法行为专项整治等专项行动，监督各级各类医疗机构44户次，其中立案6起，结案6起，罚款总金额3.6余万元；监督检查各类公共场所157户次。为保障全区近2万农村人口用水安全，对全区农村集中式供水单位进行调查（水源情况，山泉水水源的27家，井水水源的22家，水库水源的1家），有检测报告的仅有7家，50家农村集中式供水均未办理卫生许可证，未建立相关制度，从业人员未进行健康检查。全年，受理各类卫生许可申报46件，其中，公共场所卫生许可32件、生活饮用水许可1件、变更10件、延续3件，办结率100%。查处“两非”案件2起，其中一起利用微信互联网进行血液DNA检测胎儿性别案直接纳入全省“两非”案件评审，罚款金额总计5000元，完成社会抚养费1177867元。

疾病预防控制

【概况】 做好预防接种工作。疫苗接种率（卡介苗100%，脊髓灰质炎疫苗99.5%，百白破疫苗99.5%，麻疹疫苗接种率100%，乙肝疫苗接种99.8%，甲肝疫苗接种率98.5%，乙脑疫苗接种率100%）均达到95%以上，五苗接种率为97.9%，乙肝疫苗首针接种及时率99.8%；A群流脑疫苗100%，A+C流脑疫苗第一针接种率99.2%，脊灰加强100%，麻腮风加强99.1%，百白破加强99.4%，乙脑加强99.6%，A+C流脑疫苗第二针接种率100%，白破二联接种率100%。

全区5所小学和6个幼儿园，应查验11所，实查验11所，查验覆盖率为100%。有新入学儿童1014名，查验儿童1010名，查验率为99.6%，其中持接种证人数992人，无证人数18人，补证18人，补证率100%，漏种儿童补种303人；有新入托儿童576名，查验儿童575名，查验率为99.8%，其中持接种证人数568人，无证人数7人，补证7人，补证率100%，漏种儿童补种130人。

全区一类基础疫苗合格接种率达98.7%，A群流脑疫苗99.3%，A+C流脑疫苗接种率99.2%，麻腮风接种率99.1%，百白破加强99.1%，乙脑加强99.6%；A+C流脑疫苗第二针98.3%，白破二联98.3%。

防控传染病。全区报告法定传染病465例，死亡例9例，总发病率626.61/10万，死亡率12.13/10万。全年无突发公共卫生事件，发病数居前5位的病种为乙肝（112例）、手足口病（100例）、隐性梅毒（79例）、丙肝（70例）、肺结核（46例）。

结核病防治。结核病防治门诊接待初诊病人345人，确诊活动性肺结核病人57例（任务53例），完成率110%。其中初治涂阳19例（任务18例），完成率105%，复治涂阳3例（任务3例），完成率100%，初治涂阴34例（任务32），完成率106%。对23例涂阳病人密切接触者进行筛查，筛查率为100%，医院肺结核报告达到262人，报告率100%。

艾滋病防治。全区各类人群HIV抗体检测12331人，检测HIV阳性16人，截止12月全区累计报告241例，现存活96人均接受抗病毒治疗，治疗覆盖率为100%。开展自愿咨询检测服务，共为986次各类人群提供自愿咨询检测服务。目前关爱中心现有病人22名，其中成人9名，儿童13名，在关爱中心接受治疗的病人在身体情况允许的情况下均积极参加由关爱中心组织的生产自救活动。

手足口病防治。全区累计报告手足口病100例，无死亡，发病率为134.75/10万，报告重症病例1例。报告病例以散居儿童为主（65例），占发病总数的65%；发病年龄以0—4岁年龄组儿童为主（85例），占报告病例总数的85%。1–12月份共采集病人肛、咽拭子样40例，其中EV71阳性6例，CoxA16阳性1例，其他肠道病毒阳性20例，阴性13例。

人感染H7N9禽流感防治。1月–4月和11月–12月开展人感染H7N9禽流感外环境监测，每月采集3户活禽经营户、3份活禽样本送市中心检测，均没有发现阳性样本。

开展卫生监测。全年对城区5个点的末梢水进行了15次监测，对区自来水厂枯水期和丰水期的水源水和出厂水各进行一次全分析，对所有二次供水分别在7–9月进行了3次监测，出厂水和末梢水常规监测75次，监测覆盖率100%，水质合格率100%。

进行老年人健康管理。全区65岁以上常居老年人6553人、接受健康管理4652人、管理率70.9%；高血压疾病管理人数3184人、规范管理2892人，规范管理率90.82%；糖尿病管理人数1131人、规范管理1089人，规范率96.28。

碘缺乏病监测工作。洪江区于2017年3、4、5、6月开展了300户家庭食用碘盐监测和21份水碘监测工作。进入抽样点居民户抽取居民食用盐（每户50g）进行检验，在每个乡镇按东、西、南、北、中五个片区，每个片区按东、西、南、北、中各抽取一口井，少于5口井的全部抽取，抽取完后送市疾控中心监测。调查结果表明，300份样品中289份均为加碘盐，居民食用盐碘合格率96.33%，水碘监测达到国家规定标准。

精神病流行病学调查。洪江区共筛查出严重精神障碍患者300人，发现率为4.1‰；管理288人，管理率为95.05%；规范管理282人，规范管理率为93.07%；服药275人，服药率90.76%；全区未发生严重精神障碍患者肇事肇祸事件。邀请怀化市四医院专家对我区精神障碍患者进行筛查定级评估：评定5级患者7人，4级患者10人，3级患者111人，0–2级患172人。

居民死因监测。2017年，全区累计死亡病例447例，死亡率为631.55/10万，死因前三依次是呼吸系统疾病、脑血管病、心脏病，人口平均预期寿命约82.01岁。

【开展学校卫生及健康检查】 全年对区15所中小学、幼儿园进行40余次督导检查，根据不同季节特点，开展各项宣传预防工作，严防各类传染病对师生的危害，及时尽早对师生做好知识性宣传工作。全年，共发放各类宣传资料5000份。对全区7所中小学共4594名学生进行健康体检。

【搞好应急管理】 组建2支应急小分队，实行24小时值班制度。装备12个机动箱，储备2万元应急物资设备，完善救援保障机制，落实传染病疫情、救灾防病等突发卫生事件的现场处置。在“6·29”洪灾的救灾防病中共出动人员280人次，消毒面积4.9万平方米，发放灾后防病知识宣传单1.63万份，向受灾群众发放漂白精片300瓶、84消毒液2000瓶，消毒饮用水源31处，实现全区“零疫情”的目标，保障人民群众的身体健康。

妇幼保健

【概况】 2017年，完成妇女、儿童保健门诊18248人次，婚前医学检查542人次，孕前优生健康体检170人次，产前筛查587人次，计划生育手术343人、农村妇女两癌筛查1211人。全年对两乡四街进行4次高危孕妇集中筛查，筛查孕妇182人，高危筛出率为35.58%，并对高危孕妇进行踪监测服务，使其转危为安，平安分娩。中心利用孕期检查、婚检门诊、孕妇学校、家长学校、下乡上街义诊、免费妇科病普查及下乡高危面访督导的机会放发大量宣传资料，达到控制孕产妇和5岁以下儿童死亡率。全年，共计活产数为533人，高危孕妇245人，孕产妇死亡为0人，死亡率为0%。2017年，孕产妇产前检查覆盖率为97.72%，系统管理率为96.76%，高危管理率100%、高危住院分娩率为100%。

为7岁以下儿童建立健康档案，对高危儿进行跟踪管理，，以降低儿童死亡率为目的；开展儿童常规健康体检、常见病治疗、口腔牙齿保健、微量元素测定、集体儿童健康管理服务、高危儿筛查及管理等项目。全年共计接诊6153人次，疾病人数922人次，疾病筛查率14.98%；接受集体儿童检查人数1753人，体检率100%，辖区内托幼园所无流行病发生。

7岁以下儿童3714人数，保健管理率为88.09%；3岁以下儿童14536人，系统管理率为87.56%；婴儿死亡率为18.8‰，5岁以下儿童死亡率为18.8‰，新生儿死亡率为18.8‰。

对两乡1211人进行两癌普查，完成率为100.91%，筛查出疾病人数476人，疾病发生率39.31%。其中查出宫颈癌CIN 9人，乳腺癌2人。对两乡四街2486名已婚妇女进行免费妇科病普查，查出疾病817人，疾病筛查率32.86%，对查出疾病人员均按要求进行医学指导。

开展计划生育咨询2058人，查环查孕6042人，发放避孕药具20984人，计划生育随访率100%。落实计划生育手术343例，其中上环150人、取环155人、人流9人，药物流产25人，无一例手术并发症发生。

建立规范的艾滋病初筛实验室，并获得省级优秀实验室称号。全年共计检测1745人次，查出艾滋病阳性病例1人，对其所出小孩进行母婴阻断。

进行婚前医学检查， 全年共计544对进行婚前医学检查，婚检率为，67.49%，检出疾病85人，疾病检出率10.98%，其中指定传染性疾病病人34人，并全部进行医学咨询指导。

利用孕产妇门诊、婚前医学检查、及乡村保健人员孕情摸底等机会，全年免费发放叶酸306人，其中实际服用人数287人，叶酸服用率93.79%，服用依从数269人，服用依从率93.73%。全年全区进行产前筛查650人，筛查率为105.35%，全年共筛查新生儿疾病633人，筛查率为118.76%，新生儿听力筛查全年共计筛查623人，筛查率为116.88%。

医　院

·怀化市第二人民医院洪江医院·

【概况】 怀化市第二人民医院洪江医院是一所集医疗、教学、科研于一体的现代化综合性医院，医院占地100亩，建筑面积5万平方米，病床编制210张，拥有进口日立螺旋CT、原装工作站、腹腔镜、宫腔镜、输尿管镜、电子胃镜肠镜、彩色B超、大型高频电视透视X光机、全自动生化分析仪、血球分析仪、放免检查仪、高档心电监护工作站等等一流的现代化设备。现有在职职工206人，在岗专业技术人员179人，其中高级职称22名，中级职称47名，设有临床科室9个，医技科室4个。湖南省首批二级甲等医院，全国“文明医院”、湖南省“文明建设先进单位”以及“洪江区军民共建示范单位”。

2017年，怀化市第二人民医院洪江医院完成洪江区内关于艾滋病，结核病，梅毒，甲型H1N1流感及手足口病的筛查和诊治任务。实施医改政策，全年药品销售2114.72万元，比去年同期下降18.79%。全年门（急）诊87138人次；出院10381人次；病人实际占用床日数90961；手术1834台次。开展精神文明建设活动，为3000余名群众提供义诊服务。

医护部门加强对核心制定的学习与执行，定期到各临床、医技科室检查医疗各项规章制度及技术操作规程的执行情况，强调三级查房制度及疑难病例会诊制度。进一步规范护理风险管理、人性化护理措施、护理质量考评等制度的落实，质管员每日下病房抓环节质量控制，每月组织一次医疗质量及安全大检查，典型问题在医疗安会讨论会上通报批评，讨论分析。加强传染病报告制度，重点做好发热门诊和肠道门诊工作，规范临床诊断，建立艾滋病咨询室，增设导诊服务台。

积极应对公共突发事件，承担洪江区内关于艾滋病，结核病，梅毒，甲型H1N1流感及手足口病的筛查和诊治任务，完善各类传染病预防控制措施，对应对公共卫生事件做好充分准备。

深入开展“以规范诊疗行为、提高医疗质量、改善服务态度、优化服务环境为主要内容”的“医德医风专项整治活动”，制定《洪江医院“医德医风专项整治活动”方案》。从2016年10月份实施医改政策以来，医院在治理降低药品比例与均次费用方面做了大量工作，全年药品销售2114.72万元，比2016年同期下降18.79%。

2017年，继续保持全国“卫生文明建设先进集体”，省市“精神文明建设先进集体”等荣誉称号。

【开展社会医疗服务和卫生支农活动】 组织大小型义诊8次，发放健康指导宣传册0.2万册，免费发放药品近0.3万元，为3000名群众提供义诊服务，派出11名医疗骨干到各卫生院进行技术支援。

【做好医保农合工作】 2017年，职工医保出院病人2918人，出院总费用1417.75万元，基金费用1033.18万元，报销比例72.87%；城镇居民医保出院病人2036人，出院总费用802.82万元，基金费用463.86万元，报销比例57.78%；城乡居民医保出院病人3650人，出院总费用1526.69万元，基金费用862.29万元，报销比例56.48%。

·洪江区中医院·

【概况】 洪江区中医院占地面积6767平方米，建筑面积16389平方米，业务用房14770平方米，编制床位230张，各种诊疗设备460台（件），万元以上设备214台（件），万元以下设备246台（件），拥有固定资产4862万元。在职在编职工189人，其中：卫生技术人员226人，高级技术职称20人、中级技术职称72人。内设内一科、小儿科、内二科、骨伤科、外科、妇产科、检验科、急诊科、口腔科、康复科、皮肤科等自然科室30个。

加强院前急救，全年120出诊2096次，其中收入院1610人次，留观317人次。对转院患者，专门安排相关专业的医护人员护送，确保转诊途中患者的安全，使患者安全到达转诊医院。配合区里的重大活动配备医护人员及急救设备，全年共派出救护车待命20多次，包括樱花节、工业园群体事件、拆迁房屋、两会、十九大集中学习、发生重大刑事案件等。

10月28日，医院成功地完成巨大型子宫肌瘤剔除加子宫全切术，这是洪江区中医院历史上完成的子宫肌瘤切除术中剔除的最大肌瘤，重达3.4斤。12月8日，洪江区中医院首次参加第二届武陵山（怀化）国际健康产业博览会，在博览会上洪江中医院着重推介医院制剂药品。其中中医骨科：强筋壮骨活血祛瘀的壮骨强筋合剂、活血祛瘀行气止痛的跌打活络合剂、活血止痛接骨续筋的接骨舒筋合剂、散瘀消肿活血定痛的止血定痛合剂。中医内科：平肝熄风的天麻祛风糖浆、补气生血的归芪益气补血糖浆、温肝肾益精血的枸杞补肾糖浆、益气解表的参苏止咳糖浆、清肺祛痰止咳的枇杏止咳糖浆、清热解毒利咽消肿的清热利烟颗粒、健脾活胃行气止痛的健胃胶囊。中医妇科：化瘀导滞的益母化瘀糖浆。治疗糖尿病专科方面有：养胃生津清热润燥的甘露润燥合剂、益气活血滋阴生津的甘露滋阴合剂。

全年，收入5083.94万元，门诊人次114118人次，出院人次6812人次，实际开放床日230张，床位平均使用率86%。手术台次1191台，手术总收入200.91万元，同比增加36.84万元，增长22.45%。中医外治收入294.32万元，同比增加40.6万元，增长15.98%，百元医疗收入耗材占比10.69元，同比增加0.86元，增长8.75%。

【实行医务公示制度】 加强医务公示制度，设立大屏幕公示栏公布药品、卫生材料、医疗服务项目收费标准和医师简介，让病人或家属可选择医师，随时查询住院费用，无滥检查、滥用药、乱收费、分解收费等行为。

开展义诊活动，注重社会效应，医院全年派出副主任医师和主管护士等医务人员在社会福利院、工矿企业、乡街社区义诊20次，免费给患者及孤寡老人，社会贫困户发放药品9000余元。

【规范用药质量管理】 严格执行新药要引进，药品核算、淘汰、临购的管理，执行省中标药品网上阳光采购和省基本药物网上采购。全年，完成药品采购1070.3万元，中标药品采购717.3万元，占67%，中药饮片采购137.5万元，基本药物采购总金额比例37%，中草药采购总金额比例12.8%。

加强用血管理，凡是临床用血达600毫升以上，必须报医务科批准，对紧急用血，先用血后补报。为了保证患者安全，在洪江二医院缺血的情况下，及时联系怀化血站，确保患者用血，尽力抢救患者生命。临床上没有出现不规范用血。

加强“治未病”服务能力建设，积极落实“治未病”工作任务，充分发挥中医药特色优势，不断拓宽中医药服务领域。以治未病、体质辨识为手段、健康管理为平台，建立新型的中医健康管理模式。医院设立“治未病科”以来，以中高级中医药人才为主力军，开展穴位敷贴，冬病夏治，夏病冬治等诊疗活动。

严格管理麻醉药品、精神药品，实行“专人、专柜加锁、转账登记、专用账册、专用处方”的专项管理，每季度进行一次对精麻药品使用管理情况的检查。

【做实传染病防治与医院感染管理工作】 2017年，全院报告医院感染病例79例，感染率发生率为1.16%。每月对全院各临床科室进行2次的业务督查，发现问题及时沟通协调。在手足口病、人感染H7N9禽流感流行期间，进一步加强预检分诊台、儿科门诊、内科门诊、发热门诊、急诊科等重点场所的管理，落实手足口病、人感染H7N9禽流感医院感染控制要求，加大医院感染防控力度。全年传染病报告155例，死亡病历报告46例，无漏报。**【推进优质护理服务活动】** 开展优质护理服务病区数4个，占全院病区总数80%，各科中医特色护理的开展形式常规化，责任制整体护理工作模式进一步深化。合理调配人力资源，护理部根据各病区护理工作质量，合理调配护士人力。定期对各科室护理质量进行检查、反馈和整改。每月常规召开全院护士长会议，每月召开护理质量分析会一次。坚持护士长夜查房，落实“非惩罚护理不良事件上报制度”，全年共主动上报护理不良事件33起，其中重度护理缺陷4起。2017年，护理质量达标情况良好，分级护理合格率94%；护理书写合格率94.5%；中医特色护理合格率94.1 %;护理安全管理合格率94.9 %；病房管理合格率92.7 %；消毒隔离合格率95.5 %；药品物品设备设备管理合格率97.3%；护理满意度合格率94.4 %。

强化护理业务培训。按照年初制定的《2017年护理人员业务培训计划》，对全院护理人员分层级进行中医基础理论、三基理论及操作的培训及考核。全年进行护理理论考试4次，参考率100%，初考合格率85%，补考合格率100%；对全体护理人员进行静脉留置针技术、徒手心肺复苏、密闭式静脉输液、艾条灸、拔火罐、耳穴压豆6项中西医护理技术操作培训及考核，合格率为100%；组织全院护理业务培训12次，参培率为90%以上；选派护士长及护理骨干赴省中医管理及上级医院培训进修学习共18人次；选拔10名优秀护士参加全区护理操作技能比武，取得全部15个奖项中的12个，并得到上级医院评委老师的肯定。

加强中医特色护理。全院实施中医护理方案共14个病种，在全院五个临床科室开展14项中医护理技术项目。全年开展中医护理技术，其中拔火罐344人次、穴位贴敷23317人次、隔物灸5859人次、中药熏洗1353人次、艾条灸21178人次。

【开展医保农合及健康扶贫工作】 职工医保住院1910人次，医药总费用817.76万元，人平4281元，统筹总费用563.15万元报销率68.86%，人平统筹2948元；药品总收入274.21万元，药品总占比33.53%。居民医保住院1374人次，医药总费用546.85万元，人平3980元，统筹总费用287.98万元报销率52.66%，人平统筹2096元；药品总收入161.67万元，药品总占比29.57%。新农合住院1415人次，总费用566.54万元，人平4004元，补偿总费用304.27万元，人平统筹2150元；药品总收入154.5万元，药占比29.8%。

每月将各科室住院医保病人费用结构、指标执行情况进行统计分析、找出存在问题提出改进措施，并及时反馈到各科室主任，各科室主任根据提供的信息，对存在的问题进行修正整改。通过与各科室签定医保农合目标责任书，依据科室完成的各项指标数进行绩效考核，一年的试行情况来看，这套管理行之有效，取得令人满意的效果，药占比得到可观的下降。2017年5月进行医保农合政策课件培训，培训完后进行了政策知识的考核，考试不合格的补考，缺席的按照《医院医疗管理条例》处罚。

2017年10月针对健康扶贫工作中的相关精神进行培训，对建档立卡贫困户实行“一站式”结算补偿模式，当场兑现医疗补偿费用，大大提高参保患者满意度。医院对罹患9种大病的建档立卡贫困户兑现医疗总费用5%，的减免金额1270元。

【开展抗灾求助工作】 在“6·29”特大洪涝灾害中，全体干部职工积极投入到抗洪抢险防病救灾的工作中，深入到岩门村、优胜村、洪高村、滩头村、横岩村等各个乡间地头、村民农户中，共走访500余户受灾户，接诊村民500多人，发放药品1.3万余元，宣传资料1000多份，并发动全院职工捐款2.02万元，是区属单位捐款最多的单位之一。特别是医院急诊科，在科主任米全喜的带领下，一直战斗在灾情最严重的岩门村，24小时昼夜不停地参与抢险。仅6月29日晚至7月1日凌晨，急诊科共出诊20余趟，接诊病人30余人，收治入院15人。米全喜同志因此被授予怀化市“抗洪抢险先进个人”的光荣称号。

社会生活

民 政

【概况】 2017年，城乡低保标准分别提高到500元/月、260元/月，月人均救助307元、230.6元，发放城乡低保金分别为2223.9万元、196.56万元；城乡特困年供养标准7200元/年，发放特困供养金67.56万元；医疗救助6157人次，发放救助资金196万元；发放救灾款物187.83万元。实行重点优抚对象"一站式"医疗救助，全年发放优抚医疗救助补助5.66万元。保障重点优抚对象"定期、定量"补助经费按时足额发放到位，全年发放优抚资金258.27余万元。落实安置政策，将4名符合条件的退伍军人安置到区直各单位。为34名城乡义务兵发放优待金38.6万元。为17名2016年自主就业退役士兵发放地方一次性经济补助12.2万元。做好全区涉军群体信访维稳工作，解决安置遗留问题19人，全年累计接待咨询政策复退军人100余人次，无重大涉军群体非正常性上访事件。

发展养老服务业。新增养老床位44张，建立基本养老服务补贴制度，发放养老服务补贴4.5万元。全面开展推广老年人意外伤害保险工作，为全区1210名符合条件的五类老人出资1.82万元办理意外伤害保险。为社会福利院50位老人购买养老机构险6250元。为188位符合条件的失能半失能老人全部购买居家养老服务，覆盖率达100%。加强老年人维权工作，办理老年优待证958本，落实65周岁以上老人在城区免费乘坐公交车制度，协调配合有关部门做好老年人司法救助、法律援助、法律服务工作。加大福利彩票销售任务，总销售额达912万元。

城乡社区建设。换届选举共选出村（居）民委员会班子139人，其中60岁以上13人，比上届减少32%；35岁以下的11人，比上届增加5%；大专以上学历16人，比上届增加3%。基层民主参选率达到98.01%，比上届高出8.01个百分点。城乡居民依法自治率、社区综合服务站和公共服务信息平台覆盖率均达100%。所有社区都开展和谐社区创建工作，农村社区建设试点全面铺开。全国第二次地名普查工作全面完成，共采集收录11大类地名信息1339条。开展行业协会商会与行政机关脱钩试点工作，社会组织孵化基地建设工作稳步推进。

公共管理服务。发放2017年残疾人两项补贴，其中发放重度残疾护理补贴人数达7026人次，护理补贴35.23万元，发放困难残疾生活补贴人数达9937人次，49.685万元。全年共办理结婚登记403对，离婚登记254对，补发结婚证93对，补发离婚证26本，登记合格达100%。全区共有孤儿11名，全年发放孤儿养育金11.22万元。做好流浪乞讨人员救助工作，共救助112人次。殡仪馆整体搬迁至桂花园乡茅头园村神仙山，占地31亩，总投资3050万元，建筑面积6000平方米，建成后，将有

7个悼念厅、1座综合服务楼、1个火化车间、1个骨灰寄存楼。

【发行全国福利彩票，打造“福彩”一座城】“福在古商城”福利彩票（简称“福票”）5月上市。结合“福彩一座城”建设工作，计划在三年内和交通、旅游、餐饮、宾馆等行业加强合作，全面发展福彩服务项目，让“福在洪江”贯穿每一处。全年筹集公益金815万元。

【创新“医养结合”模式，打造精神病人就医新平台】洪江区先行尝试政府和社会力量合作规范福利机构服务，进一步完善社会保障体系，第二福利院将精神科诊疗楼及康复培训综合楼用于引进医疗机构，成立洪江区脑康医院，为院内精神病患及流浪乞讨人员提供就近就医、康复疗养、临终关怀等服务，探索出福利机构“养医结合”新模式，实现政府与社会力量互惠互利合作的可持续发展。

人力资源和社会保障

【概况】2017年，洪江区人力资源和社会保障局承办的省级重点民生实事9项12个指标，市级重点民生实事5项11个指标全面完成。出台《关于切实做好就业扶贫工作的实施方案》《关于开发就业扶贫特岗实施工作方案》等文件，将农村建档立卡贫困人口住院就医费用报销比例提高10%；取消贫困人口区内门诊报销起付线；将农村贫困人口大病保险起付线降至4000元；特殊困难人口大病保险全部报销。农村贫困人口区内住院先诊疗后付费，实行“一站式”结算。

工资福利工作。审批正常晋级晋档工资及津贴2300人；审批一次性丧葬费、抚恤金70人；审批机关事业单位退休70人，其中行政单位24人，事业单位46人；津贴调整和养老金调整1823人。养老保险工作。征收失地农民社会保障资金为628.03万元（其中：征收怀化至通道（湘桂界）公路项目欠款261.93万元，征收新建项目367.1万元）。办理企业职工退休手续904人（含特殊工种提前退休56人，病退47人）；审核审批丧葬费、抚恤费295人。特殊病种评审和工伤认定工作。职工特殊门诊申报629人，通过511人，其中血透患者56人，居民特殊门诊申报368人，通过276人，其中血透患者42人。共受理工伤案件134件，结案134件，工伤死亡认定1件，个人申报工伤和工亡调查率均为100%。人事档案服务工作。接收人事档案200件，其中含流动人员档案76卷，转出档案39卷；接收零星材料1630份；接收人事工资、职称、考核材料进档3600份。提供借阅、查询、组织关系200人次、100余卷、80余件。社会保障卡发放工作。完成社会保障卡发放5.17万人，完成全年任务162.8%。城乡就业工作。全年新增城镇就业2896人、下岗失业人员再就业1805人、就业困难对象再就业915人，新增农村劳动力转移就业218人、创业主体341户，带动城乡就业457人，新增创业担保贷款268万元，城镇登记失业率在4.3%以内。零就业家庭动态援助率为100%。积极开展创业培训，委托怀化信达职业技术培训学校举办3期SYD创业培训班，共培训创业人员85人。为嵩云禽业开办一期养殖技术培训班，共培训50人。

落实社会保障。全年征缴社会保险基金2.02亿，地方财政补贴0.57亿，争取上级补助资金3.64亿（其中争取就业专项资金2099万元），支付待遇5.74亿元，社会保险待遇按时足额发放率和社会化发放率均为100%。其中：企业社保参保企业145家，参保人数14311人，实际缴费10672人；全区企业离退休14701人，征缴基金9565万元，完成年度任务的138.6%，基本养老金发放4.05亿元，争取上级社保补助金3.36亿元；机关事业单位养老保险参保单位133个，在职参保人员2656人，完成年度任务的140%，退休人员1823人，征缴基金8786.10万元（其中养老保险基金征缴3789.50万元，财政补贴收入4954.55万元），基金支付8651万元，基金滚存积累239余万元；城乡居民社会养老保险参保12652人，征缴基金104万元，完成全年任务的125%；发放养老金379万元；职工基本医疗保险登记参保2.45万人，征缴基金4490万元（统筹基金2499万元，包含财政补助760万；个人账户1191万元），完成年度任务的149%，争取上级医保破改企业补助资金400万元，基金支付4647万元，确保6180人次的住院医疗和12万人次的门诊治疗。实现职工医保异地就医联网（直接）结算。城乡居民基本医疗保险登记参保4.16万人，征缴基金2524万元，基金支付2457万元，确保7377人次的城乡居民的住院医疗和3.3万人次的门诊治疗。生育保险收入95万，完成全年任务的120%；基金支付46万；失业保险征缴85万元，完成任务数121.4%；基金发放430万元；争取省级失业保险调剂金330万元。工伤保险基金征缴340万元，完成全年任务的113%，基金支付324万元。社保基金的完整率、安全率均达到100%。

坚持“凡进必考”原则，严把进人关。全年，公开招录公务员29人，公开招聘事业单位人员48人，其中赴高校招聘9人（教师5人，卫计专业技术人员4人），办理调配手续280人，调出洪江区38人、调入7人。申报评审专业技术人员19人，其中高级12人、中级7人。卫生系列总计申报正高3人，副高5人。公需科目培训675名，均颁发合格证明。安置军转士官4名，其中三级2人、四级1人、直属1人，实现单位、部队、个人三满意。全区有企业军转干部23人，其中，退休企业军转干部22人，在职企业军转干部1人，各项政策均落实到位。

处理劳动争议案件36起，其中不予受理32件、结案4起，涉及金额11万元；处理用人单位拖欠劳动者工资案件8件，涉及金额85万元；处理群众来信9件，依法办理并及时回复，办结率100%。通过电话解释、上门回访等方式依法依规答复在开门纳谏活动中群众反映的提问16起。日常接待来访群众500余人次，均依据相关法律法规和相关政策进行及时、妥善的解答。

【落实社会保险，“五险”统一征缴实现突破】 坚持“统一征缴、全面推动、重点突破、分步到位”的工作原则，对工业园、铁溪生态产业园、带子街片区共计460家企业的生产经营状况、参保人数、缴费基数以及社会保险征缴情况开展政策宣传和执法调查行动，督促各企业实行“五险”统一征缴，依法足额缴费，维护职工社会保险权益。开展五险统征工作，各险种累计新增参保企业63家，其中企业社保新增13家，职工医保新增38家，工保新增9家，失业保险新增3家，累计新增参保人员1275人，缴纳社保基金405万元。

【开展“互联网+就业+精准扶贫”服务平台建设】 积极争取配套资金对各乡街村社区现有硬件设施情况进行全面摸底调查，完成6.5万人的数据迁移工作，建立39个互联网+就业服务平台，完成任务100%。帮助57名就业困难人员和5名残疾人就业困难人员实现就业，帮助就业困难人员享受就业援助政策72人。为金丰纺织公司吸纳35名贫困对象进厂就业，人均年收入达到2万元以上，实现“一人就业，全家脱贫”。

【实施大众创业、万众创新】 落实“大学生创业引领计划”和“创新创业评选”活动，发放创业扶持奖励资金35万元，表彰2016年创新创业突出的企业、个体工商户和专业合作社，并给予政策扶持，帮助企业健康发展。积极组织和参与创新创业大赛。筹集20万元举办2017年“洪江味道”厨神大赛，决出特色烹饪和特色小吃一等奖4名，二等奖8名，三等奖15名，优胜奖20名，并选派选手参加在吉首举办的“武陵味道”特色餐饮·茶文化竞赛，获得了特色小吃、特色烹饪第一二名的好成绩，作品入选武陵山片区“十大名小吃”和“十大名菜”。

【开展“就业援助月”“春风行动”等大型活动】 发放“春风卡”“农民维权手册”、劳动保障政策、招聘信息等宣传资料3万份，农民工维权明白卡2万本、企业招聘信息1.5万份，提供约1100多个用工岗位，现场达成就业意向1000余人。为抓好湖南蓝思科技招聘重点工作，发放湖南蓝思科技专场招聘广告2.5万份，为企业输送务工人员172人。积极开展劳务协作，与望城区达成劳务协作的对接联系。

就　业

【概况】 2017年，新增城镇就业2896人，完成全年指标的100.6%；失业人员再就业人数1805人，完成任务的100.3%；

就业困难对象再就业 915 人，完成任务的 100.5%；城镇登记失业率控制在 4.5% 以内；新增农村劳动力就业转移 218 人，完成全年任务的 109%；创业培训 47 人，完成全年指标的 150%；失业保险征缴 85 万元，完成全年任务的 121.4%；失业保险参保 9093 人，完成全年目标任务的 101%；建成“互联网 + 就业 + 精准扶贫”服务平台网点 39 个，完成全年指标任务的 139%；新增创业主体 341 户带动城乡就业 457 人，分别完成任务的 114% 和 108.8%。

举办“春风行动”大型现场招聘会，印制 3 万份“春风卡”、2 万本农民工维权明白卡、1.5 万份本地 20 多个企业招聘信息免费发放给群众，共提供 1100 多个用工岗位，达成就业意向 1000 余人。同时认真做好湖南蓝思科技招聘重点工作，为企业输送务工人员 157 人。结合走访开展就业援助，共走访 298 户，帮助 57 名就业困难人员和 5 名残疾人就业困难人员实现就业，帮助就业困难人员享受政策人数 72 人。金丰纺织公司吸纳 35 名贫困对象进厂就业，人均年收入达到 2 万元以上，真正实现“一人就业，全家脱贫”。在引导扶持创业上，积极落实“大学生创业引领计划”和“创新创业评选”活动，扶持大学生和各类企业创业发展，共发放 35 万元，表彰 2016 年创新创业突出的企业、个体工商户和专业合作社，并给予政策扶持，帮助企业健康发展。

积极与企业的交流沟通，实现征收 85 万元。争取失业保险调剂金 330 万元，提升基金抗风险能力。截止 2017 年 11 月准确发放失业金 4913 人次，发放失业金、医保金 429.93 万元。

坚持“培训为创业服务，创业依托培训、培训与创业紧密结合”的方针，举办 2 期 SYD 创业培训班，共培训创业人员 85 人；为 19 名有创业意愿的群众提供创业财政贴息担保贷款 268 万元，累计为创业群众贴息 146.98 万元。

【建设“互联网 + 就业”服务平台】 为确保洪江区 39 个“互联网 + 就业”服务平台网点年内建成运行，对各乡街村社区劳动保障情况进行摸底调查，完成 66505 人的数据迁移工作。截止 11 月末，共核实劳动力和非劳动力信息 52306 人，完成率达 90%。

【举办烹饪技能大赛】 筹集资金 20 余万元举办烹饪技能大赛，决出特色烹饪和特色小吃一等奖 4 名，二等奖 8 名，三等奖 15 名，优胜奖 20 名。并选派优秀选手参加在吉首举办的“武陵味道”特色餐饮·茶文化竞赛，获得特色小吃、特色烹饪第一、二名，作品入选武陵山片区“十大名小吃”和“十大名菜”。

机关社保

【概况】 2017 年，全区共有参保单位 132 个，在职参保人员 2656 人，退休人员 1823 人。全年共收缴基金 8800.84 万元（其中养老保险基金征缴 3691.60 万元，财政补贴收入 5109.24 万元），基金拨付 8666.83 万元，基金滚存积累 134.01 余万元。完成行政机关和全额事业单位工作人员和大部分差额和自收自支事业单位工作人员新制度养老保险缴费工资基数的申报、征缴、发放，征缴基金 8800.84 万元。为 1823 名离退休人员发放离退休费 8666.83 万元，发放率为 100%。

【搞好职能建设工作】 各股室人员配备基本实现一人一岗，统计、稽核、退管专人专岗。加强业务、财务关联可操作性，特制作业务单位移交、数目核对、财务登帐、业务与财务经办人员签名、分管领导终审的流程表，理顺业务、财务交接关系，杜绝以往因工作人员疏忽造成的错登、漏登的现象。完善干部职工道德规范，展现机关社保工作新形象。定期走访和慰问帮扶贫困户及社区联系户，入户民调宣传，开展党员干部社区实践活动。关注困难离退休人员生活状况，结合区总工会“双联”工作，向贫困人员进行捐款。

企业社保

【概况】 2017 年，洪江区有参保企业 145 家，参保人员 14311 人，实际缴费人数 10672 人；全区企业离退休人员 14701 人。征缴 9565 万元，完成年度任务的 138%，发放待遇 4.05 亿元，争取上级资金补助 3.36 亿元。

全年，争取上级补助资金3.36亿。全区企业社会保险参保对象办理退休856人。

【守住企业离退休人员“生命线”】 企业社会保险局遵循“专户储存、专项拨付、专款专用、封闭运行”的管理原则，采取多重监管，内部自查，按月与财政对帐。与民政局殡葬执法队签订死亡人员报送（按月）目标责任书，随时了解企业离退休人员生存现状；对离退休人员信息数据进行实时更新，进一步完善养老金的认证工作；加大“人脸建模”和年审力度（含协助认证），全年共完成14909人。

【宣传养老保险政策，让政策第一时间对接参保对象】 开展政策进乡街、进社区活动，将依法公开的政策在各乡街、各社区窗口张贴宣传单，使政策第一时间面向参保对象。年初，积极参与由人社局组织开展的春风行动，为用人企业和个人提供企业养老保险政策咨询。

医疗卫生保险

【概况】 2017年，基本医保体系建设实现城乡一体和全民覆盖。保障对象包括城镇居民2.45万人，农村居民1.72万人以及200多家的企事业单位。全年，征缴居民医保基金2377万元，支出基金2259万元，确保7377人次的城乡居民的住院医疗和3.3万人次的门诊治疗；征收职工医保基金3900万元，支出基金4279万元，确保6180人次的住院医疗和12万人次的门诊治疗。

建立健康医保制度，推进城乡居民大病保险制度，形成以基本医保、大病保险、医疗救助为核心的医疗保障链条。政府分别投入60.30万元和64.69万元资助建档立卡贫困人员参加2017年、2018年城乡居民医疗保险，贫困户就医费用报销比例提高10%、大病保险起付线降低50%等惠民政策。全年贫困人口住院402人次，112人次贫困户进入大病保险，医保基金为优惠政策多补偿了30万元。

推进法制医保，集中力量对全区460家工商注册企业进行逐一排查，发现88家企业共2441人未按规定参加职工医保。工业园区、金丰纺织、恒裕竹业、嵩云保安、武陵城集团、金牛地产等企业陆续参保或是制定限期参保计划。对洪江纸业、商业集管处等改制企业进行职工医保费预留，清算资金2500余万元。依法依规开展基金风险管理专项行动，推行12条监管措施和内控制度建设，所有医疗报账信息在“互联网+”接受监督，确保基金安全。

推进跨省异地结算，洪江区经过审批的参保病人在全国各地医保定点医院就诊，可以直接联网结算，不用“垫资、跑腿”。

推进一站式结算。重大疾病患者在结算时可以在医院一个窗口内直接结算基本医疗和大病保险费用。药品补偿目录由原来的1000多种扩大到2000多种；特殊病由原来的17种扩大到25种，纳入医保报销范围价格昂贵的靶向特殊药物从原来的16种扩大到41种。

完善缴费及查询系统。区内各乡街都设有城乡居民代办点，可以通过手机、网上银行完成缴费。开通“智慧人社”医保查询系统。

城乡居民社会养老保险管理服务中心

【概况】 洪江区城乡居民社会养老保险管理服务中心牵头在武陵城广场举办“12333”社保全国统一咨询日在现场设点接受群众咨询，为群众关心的城乡居民政策等实际问题进行面对面交流，发放各种宣传资料近千份，为100余人次解答各种咨询。全民参保工作正式启动，并在电视台上轮流播放，让全民参保意识增强，营造“人人参保、我要参保”的良好氛围，这项工作在怀化市全民参保登记工作首先全面完成。召开各乡街经办人城乡居保业务培训会，让经办人员熟悉政策，提高业务经办服务水平。

乡街要览

桂花园乡

【概况】 全乡共有卫生院2所、卫生站12所；学校2所，其中中心小学1所、村小1所；通村、通组道路80千米，基本实现组级道路硬化全覆盖，道路到户率达到90%以上。乡党委下辖乡机关、岩门、茅头园、楠木田、优胜、川山、桂花园、滩头、洪高、渔梁、铁溪、堆边、新桥居委会、“两新”等15个基层党支部、676名党员，其中外出务工72人，失联党员10人。

2017年，完成农林牧渔业总产值10174万元，其中农业产值6458万元，林业产值1091万元，畜牧业产值2150万元，渔业产值301万元。农业产业以水稻、西瓜、柑橘、蔬菜、二宫白梨子、高山葡萄、杨梅等产业种植为主，其中蔬菜种植11850吨，产值2370万元；水果产量7135吨（其中，西瓜3690吨、柑橘2023吨、甜瓜810吨），产值2854万元；粮食产量4471吨（以中稻为主），产值1234万元。畜牧业以肉猪和家禽养殖为主，全年出栏肉猪1058吨，产值1227万元；家禽897吨，产值1097万元。渔业以水库、鱼塘和网箱养鱼为主，全年产量234吨，产值301万元。林业以杉木、楠竹为主，全年新造林89公顷，产值为1091万元。

整合各类资金11100余万元，完成农机道、安全饮用水等工程；完成274户贫困户房屋维修改造工程，完成321户贫困户“三改一化”工程，为111户贫困户办理贴息，113户贫困户发放产业奖补资金，建立茅头园村水果采摘基地、桂花园村蛋鸡养殖基地等12个产业种养基地。成立3个大片区项目指挥部，完成川山大道、川山水印洪江项目、殡仪馆整体搬迁、垃圾填埋场周边住户搬迁、工业集中区扩建等11个工程建设等工作。完成旅游公路、入户道路、路灯建设、小农水项目、山塘除险加固和清淤、安全饮水维修工程、乡文化活动中心、村级文化家园、农村综合服务中心等基础设施建设。

完成农村最低生活保障清理工作，共清理农村低保对象944户1187人。累计发放城市低保金105.9万元、农村低保金157.8万元；累计发放五保金17万元；全年发放优抚抚恤金48.3万元、农村退伍老兵生活补助112人21.1万元；新型农村合作医疗累计参合住院补偿40人次12.1万元；缴纳办理新农保3612人次，缴纳社会保险金额45万余元，发放养老金2573人次22.4万元；发放城乡特困群众临时救助、危房重建补助、医疗救助金、救灾救助金等各项救助资金共计458.5万元；发布用工信息42条，发放宣传资料1万余份；推荐就业400余人次，新增农村劳动力转移就业152人次；发放各项惠农资金1000余万元。全面启动土地确权工作，完成全乡4820户村（居）民土地确权。2017年，共为部队输送合格兵员3名。

重点监控计划外违规生育现象，成为洪江区卫计工作近十年来首个突破“两非”的乡街。全年，出生171人,其中一孩出生68人,二孩出生89人,多孩出生5人,补报上年度出生9人,计生率99%;二孩计生率99%;共上报手术98例,其中结扎36例,上环43例,取环14例,人工流产5例;社会抚养费征收16.4万元;奖扶新增73人;免费孕前优生健康检查48例;免费两癌检查900余人。

按照要求建立“七个一”综合服务平台,完成乡文化活动中心、村级文化家园、农村综合服务中心等综合平台建设。乡、村组织举办“春节舞龙舞狮”“欢乐潇湘”等文化活动,组织10场送戏下乡,开展3次科普知识讲座及一系列篮球、乒乓球、登山赛等文体活动,丰富干部群众的精神文化生活。

坚持廉洁勤政,贯彻落实扶贫领域“雁过拔毛”式腐败问题专项整治和国家公职人员涉矿等经营性活动专项整治活动,依法依规惩治“违纪违规”现象。全年,立案7起,处理党员干部10人次,党员干部诫勉谈话12人,其中“两委”换届期间立案3起,取消候选人资格10人,处理违纪党员2人。

【推进基础设施项目建设】 投入资金8000余万元的川山大道、川山“水印洪江”项目进入施工;投入资金2000余万元的殡仪馆整体搬迁、垃圾填埋场周边住户搬迁工程全面启动;工业集中区扩建、城南棚户区改造丝绸厂项目、纺洪线、S222线堤路改造二期工程、茅头园村入城口改造项目建设中的征地拆迁及房屋搬迁工作有序开展。全年沅江综合整治项目实施投入8.5亿元,其中:投入600余万元的茅头园村(原均冲村)1.98千米旅游公路和4千米入户道路等附属工程;投入资金80余万元的楠木田、茅头园等乡村路灯建设;投入资金432万元的53处小农水项目;投入资金100余万元的41座山塘的除险加固和清淤;投入资金50余万元的岩门村3组、4组等安全饮水维修工程7处。

【开展文明单位创建活动】 推进精神文明教育,发掘和宣传身边好人好事,罗光华等6位村民被评为“见义勇为先进个人”。开展乡村环境大整治,投入2000万元的铁溪“黑臭水体”污染治理项目排污管铺设主体工程完工,未达标的铁溪、滩头等村(居)13家养猪场执行关停或搬迁。全乡投放环保分类垃圾桶300余个,修建环保垃圾围180余个,帮助500余户村民完成“三改一化”,清理各类陈年垃圾200余方。

【创建平安法治桂花园】 坚持领导接访、约访和包案制度,全年化解矛盾纠纷64件,调处成功率达93.75%。做到小事不出村、大事不出乡,全乡未发生重大集体上访案件。以平安创建为契机,集中开展重点区域治安隐患整治专项活动70次,保障校园及周边、建筑工地和其他隐患区域安全稳定。

【打好防汛抗灾攻坚战】 6月29日,洪江区遭受特大洪水,桂花园乡12个村(居)均不同程度受灾,其中岩门、优胜、茅头园、滩头、川山、洪高6个村受灾情况最为严重。全乡农业生产作物受灾面积12900余亩,绝收面积5640余亩,房屋受损256间,倒塌8间,道路中断8处,屋前屋后道路塌方208处,鱼塘受损101处336亩,水利设施损坏62处,中断生活饮用水4村11处,电力中断5村,通讯中断4村,直接经济损失达5945余万元。桂花园乡发挥乡村两级党组织战斗堡垒作用,带领村民连续奋战4个昼夜,先后出动1500人次,民兵应急分队4支400人次,医疗救护队2支10人,调动抢险船只50艘次,车辆200台次,应急发动机2台,抢险物资手电、雨靴、雨衣、救生衣等500件(套),抗灾用油900公升、编制袋3万个、砂石100立方米,先后转移村民2600余人,无1例人员伤亡。发放救灾物资共计114万余元。

乡政府荣获“怀化市抗洪救灾先进集体”,优胜村、岩门村、茅头园村荣获“洪江区抗洪救灾先进集体”,李克云、柏爱国等7位荣获“怀化市抗洪救灾先进个人”,向吉勇等19位荣获“洪江区抗洪救灾先进个人”。

【巩固整体脱贫成果】 2017年,桂花园乡巩固整体脱贫成果,重点开展基础设施建设、危房改造、“三改一化”、易地搬迁、雨露计划等多项扶贫帮困工作。全年整合各类资金6000余万元,完成农机道、安全饮用水、林道修建等工程,惠及贫困户783户;投入资金 900 余万元，完成 274 户贫困户房屋维修改造工程；投入 93.13 万元,完成 321 户贫困户“三改一化”工程；投入资金 15 万元，完成“雨露计划”教育扶贫工程。为 111 户贫困户办理贴息，113 户贫困户发放产业奖补资金。加大“造血式”扶贫力度，投入扶贫产业帮扶资金 900 余万元，实施黑猪养殖、楠竹低改、特色种养殖等 7 个扶贫项目，建立茅头园村水果采摘基地、桂花园村蛋鸡养殖基地等 12 个产业种养基地。茅头园村黄土寨为代表的乡村旅游已成为全区乡村旅游发展的新名片。

横岩乡

【概况】 2017 年，横岩乡完成地区生产总值 3.18 亿元，农民年人均可支配收入 1.18 万元，同比增长 11.32%。全年粮食播种面积 3495 亩，牲畜出栏 6600 余头，家禽出笼 12.8 万羽，鲜鱼产量 165 吨。新增菖蒲村百果园等种植基地 3 个；累计发展家庭农场 10 家、农民专业合作社 13 家，生产总值约 3400 万元。完成土地流转 400 余亩。投入资金 240 余万元，完成乡村综合文化建设。投资 1331 万元完成新菖公路改扩建、硬化、林道修复等工程；全面完成横岩村电网改造。投资 26.5 万元，完成水毁项目护坡治理。新建四格污水处理池、硬化水渠、安装水管投资 110 万元。

沅河深马线改造升级全面完成并顺利通过验收；横堡公路项目已完成实物量调查，正在进行征地补偿；投资 680 万的新菖公路改扩建主体工程已基本完成；投资 195 万元硬化道路 5000 米；投入资金 56 万元对损毁林道进行修复；投入资金 400 万元的横岩村沅河北岸亲水栈道已开工建设。完成横岩村电网改造；完成菖蒲村、鸬鹚村电力迁移；投入资金 26.5 万元完成水毁项目护坡治理 8700 米，投入资金 110 万元新建四格污水处理池 138 个,硬化水渠 750 米，安装水管 2300 米。

全年，共发案 8 起，其中刑事案件 2 起、治安案件 6 起，发案率较往年下降 42.86%。矛盾纠纷 115 起，成功调处 113 起，调处成功率 98.26%，疑难矛盾纠纷 10 起，调处 9 起。

人口出生 51 人，其中男孩 24 人，女孩 27 人，计生率为 100%，性别比为 88.88%；完成“四术”任务 66 例；办理一孩生育证 14 本，二孩生育证 29 本；征收社会抚养费 7.61 万元，政策外多孩征收率 62.1%；签定诚信计生双向协议 726 户，签定率 96.80%；完成优检任务 15 对，完成率 107%；完成产筛任务 38 对，完成率 102.7%；完成两癌筛查 254 人，完成率 103.67%。

建设乡级综合文化站、3 个村的“文化家园”和农村综合服务中心，其中新建、改扩建标准篮球场 3 个、文化戏台 3 个、羽毛球场 2 个；完善多功能文化活动室、室内活动室、图书室、阅览室、电子阅览室、广播室、文化沙龙，订阅图书杂志 100 余种，添置新书 1000 余册。

2017 年，横岩乡通过“全国文明村镇”复核，继续保牌；荣获“怀化市平安乡镇”、“怀化市社会管理综合治理先进单位”、“怀化市计划生育工作良好单位”荣誉称号；横岩乡中心小学荣获“全国‘零犯罪’学校”荣誉称号；横岩村荣获“全国百县千乡万村无邪教村”、“湖南省‘同心’村”荣誉称号；鸬鹚村荣获“怀化市‘二十佳美丽乡村’”荣誉称号；横岩乡工会联合会荣获怀化市模范“职工之家”，横岩乡书画协会荣获怀化市 2017 年度书画“五进”工作先进集体荣誉称号。

7 月 20 日，宁剑被怀化市委、市政府授予“全市抗洪救灾先进个人”荣誉称号。12 月，李强被怀化市综治委授予“市社会治安综合治理工作先进个人”荣誉称号。7 月 20 日，黄远洪被怀化市委、市政府授予“全市抗洪救灾先进个人”荣誉称号。7 月 20 日，贺佰胜被怀化市委、市政府授予“全市抗洪救灾先进个人”荣誉称号。

【巩固脱贫攻坚成果】 严格按照工作要求，对全乡 237 户 742 人进行精准整改，清理后贫困人口 197 户 661 人。按照“三个不减”（扶持政策不减，资金投入不减，帮扶力度不减）要求，围绕农村发展、农业增效、农民增收，确立扶贫项目 21 项，持续巩固和扩大雪峰乌骨鸡、黑猪重点产业项目成效，各村村集体经济收入稳定超过 5 万元；推动楠竹低改重点扶贫产业，提高楠竹产量，覆盖全乡所有贫困户，每户将增收 1000 元，配套新建林道 5.8 千米；投入资金93万元完成横岩、菖蒲光伏发电项目，带动两村村集体经济增收3万元，连续受益25年；投入资金300余万元，完成菖蒲村国土整治项目300亩，投入资金200万元，启动实施菖蒲村400亩水果采摘观光园旅游扶贫项目，乡村旅游建设进入“快车道”，带动菖蒲村贫困户年人均增收500余元，村集体经济年收入增加5万--10万元。

【落实社会服务工作】完成特困移民解困避险搬迁安置51人。实施医疗救助21人次，发放救助金5.94万元；临时救助12人，发放救助资金2.35万元；发放城乡医疗门诊救助卡5张，救助金额2500元；高龄老人81人，发放补贴2.39万元；及时发放“6·29”洪灾救灾资金2.17万元和食物、棉被等救灾物资。分别投入5万元，对横岩村“五保之家”和鸬鹚村老年活动中心进行修缮改造。推进劳动就业工作，新增农村劳动力转移就业66人，精准扶贫转移就业10人。组织剩余劳动力参加“春风行动”招聘会，其中蓝思科技用工36人。加强创业培训和贴息贷款政策支持，扶持返乡创业5人。突出抓好“互联网+就业信息平台”工作，全面调查摸底劳动力资源2597人、农村劳动力培训资源1695人，发布用工信息50余项。全乡农村养老保险共完成参保1673人，居民养老保险4人，完成收缴农保参保费用18.8万元，为691名60岁以上老年人发放农村养老保险金59.5万元。

河滨路街道

【概况】河滨路街道办事处下辖中山路、桥东、桃李园、回龙寺、长寨、萝卜湾、老团7个社区，98个居民小组，户籍人口2.2万人，总面积约6平方千米。辖区内有10家行政事业单位和6个重点项目，低保户1252户1939人，残疾人389人，各类重点稳控对象13人，在册吸毒人员160人。

城市低保保障对象1164户1766人，发放低保金587.592万元；大病医疗救助34人，发放救助金11.5万元，临时救助31人，发放救助金6.25万元，发放低保户医保补贴988户，7.29万元，冬春生活救助173人，发放救助金7万元；为80岁以上老人发放生活费，累计发放1.643万元，为60岁以上老人免费购买意外保险160人；上报残疾人困难生活补贴267人，重度残疾人补贴129人，发放补贴23.76万元，上报“特困供养”人员8人。在“金秋惠老，乐享银龄”敬老活动中慰问贫困、高龄老人6人，发放慰问金1800元；“八一”建军节慰问特困退伍军人12人，发放慰问金0.36万元；在“6·29”洪灾中共安置转移灾民3540人，共发放救灾物资价值28万元，救助受灾户110户263人，发放救助资金5.86万元。

全年，组织有求职意向的下岗职工和居民参加区就业局举办的春风行动招聘会200余人次。街道保障站推荐就业260人次，新增就业926人，下岗失业人员再就业554人，就业困难人员再就业286人；收缴城镇居民社会养老保险金65人次现金收缴3.132万元，其中新增参保人员24人。居民医疗保险参保人数达7000余人，收缴参保金达130余万元，完成蓝思科技公司招聘任务22人；辖区自主创业开办实体有21家，外出务工人员比去年增加200多人。

推进完成六个改造项目，S222线项目剩余6户私房户签订搬迁协议4户；城东棚户区改造项目剩余7户私房户签订协议4户；小寨溪项目签订私房户搬迁协议73户；巫东沿江护河堤改造项目签订私房户搬迁协议72户；桃李园棚户区改造项目签订私房户搬迁协议43户；南岳山棚户区改造项目签订私房户搬迁协议31户。

2017年，河滨路街道办事处完成区六个重大项目征拆工作，共签订私房户搬迁协议225户。针对民众反映的突出问题，及时排查，积极化解，对中山路社区、桥东社区老旧电线整改180余户，砍伐危险树木20棵，安装路灯26盏，道路硬化1000平方米，帮助在怀流浪20多年的孤寡老人刘某回家，得到怀化日报和省、市电视台报道。为民办实事212件。完成办事处新办公场所和老团、长寨、萝卜湾、桃李园4个社区便民服务中心的改造升级。

街道工委书记年度党建工作综合排名全区第二位。综治民调排名全市街道（城关镇）第3位。街道综治维稳工作获评怀化市2016年度先进街道，继续保持“平安街道”称号；安全生产工作获评怀化市2016年度良好单位；计生工作获评怀化市2016年度良好单位。桃李园社区党支部书记、居委会主任李婷香同志被评为怀化市第四届“十大道德模范”，成为洪江区首位市级道德模范，并当选为湖南省第十三届人大代表。

【推进平安创建】 组织开展“开门纳谏”、社区感恩母亲节、“610”防邪教宣传、禁毒妈妈宣传等形式多样的联谊活动。组建义务联防队开展夜间巡逻，各社区组织党员和复退军人成立义务巡逻队，共开展各类治安和义务巡逻450余次；针对辖区企业多的特点，携手重点企业积极开展矛盾纠纷大排查，全年治安案件发生38起、破12起，刑事案件发11起、破3起。对35名吸毒人员、46名高危精神病人名和9名社矫人员实时动态管控。全年共开展矛盾纠纷排查82次，调解矛盾纠纷173起，调解率100%，成功率达98%。 街道全年综治民调成绩在怀化市城关镇、街道排名第三，较上年上升10个名次。

【落实计生工作】 2017年，河滨路街道共计出生116人，其中政策内114人，政策外落实2人，计生率为98.2%，性别比为100：136.9。诚信计生签订率95%以上，落实长效节育手术56人，落实补救措施2例，免费孕前优生检查7对，征收社会抚养费17.43万元。实施举报“两非”奖励制度，一经查实，奖励贰万元。

【开展安全生产工作】 组织、配合有关执法部门开展消防、道路交通、易燃易爆等危险品安全隐患排查整治，重点排查整治人员密集场所、公共交通工具和寄递物流等新业态中存在的安全隐患。开展执法例行检查28次，检查安全生产企业133家，累计查处各类安全隐患15起，整改到位15起，对5家存在安全隐患的企业发出整改通知书；对辖区内烟花爆竹销售点进行“打非”清剿检查行动，依法取缔烟花爆竹非法经营点36家，查处销售非法经营烟花爆竹案件1起，排查消防安全隐患2处。

【选举社区“两委”班子】 完成下辖7个社区党支部换届选举工作，王洪、邓集祥、李婷香、王洪娟、张巧贞、邱顺霞、刘慧敏分别当选为中山路社区、桥东社区、桃李园社区、回龙寺社区、长寨社区、萝卜湾社区、老团社区党支部书记；完成下辖7个社区居委会换届选举工作，刘笑冰、邓集祥、李婷香、王洪娟、张巧贞、邱顺霞、孟拥军分别当选为中山路社区居委会、桥东社区居委会、桃李园社区居委会、回龙寺社区居委会、长寨社区居委会、萝卜湾社区居委会、老团社区居委会主任。新一届社区“两委”班子中，平均年龄51.2岁，较上届下降了4.5岁。

【做实防汛救灾工作】 全年对37处度汛隐患点进行排查，一一登记在册，发放避险明白卡37份。“6·29”洪灾中，所辖8个党支部、200余名党员全力投入抗洪救灾，发挥“主心骨”、“顶梁柱”作用，紧急转移居民群众4105人，实现“零伤亡”。街道获评区先进集体，桃李园社区获评市先进集体，李婷香荣获湖南省“先进个人”、怀化市“十大道德模范”。

沅江路街道

【概况】 沅江路街道办事处面积3平方千米。常住居民2355户8563人。下辖犁头嘴、大湾塘、川岩三个社区。沅江路街道是洪江区的老城区，历史上商贾、会馆云集于此，其中洪江区主要景点洪江古商城主要位于沅江路街道。

2017年，完成沅江路街道便民服务大厅改造升级，正式对外使用，新建大厅面积300平方米，大厅功能完善，集居民办事、悠闲娱乐于一体。完成犁头嘴社区办公用房及川岩社区办公用房改建升级工作，新建文化广场各1个；新建文化活动中心1个，集休闲娱乐、读书阅览、便民服务为一体。

全年，接待来信来访33起，处理33起，处理率100%，成功率95%以上，其中重大复杂矛盾纠纷2起，调处率100%；主动排查预防纠纷13起；发生刑事事件3起，同比下降65%。

为窨子屋装订150余块消防安全明白卡，印制消防宣传挂历1300份发放至每家每户。消防安全排查整改598处，主要包括安装温控开关，加装隔热板、电表箱防火板、开关防火板、插座防火板、灯座防火板56块、空开等。新增2处地灾隐患点（大湾塘11号、12号），未纳入区级地质灾害隐患范围内。“6·29”洪灾中，转移因洪灾受困受灾人员1363人，发放应急灾民生活物资及安置等资金15.86万元。

【开展社区文化活动】 沅江路街道以各个传统节日为平台，开展丰富多彩的文化服务活动。联合区古商城公司开展“绚丽青春，追梦

洪江”朗读者比赛活动，鼓励广大年轻人留在洪江，扎根洪江。以传统节日端午节为契机，向辖区居民献上一场文艺汇演，并发放端午节慰问品4800份，现场为辖区贫困母亲筹得善款1000余元。端午小长假首日，犁头嘴社区在古商城内举办“百家宴”活动，游客纷纷驻足参与，活动参与辖区居民及游客共计500余人。组织辖区居民开展“欢乐潇湘、幸福怀化、平安沅江路”大型群众文艺汇演，通过居民的广泛参与，丰富辖区居民的精神文化生活，融洽辖区居民间的关系。重阳节之际，在古商城留园开展“金秋惠老、乐享银龄”为主题的文艺汇演活动，将重阳节敬老孝老、登高祈福的传统民俗与当代新的文化传承形式相结合，通过精彩的演出，带给广大老年朋友一场视觉盛宴，弘扬重阳节的孝亲敬老和美好真情。12月22日，“创清风家园 建和谐社区”为主题的廉政文化文艺汇演在大湾塘安置小区内举行，活动以大家喜闻见乐的快板、三句半、舞蹈、花鼓戏等形式弘扬廉政正气，抵制贪腐，营造出廉政文化进社区的浓厚氛围。

【开展社会工作】 民政救济工作：为671户1073人低保家庭，发放低保保障金381.857万元，为困难家庭大病救助36人，救助金额9.44万元；为383户790人低保户进行医保补贴3.95万元；为186户低保户申报电费优惠补贴；为16户困难家庭给予临时救助，救助金额2.95万元；节日为182户人困难家庭发放困难补助金7万元，为35户受灾人员发放救灾金1.65万元，发放率100%。

劳动保障事业：全年，城镇居民医保续保1026人，其中新增39人，医保新增城乡居保22人次，安置新增就业人员348人，其中下岗失业人员217人，就业困难人员109人；摸清辖区内尚未就业困难人员45人，其中残疾就业困难人员8人；帮助就业困难人员实现就业32人，帮助就业困难人员政策咨询158人次。

高坡街街道

【概况】 高坡街办事处辖区面积0.9平方千米，常住居民5439户14605人。下设桐油湾、高坡街、长岭界3个社区，辖区内有44家行政、企事业单位。街道工委下设一个两新综合党委，7个党支部（即，机关支部、退休支部，流动党员支部、3个社区支部），两新综合党委下设一个企业支部，即洪江区西苑有限责任公司党支部。共有党员242名。

全年，低保户580户954人，新增低保户10户16人，新增低保金0.5375万元。减少低保户62户129人，减少低保金3.6205万元。累计发放低保金285万元。上半年为98人发放困难残疾人生活补贴2.955万元，为69人发放重度残疾人护理补贴2.025万元。对13人申请医疗救助6.8万元；26人申请临时救助5.6万元；孤儿6人申请生活补贴5.1万元；发放高龄补贴16人，金额0.478万元；发放冬寒物质棉被50床；特困供养人员5人发放生活救助费1.8万元。

全年，共出生75人，其中男孩33人，女孩42人，性别比78：100。死亡人数为36人。流入人口505人，其中男性230人、女性275人，流出人口共1169人，其中男性542人、女性627人。

全年，刑事案件立案11起，同比下降73%，治安案件53起，同比下降36.7%；排查矛盾纠纷63起，其中62起在社区化解，纠纷调解率98%，化解率98%。

2017年，街道荣获怀化市文明单位、市平安乡（街道）、市社会治安综合治理先进乡（街道）、市计生工作优秀乡（街道）；洪江区社会治安综合治理先进单位、区信访工作先进单位、区安全生产工作先进单位、区老科协、老健协先进集体、区党风廉政建设工作先进单位。

高坡街社区荣获洪江区计生协优秀单位、区抗洪救灾先进集体；长岭界社区荣获洪江区计生协优秀单位、区安全生产工作先

进单位；桐油湾社区荣获洪江区计生协优秀单位；

【开展街道文化活动】 新建文化戏台、社区文化活动中心等一批文化基础设施。参加洪江区春节龙狮活动，举办学雷锋志愿服务、“学雷锋 迎三八”向阳坪长龙宴、迎端午庆六一、欢乐潇湘大型群众文艺汇演、“喜迎十九大 共叙团圆情”文艺汇演及百家宴、文化惠民 乐满三湘送戏下社区等活动。

新街街道

【概况】 新街街道总面积约2.3平方千米，下辖歌诗坡社区、田湾社区、冒天井社区、二凉亭社区和带子街社区5个社区居委会、82个居民小组，常住人口9300户2.1万人，党员559人（10个党支部）。

辖区共调解各类矛盾纠纷30起，涉及金额17.21万余元，调处成功率100%。“以奖代补”技防工程（新增2家）14家企业及个体户安装监控摄像头。吸毒在册人员184人，其中所有在洪涉毒人员37人，全部纳入社区戒毒（康复）（其中社区戒毒18人、社区康复8人），逐一建档立卡。

全年，育龄妇女3242人，本年度流入1236人，其中流入已婚育龄妇女421人。落实长效节育手术80例（结扎8例，上环72例），落实补救措施5例，依法征收社会抚养费12人26.2018万元。本年度出生104人，计生率为99.03%，新增城镇独生子女退休父母奖励105人，新增独生子女死亡伤残父母7人，发放独生子女父母保健费247户5.952万元，发放特扶伤残金61人51万元。

特供供养（三无）人员低保600元/月，一类低保人员500元/月，二类低保人员从345元/月提高到380元/月，三类城市低保困难人员低保从220–280元/人/月，做到规范运作，实行动态管理，建立健全进出两通畅。辖区共有低保户1009户1593人，截止12月共发放低保金6180180元；医疗救助62人，发放救助资金191900元；冬春救灾慰问86人，发放慰问金50700元；积极动员街道的五保人员入住敬老院，提高五保供养率。新进五保户1户、高龄老年人20人，发放1月份–12月份高龄补贴12210元；对特困家庭开展临时救助24人。

新增就业人员956人，下岗失业人员再就业616人，就业困难人员再就业314人，退休人员死亡162人。下岗失业人员办理失业证新增178本，新办理医保119人。养老保险60岁领取养老金累计141人。共有低保户1009户1593人。本着低保异动，动态管理，应保尽保的原则，共新增低保户0户，取消低保户137户，全年，街道申领保障金510余万元。

歌诗坡社区情况：歌诗坡社区地处洪江区巫水北路149号，社区面积约830㎡，有居民2000余户，5700余人，社区党委下设2个党支部，党员138名。通过“两学一做，唱响红色旋律”“九九重阳”党员志愿者文艺汇演活动，“相伴夕阳红”等活动，展示社区风采；全年投入近40余万元，整体搬迁至永州会馆（国保窨子屋）内办公，社区日间照料中心面积400平方米，该中心为老年人提供日间照料、健康教育、休闲娱乐、中晚餐供应等便民服务。

田湾社区情况：田湾社区地处洪江区冻青坪18号，社区面积约480㎡，有居民3100余户，6250余人。社区党委下设2个支部，共有党员93名。

冒天井社区情况：冒天井社区地处洪江区劳动路162号，社区面积约400㎡，总户数1700余户3000余人。

二凉亭社区情况：二凉亭社区地处劳动路248号，社区面积约1060㎡，总户数1216余户3248余人。社区整合资金近100万元，整体进行改造升级，集社区党员活动、便民中心、文化教育、日间照料、孵化基地于一体。

带子街社区情况：带子街社区地处带子街公租房小区，社区面积约380㎡。总户数1309户3326人。社区整合资金50万元，改造升级社区各功能活动室和室外两个文化广场，街道文化站和各社区文化家园及文化广场均已投入使用。

【推进社区基础设施建设】 继续推进社区各项功能用房建设。歌诗坡社区，投入近40余万元，整体搬迁至永州会馆（国保窨子屋）内；社区日间照料中心为老年人提供日间照料、健康教育、休闲娱乐、中晚餐供应等便民服务；田湾社区，依托省级“雷锋号”工作站，对辖区困难党员、困难群众帮扶40余次，惠及1000余人。二凉亭社区整合资金近120万元，整体进行改造升级，集社区党员活动、便民中心、文化教育、日间照料、孵化基地于一体；带子街社区整合资金近50万元，改造升级社区各功能活动室和室外两个文化广场，街道文化站和各社区文化家园及文化广场均已投入使用。

二凉亭社区党总支荣获2016年度湖南省先进基层党组织；冒天井社区为全国防震减灾示范点；

【开展社区文化活动】 街道共组建文艺队8支，其中田湾社区有太极队、秧歌队、晚霞文艺队各1支、冒天井社区有龙队2支，带子街社区有文艺队3支。街道以传统文化和重大节庆为载体，开展丰富多彩的文艺活动，歌诗坡社区在老街开展“欢欢喜喜迎新年”打糍粑活动。春节前期，歌诗坡、田湾、二凉亭、冒天井社区分别在老街窨子屋、幸福家园小区和豪逸家园安置房、鹏华小区组织开展了“平安有福、平安送福、平安享福”平安创建百家宴”主题活动；在清明节，带子街社区在雄溪烈士公园举行党员祭拜革命先烈活动；在端午节，二凉亭社区组织开展“和睦邻里情，端午粽飘香”的包粽子活动并向辖区孤独老人、留守儿童、残疾人、困难居民免费发放粽子1000多个。7月，新街工委组织“欢乐潇湘·幸福怀化·洪福洪江”新街专场大型群众文艺汇演，邀请各支部党员观看文艺表演，在现场的党员及群众达800多人。各支部也纷纷开展形式多样的“庆七一”活动，活动内容包括重温入党誓词、文艺表演、趣味运动会、知识抢答赛等符合节庆氛围的活动。二凉亭社区组织开展“关爱老人、树敬老之风、促社会文明”主题活动，邀请辖区孤独老人、困难居民共同品尝社区志愿者手工制作的水饺。

人　物

先进模范人物

【宁剑】 男，中共党员，横岩乡党委书记。6月29日，横岩乡发生特大洪灾，宁剑第一时间召集全乡工作人员、村主要负责人召开抗洪抢险工作紧急部署会，立即下达防汛响应命令，启动防汛抗洪应急预案。宁剑科学调度，沉着应对，身先士卒，冲锋在前，带领广大党员干部群众齐心协力抗击特大暴雨带来的重大灾害，经过10天奋战，横岩乡安全转移群众812人，在特大自然灾害中无一人员伤亡，确保受灾群众生命财产安全，把损失降到最低。7月20日，宁剑被怀化市委、市政府授予“全市抗洪救灾先进个人”荣誉称号。

【李强】 男，中共党员，横岩乡党委副书记。李强自2010年10月参加工作以来先后从事法律、综治维稳工作，七年来勤恳敬业，以维护群众合法权益，促进社会和谐稳定为己任，共调处纠纷和代理案件上百起，为群众、企业避免或挽回经济损失百余万元。2017年12月，因综治工作突出，被怀化市综治委授予“市社会治安综合治理工作先进个人”荣誉称号。

【黄远洪】 男，中共党员，横岩乡政府党政综合办公室主任。在2017年“6·29”洪灾中，他冲在最前面，不畏艰苦，连续作战，每天睡眠不足4个小时，连夜参与排险和群众转移任务。前线的战斗他没有落下一天，后勤保障工作却做得仔细周全。从抗洪第一天开始，他就每天准备好饮用水、食物、饭菜等，确保补给充足、及时。2017年7月20日，黄远洪被怀化市委、市政府授予“全市抗洪救灾先进个人”荣誉称号。

【贺佰胜】 男，中共党员，横岩乡横岩村党支部书记。在2017年“6·29”洪灾中，贺佰胜迅速带领党员群众，挨家挨户地通知、组织低洼地带及存在地质灾害隐患村民尽快撤离。洪峰过境时，贺佰胜一直坚守在抗洪的第一线，时刻做好抗洪抗灾的准备，不间断地组织巡查，及时处置各类突发状况，及时上报灾情。洪灾过后，贺佰胜带领横岩村村支两委班子积极开展灾后重建工作，迅速恢复村民正常生产生活。2017年7月20日，贺佰胜被怀化市委、市政府授予“全市抗洪救灾先进个人”荣誉称号。

【李婷香】 女，中共党员，河滨路街道办事处桃李园社区党支部书记、居委会主任，湖南省第十三届人大代表，湖南省、怀化市抗洪救灾先进个人，怀化市第四届“十大道德模范”，洪江区首位市级道德模范。6月29日，洪江区遭受特大暴雨，河水倒灌，导致桃李园社区洪水成患。当时正在区里参加“七一”总结表彰大会的她，中间收到社区防汛应急抢险队员程长胜的一条信息，说小寨溪溪水有明显上涨趋势。没等会开完，她急忙跑去跟领导请假，打个车就赶往社区，紧急召集社区党员、居民小组长、楼栋长等防汛骨干开会，随即启动社区防汛应急预案。29日晚上10点，由于暴雨持续，区里将防汛应急Ⅱ级响应上升为Ⅰ级响应。在街道防汛应急抢险队的协助下，她立即组织社区党员、居民小组长、楼栋长紧急转移群众，用喇叭使劲儿喊，一栋一栋、一层一层、一户一户地动员撤离，经过一个晚上的劝说、奔走、喊话，社区受洪水威胁的3405名群众全部得到安全转移和妥善安置。为防止居民中途偷跑回家转移财物，她带领社区党员、群众在洪水危险区域拉起警戒线，并且在那里坚守三天三夜。7月2日，天渐渐放晴，面对洪水退却后的满目苍夷，她来不及休息，随即投入社区灾后重建。“6·29”洪灾，桃李园社区作为洪江区重灾区，实现人员零伤亡。期间，市委彭国甫书记等领导亲临桃李园社区指导抗洪救灾，对她身先士卒，不怕苦、不怕累，带领社区党员群众英勇抗击洪灾的先进事迹给予高度赞扬与充分肯定。

【吴杰】 男，中共党员，河滨路街道工委书记，怀化市抗洪救灾先进个人。6月29日，洪江区遭受特大洪灾，正在区里开会的他，第一时间赶到街道，紧急启动街道防汛应急预案，带领街道干部职工迅速赶赴防汛重灾社区，指导和协助社区抗洪抢险。在桃李园社区，他身先士卒，与社区的党员干部群众一起对桃李园社区内溪水两岸的瓜棚、木架等障碍物进行了紧急拆除，确保了向外排水的涵管不被堵塞，为紧急转移受灾居民赢得了时间；在桥东、回龙寺社区，他冲锋在前，带领街道、社区党员干部耐心劝说、连夜转移受到洪水威胁的居民群众；在中山路、萝卜湾社区，他心系群众，对受灾转移的居民尽心安置，细心照料……7月2日，洪水渐渐退去，已经三天三夜未回家也未闭过眼的他顾不上休息，带领干部职工随即投入社区灾后重建工作，为社区居民送棉被、送食物、送干净饮用水、对洪水浸泡区域进行消毒。“6·29”洪灾中，他切实发挥“领头羊”与“主心骨”作用，在他的正确研判与精心组织下，河滨路片区紧急转移居民4105人，实现抗洪救灾零伤亡。

【杨玲】 女，中共党员，河滨路街道办事处副主任，怀化市抗洪救灾先进个人。“6·29”洪灾中，她带领街道干部第一时间在中山路小学建立救灾安置点，连夜与民政部门衔接，在教室为居民铺设床铺，照顾受灾居民日常生活起居，共安置灾民1000余人。她自己家就在不远处的回龙湾小区，女儿也才1岁，在与洪峰斗争、安置居民的三天三夜中，她全心全意服务，用心用情安置，中间没有回过一次家，她舍小家、顾大家，用铁骨柔情诠释人间大爱。

【邱顺霞】 女，中共党员，河滨路街道办事处萝卜湾社区党支部书记、居委会主任，怀化市抗洪救灾先进个人。“6·29”洪灾，特大暴雨加上游电站泄洪，使沅、巫两水迅速上涨，萝卜湾社区地处沅水下游，沿江居民的生命财产危在旦夕。她临危不乱，紧急组织社区工作人员、党员、志愿者组建抗洪救灾应急抢险队，打着手电筒，连夜转移江边居民，劝说周边渔民离船上岸，并在造纸厂设立救灾临时安置点，保证灾民洪灾期间日常生活起居，共转移、安置受灾居民100余人。

【程长胜】 男，中共党员，河滨路街道办事处桃李园社区党支部支委委员，怀化市抗洪救灾先进个人。在“6·29”洪灾中，他坚守在社区抗洪第一线，转移居民、安置灾民、连夜巡守、参与灾后重建，他身上的衣服湿了又干，干了又湿。期间，社区支部书记李婷香考虑到他年纪已大，劝他回去休息，被他一口回绝，他坚定说到：“洪水退了，社区的工作还有很多需要我们去做。我是党员，我还不能走！”就这样，他在社区坚守了三天三夜。67岁的他2012年才入党，他常说：“入党不分先后，奉献不问年高”，他用实际行动践行共产党人的优良品质与全心全意为人民服务的宗旨。

重要文件选登

中共洪江区工委办公室
洪江区管理委员会办公室
关于印发《洪江区2017年巩固提升脱贫成果产业发展扶持奖励办法》的通知

洪区办发〔2017〕6号

各乡党委、人民政府，区直机关各单位：

《洪江区2017年巩固提升脱贫成果产业发展扶持奖励办法》已经区工委、区管委同意，现印发给你们，请认真贯彻执行。

中共洪江区工委办公室

洪江区管理委员会办公室

2017年3月30日

洪江区2017年巩固提升脱贫成果产业发展扶持奖励办法

为深入贯彻落实精准扶贫、精准脱贫战略思想，充分发挥新型农业经营组织及工业企业在产业发展、就业扶贫中的带动作用，切实调动脱贫农户发展产业及就业的积极性，规范帮扶行为，巩固脱贫成效，加速推进小康洪江建设，依据省扶贫办《关于加强产业扶贫工作的指导意见》（湘扶办发〔

2014〕7号），结合我区实际，特制定本奖励办法。

一、目标任务

发展农业产业是推进精准扶贫的重要途径。农业产业扶贫立足贫困户的资源禀赋和生产条件，坚持因地制宜，尊重农民意愿，充分发挥农户的主体作用，进一步培植壮大农业优势特色产业，支持脱贫农户参与农业产业和乡村旅游、电商类产业发展，实现稳定增收，巩固脱贫成果。

二、产业发展的原则

1. 坚持特色发展的原则。围绕我区已形成的优势主导产业，确定产业发展重点，大力发展综合效益高的特色产业项目。

2. 坚持效益优先的原则。既要发展培管技术要求高，市场相对稳定的中长期产业，又要兼顾周期短，收益快的产业，确保脱贫农户持续增收。

3. 坚持模式创新的原则。转变农村生产经营方式，利用我区电子商务平台，积极引导农户因地因户发展农产品流通、加工、电商等产业，提升我区特农产品的知名度和影响力。

三、奖补范围及标准

（一）脱贫农户发展扶贫产业项目奖励办法

鼓励和支持脱贫农户因地制宜自主发展产业，采取多元化投入、多形式经营、多品种开发的产业发展方式，实现产业叠加稳定增收，区内脱贫农户从事一、二、三产业经申报验收达到认定标准的（当年人均产业收入超过省定脱贫标准线以上），从财政扶贫资金中给予一定的补助奖励。对于脱贫农户发展多种产业的，以产业类型最高奖补标准为准，产业奖补不重复。

1. 农业产业类：

种植业

（1）新种植特色水果3亩以上（含3亩）。

（2）新种植蔬菜1亩以上（含1亩）。

（3）新增楠竹低改6亩以上（含6亩）、造林6亩以上（含6亩）。

（4）新种植中药材3亩以上（含3亩）。

养殖类

（1）禽类养殖：新增年出栏1000羽以上（含1000羽）。

（2）养猪、羊：新增生猪养殖年出栏5头（含5头）以上，养羊年规模20只以上（含20只）。

（3）养牛：新增年出栏2头以上（含2头）。

（4）新养鱼水域面积达1亩以上（含1亩）。

脱贫农户发展产业达到上述标准之一，且人均纯收入高于当年省定脱贫标准线以上的，从财政扶贫资金中给予每人800元的奖励补助。

2. 电商类、服务类：

（1）脱贫农户开设网店线上交易销售收入5万元以上。

（2）脱贫农户自主兴办农家客栈、家庭农场、农家乐等经营服务实体且依法登记注册的。

对自主发展乡村旅游、电商类产业，经区旅游局、供销社、商务和粮食局认定的，从财政扶贫资金中给予每人2000元的奖励补助。

（二）新型农业经营组织带动发展扶贫产业奖励办法

1. 新型农业经营组织和工业企业采取委托帮扶、股份合作、直接帮扶模式，带动脱贫农户达到产业发展项目应扶持人数的100%，项目收益年限持续5年以上，且脱贫农户年人均增收1000元以上的，按照《关于引导和支持新型农业经营组织参与精准扶贫的意见（试行）》（湘扶办联〔2015〕14号）文件执行。

2. 贴息支持。鼓励和支持新型农业经营组织以信贷方式，做大做强扶贫产业。凡参与我区重点扶贫产业和农业产业化龙头企业及新型农业经营组织自身用于带动脱贫农户发展扶贫产业项目的信贷资金，区财政按国家基准利率的60%贴息（贴息额度按脱贫农户每人不超过3万元计算）。

3. 对新型农业经营组织和工业企业参与土地（耕地）新增流转面积超过20亩，带动脱贫农户就业的给予200元/亩奖励。同时，鼓励新型农业经营组织和工业企业参与农村其他性质土地的流转，流转规模超过200亩的，给予100元/亩的奖励。村集体从土地流转奖励资金中提取10%作为村集体经济发展资金。

（三）企业就业支持奖励办法

企业根据用工需求，积极吸纳脱贫农户就业，对区内企业安排脱贫农户就业用工并且签订用工合同一年以上，人均年发放工资额达2万元以上的企业，区财政给予1000元/年/人的就业补助，充分调动企业参与巩固脱贫成果的积极性和主动性。

四、项目审批及程序

（一）项目申请。项目启动前，由驻村工作队帮助农户向乡人民政府申请发展扶贫产业奖补项目，乡人民政府进行初审，报区扶贫开发领导小组审核后实施。

（二）验收程序。项目实施后，由区财政、农林水、畜牧、扶贫等部门验收，报区扶贫开发领导小组审批后，由区财政拨付奖励资金。

五、责任和维权机制

（一）利益联结机制。新型农业经营组织和工业企业与脱贫农户以产业扶贫项目及劳动力就业为平台，通过直接帮扶、委托帮扶、股份合作、劳动力就业等模式，结成利益共同体。所有项目的运行过程必须在区扶贫办、各乡及村支“两委”共同监督下，与扶贫对象以契约形式确定利益分配比例及年限，实现互利共赢。

（二）资金拨付机制。新型农业经营组织和工业企业与脱贫农户结成利益共同体的财政扶贫资金，由扶贫和财政部门依据申请内容考核，按年度拨付资金。

（三）责任追究机制。对故意套取财政扶贫资金的新型农业经营组织和工业企业，要追回财政扶贫资金，并严肃追究相关责任人责任。

六、其他事项

本办法从发布之日起实施，至 2017 年 12 月 31 日止，具体由区扶贫开发领导小组办公室负责解释。

中共洪江区工委办公室
洪江区管理委员会办公室

关于印发《洪江区重点项目目标管理考核办法（试行）》的通知

洪区办发〔2017〕7 号

各乡党委、人民政府，各街道工委、办事处，区直机关各单位：

《洪江区重点项目目标管理考核办法（试行）》已经区工委、区管委同意，现印发给你们，请认真贯彻执行。

中共洪江区工委办公室
洪江区管理委员会办公室
2017 年 3 月 31 日

洪江区重点项目目标管理考核办法（试行）

为加快推进我区重点项目建设，确保全年重点项目建设任务的完成，结合我区实际，特制定本办法。

一、考核对象

1. 重点项目指挥部和重点项目责任单位。

2. 服务项目责任单位：工委办、管委办、财政局、发改局、国土资源局、住建局、环保局、国税局、地税局、公安局、法院、监察局、安监局、审计局、人社局等。

如因客观原因，对重点项目进行了调整，以调整后为准（项目调整须经分管区领导签署意见后，报区工委、区管委主要领导审定）。

二、考核内容与评分标准

（一）重点项目责任单位的考核

项目前期（10 分）、征地拆迁（10 分）、项目进度（50 分）、工程质量（10 分）、安全生产（10 分）、综合管理（5 分）、协税护税（5 分）（详见附件 1）

（二）对项目服务相关区直责任单位的考核

对重点项目的日常服务机制（10 分），服务质量（项目业主单位、项目牵头单位评价 50 分），完成领导交办任务（40 分）（详见附件 2）

三、项目调度

建立“日抽查、周督查、月通报、季调度、半年讲评、年终考核”机制。

（一）日抽查。对项目进展情况不定期进行抽查，随时发现、提出和协调解决问题。督促指挥长和项目牵头单位及时处理。

（二）周督查。督查组每周督查一次，采取入点督查的方式，督导项目本周的进展情况、存在的主要问题及下周的工作安排。

（三）月通报。主要通报本月项目进展基本情况，包括进度完成情况、存在的问题及建议等。

（四）季调度。区工委、区管委每季度召开一次项目调度会，通报项目完成情况，解决项目实施过程中存在的问题等。

（五）半年讲评。区工委、区管委半年召开一次项目讲评会议，集中听取各项目责任单位的工作情况汇报并讲评，有针对性地协调解决相关问题，并提出下阶段工作要求。

（六）年终考核。年终对重点建设项目的年度计划目标完成情况进行考核。考核结果计入区工委、区管委对各责任单位的年度综合绩效考核。

四、考核机构

（一）成立区重点项目管理办公室

主　任：杨　军

副主任：潘　勇、邓　雄

（二）成立区重点项目督查办公室

主　任：汤　鲜

副主任：潘　勇、陈丽桦、段祖连

重点项目管理办公室、重点项目督查办公室设区发改局，下设督查组、综合组。

督查组组长：蒲洪春，副组长：刘长顺、丁波，工作人员：邓迎军、李臻、蒲凡、曾慧、蔡明忠；

督查组工作职责：

负责重点项目督查工作，现场核实项目进展情况，收集图片资料及项目存在的问题，编写重点项目工作简报，定期对项目督查情况进行通报。

根据考核办法，对项目责任单位进行约谈和问责。

综合组组长：曾领明，工作人员：蒋波、肖洪嵩、张萌萌、钟寅、张忠孝。

综合组工作职责：

贯彻落实国家、省、市有关投资项目的方针政策，做好对应项目的前期准（储）备，争取国家和省、市的资金支持；

组织策划、包装重点建设项目，参与重点项目前期工作、重大问题的调研和竣工验收等工作；

负责建立全区重点项目储备库，编制年度重点项目投资计划；

负责重点项目的日常管理工作，建立项目档案，收集、整理、汇总项目资料，及时上报项目进展情况。

⑤组织和召集项目指挥部、责任单位、业主单位召开重点建设项目协调会议，及时协调解决项目实施中存在的困难和问题。

⑥组织协调市重点项目巡检的迎检工作。

⑦负责对全区重点项目的年终考核工作。

五、考核方式

1. 听取被考核单位有关重点项目的情况汇报；

2. 查阅被考核单位有关重点项目的管理制度及台账、合同等资料；

3. 深入项目现场进行查验，核实项目的工程进度、现场管理等情况；

4. 向被考核单位有关人员了解情况，听取意见建议。

5. 根据评分结果，将项目责任单位、服务项目责任单位考核结果分为优秀、良好、合格、不合格四个等次。其中，90分（含90分）以上为“优秀”等次，80–89分（含80分）为“良好”等次，70分–79分（含70分）为“合格”等次，70分以下为“不合格”等次。负责多个重点项目的责任单位考核得分取平均分。

6. 确定各项目指挥部工作人员名单（原则上上限8人）并报区重点项目管理办公室审定备案。项目指挥长、副指挥长、责任领导每人缴纳责任保证金10000元。负责多个项目的领导责任保证金不重复缴纳。

六、奖励与处罚

（一）奖励

1. 项目指挥部、项目责任单位年度考核优秀的，责任保证金全额退还，并按保证金等额奖励；考核良好的，责任保证金全额退还，并按保证金50%进行奖励；考核合格的，责任保证金全额退还。

2. 项目指挥部年度考核为优秀、良好、合格三个档次者，分别奖励50000元、30000元、20000元，项目指挥长、副指挥长不在此领取奖金；考核不合格的不予奖励。

3. 责任单位年度考核为优秀、良好、合格三个档次者，每个单位分别奖励40000元、30000元、20000元，责任区级领导不在此领取奖金；考核不合格的不予奖励。

4. 项目服务单位年度考核被评为优秀、良好、合格的，分别奖励30000元、20000元、10000元，考核不合格的不予奖励。

以上奖励资金由区财政安排。

5. 各项目指挥部组成人员的综合绩效奖标准

分三个档次，即：优秀、良好、合格，分别按每月1000元、800元、600元的标准发放（1人联系多个指挥部的不能重复发放）。资金由各指挥部自筹，并由指挥部考核后发放。

6.区重点项目管理办公室和区重点项目督查办公室工作人员绩效奖励标准参照项目指挥部平均标准发放。

7.区征拆办完成区管委下达的征拆工作任务，比照项目指挥部标准发放综合绩效奖和年终奖励；乡、街及其他部门受委托进行征拆工作，其工作人员综合绩效奖比照项目指挥部标准执行。资金来源按《中共洪江区工委办公室洪江区管理委员会办公室关于印发〈洪江区进一步加强国有土地上房屋征收补偿工作的意见〉的通知》（洪区办发〔2012〕50号）文件执行。

8.获优秀等次的单位，在综合绩效考核中加5分。

9.被评为重点项目建设工作先进个人的（按所有工作人员总人数的30%确定），一次性奖励2000元。

（二）处罚

1.对项目推进慢和季度序时进度排名后三位的，由区工委主要领导对指挥长和责任单位主要领导进行约谈。全年被约谈二次以上的责任单位，由纪检监察部门进行问责。造成重大影响的，建议给予组织调整。

2.有关责任单位和工作人员有不作为、乱作为、慢作为或发生索、拿、卡、要、贪等违规违纪行为的，由纪检监察部门依纪依规予以查处。

3.凡被考核单位年度考核得分低于70分；发生重大责任安全事故、群体性事件、违法违纪案件；在考核过程中发现弄虚作假等情况的，年度考核结果确定为不合格，并取消当年该单位年度评先评优资格。

4.项目指挥部年度考核“不合格”的，指挥长、副指挥长责任保证金全额扣除。

七、其他事项

本办法从发布之日起实施，具体由区重点项目管理办公室负责解释。

中共洪江区工委办公室

印发《关于推进“两学一做”学习教育常态化制度化的实施方案》的通知

洪区办发〔2017〕17 号

各乡（街道）党（工）委、人民政府（办事处），区工委各部委办局，区直机关各单位、各人民团体党组（党委）：

《关于推进“两学一做”学习教育常态化制度化的实施方案》已经区工委同意，现印发给你们，请认真贯彻落实。

全区各级党组织和广大党员要从政治和全局的高度把思想和行动统一到党中央、省委、市委和区工委决策部署上来，切实增强做好推进“两学一做”学习教育常态化制度化工作的政治自觉和行动自觉，全力推进“全国知名旅游目的地城市”建设。各部门各单位党委（党组）要根据方案要求，结合实际制定具体方案并抓好落实，重要情况和意见建议及时报告区工委。

中共洪江区工委办公室

2017 年 5 月 26 日

（此件发至村、社区）

关于推进“两学一做”学习教育常态化制度化的实施方案

为贯彻《中共中央办公厅印发＜关于推进“两学一做”学习教育常态化制度化的意见＞的通知》（中办发〔2017〕23 号）、《中共湖南省委办公厅印发＜关于推进“两学一做”学习教育常态化制度化的实施方案＞的通知》（湘办发〔2017〕16 号）和《中共怀化市委办公室印发＜关于推进“两学一做”学习教育常态化制度化的实施方案＞的通知》（怀办发〔2017〕8 号）精神，切实推进全区“两学一做”学习教育常态化制度化，现结合实际提出如下实施方案。

一、目标要求

推进“两学一做”学习教育常态化制度化是思想建党、组织建党、制度治党的有力抓手，是全面从严治党的战略性、基础性工程，必须坚持不懈抓紧抓实，抓出常态和实效。总体目标要求是：把思想政治建设作为常态化制度化目标要求的首要任务，坚持用党章党规规范党组织和党员行为，用习近平总书记系列重要讲话精神武装头脑、指导实践、推动工作。

具体要求是：一要在增强“四个意识”、践行“四个合格”上下功夫。增强“四个意识”就是要增强政治意识、大局意识、核心意识、看齐意识；践行“四个合格”就是要做到政治合格、执行纪律合格、品德合格、发挥作用合格。二要在增强党内政治生活的“四性”和提高“四自”能力上下功夫。党内政治生活的“四性”是指政治性、时代性、原则性、战斗性；提高“四自”能力是指要不断提升党自我净化、自我完善、自我革新、自我提高的能力。三要在落实“三个基本”、实行“三个确保”上下功夫。“三个基本”要以“三会一课”为基本制度，以党支部为基本单元，把“两学一做”学习教育作为党员教育的基本内容；“三个确保”是指要确保党的组织充分履行职能、发挥核心作用，确保党员领导干部忠诚干净担当、发挥表率作用，确保广大党员党性坚强、发挥先锋模范作用，为统筹推进“五位一体”总体布局和协调推进“四个全面”战略布局在洪江落地生根提供坚强组织保证。

二、主要任务

（一）着力提高党委（党组）理论学习中心组学习质量。各部门各单位党委（党组）要认真落实《中国共产党党委（党组）理论学习中心组学习规则》，把深入学党章党规、学习近平总书记系列重要讲话作为理论学习中心组学习的主要内容，按年度作出学习安排，保证学习时间和质量，全年集体学习不少于4次。要丰富中心组学习的方法和途径，采取集体研讨、个人自学、专题调研、专家辅导等方式，开展切实有效的学习活动。党员领导干部在学习上要有更高标准、更高要求。要根据自身实际制定个人学习计划，每年完成规定的学习任务，带头撰写至少1篇学习心得、调研报告或理论文章，积极参加学习讲坛、读书会、报告会等活动，充分利用网络平台开展学习，党委（党组）主要负责同志每年至少作1次专题辅导报告。

（二）认真落实党支部“三会一课”制度。党支部要组织党员按期参加党员大会、党小组会和上党课，定期召开支部委员会会议，经常性开展“两学一做”学习教育。“三会一课”要以学党章党规、学习近平总书记系列重要讲话为主要内容，突出政治教育，突出党性锻炼，针对党员思想工作实际确定主题和具体方式，防止表面化、形式化、娱乐化、庸俗化。要依托网络平台、新媒体资源和党性锻炼基地等，探索开展开放式组织生活，丰富学习内容，提高学习实效。要坚持党员领导干部讲党课制度，继续开展送党课下基层活动，推动支部书记、先进典型、专家学者、普通党员讲党课，党员领导干部每年至少为基层党员讲1次党课，支部书记至少要在“七一”前夕在本支部讲1次党课。要全面推行党性教育报告员制度，分层级、分领域选聘报告员，分专题、分对象推出精品党课、微党课。要认真落实“三会一课”全程纪实管理，建立健全工作台账，党支部每年初制定“三会一课”计划，报上一级党组织备案并向支部党员公布，每半年向上一级党组织报告情况，对没有正当理由长期不参加“三会一课”的党员进行批评教育、促其改正。上级党组织要对党支部执行“三会一课”情况进行指导检查，对不经常、不认真、不严肃的，要批评纠正；情况严重的，要采取整顿等措施进行组织处理。

（三）深化拓展支部主题党日。党支部继续将每月相对固定的1天作为主题党日，组织党员集中开展活动。支部主题党日要紧扣“两学一做”主题，与“三会一课”紧密结合，重点围绕组织学习讨论、开展党性分析、民主议事决策、服务党员群众、集中交纳党费等5个方面的主要内容开展活动。党支部要围绕“四个合格”等主题，全年组织党员定期或不定期开展至少4次学习讨论。基层党组织要充分运用红色资源、警示教育基地、帮扶联系点和网络平台，通过诵读党章、重温入党誓词、参观革命纪念地等，不断丰富主题党日内容，做到形式多样、氛围庄重。服务行业、窗口单位等不便于集中开展党员活动的党支部，可采取分期分批等方式开展。国有企业、非公有制企业和社会组织党组织要因岗制宜，按照小型、分散、灵活原则开展。流动党员可以通过QQ、微信或视频等方式参加。各部门各单位党委（党组）要建立健全督查、通报、考核制度，及时研究解决问题。基层党委要制定年度计划，建立专门台账，加强日常管理。党支部要切实抓好组织实施和纪实管理，主题党日开展情况每季度向上一级党组织报备1次。

（四）持续开展主题实践活动。各级党组织要针对本地区本行业本单位实际，联系不同群体党员特点，开展各种主题实践活动，引导广大党员践行“四讲四有”，做到“四个合格”，引导党员干部践行“三严三实”，争当“四有三为”干部，在本职岗位上建功立业，在为民服务中展示先锋形象。农村要重点围绕巩固脱贫成果、建设“美丽乡村·幸福家园”、发展现代农业等方面，街道社区要重点围绕服务社区群众、完善基层治理体系、维护和谐稳定等方面，国有企业要重点围绕提高管理水平、促进改革发展、做大做强做优等方面，“两新”组织要重点围绕诚信守法经营、履行社会责任等方面，机关要重点围绕履职尽责、简政放权、公正执法、改进作风等方面，学校要重点围绕坚持正确办学方向、落实立德树人任务等方面，科研、文化、卫生等单位要重点围绕爱岗敬业、锐意创新、刻苦钻研等方面，窗口单位和服务行业要重点围绕提升业务技能、提供优质服务等方面，流动党员要重点围绕带头创新创业、带动群众致富、反哺家乡等方面开展实践活动。要积极开展设岗定责、承诺践诺、在职党员到社区报到、结对帮扶、志愿服务、争创“美丽窗口”等活动，推行挂牌上岗、佩戴党徽、摆放工作牌、悬挂党员户标牌、发放党员服务卡、成立党员突击队、一站式服务、全程代办等有效做法，为党员发挥先锋模范作用搭建实践平台。

（五）经常查找解决突出问题。按照中央、省委、市委和区工委要求，对照党章党规，对照系列讲话，对照先进典型，在对去年全区“两学一做”学习教育查摆的突出问题整改巩固的基础上，定期进行“党性体检”，进一步建立问题清单，抓好整改落实。各部门各单位党委（党组）要查找分析是否认真落实全面从严治党主体责任，是否坚决执行党的理论和路线方针政策，是否认真坚持民主集中制，着力解决党的领导弱化、党的建设缺失、管党治党宽松软等问题。党支部要查找分析组织生活是否经常、认真、严肃，党员教育管理监督是否严格、规范，团结教育服务群众是否有力、到位，着力解决政治功能不强、组织软弱涣散、从严治党缺位等问题。党员要查找分析理想信念是否坚定、对党是否忠诚老实、大是大非面前是否旗帜鲜明、是否做到在思想上政治上行动上同以习近平同志为核心的党中央保持高度一致，着力解决党的意识不强、组织观念不强、发挥作用不够等问题。各级党组织要把本地区本行业本单位严重违纪违法干部忏悔录作为反面教材，组织党员开展专题讨论，以案说纪、以案说法，扎实开展警示教育。

（六）全面推进基层党组织“五化”建设。要探索推行以支部建设标准化、组织生活正常化、管理服务精细化、工作制度体系化、阵地建设规范化为主要内容的基层党组织“五化”建设。农村、社区、国有企业、党政机关、非公有制经济组织和社会组织等不同类型党组织，要结合行业特点分类明确“五化”建设重点内容和具体办法。要推进基层党建传统优势与信息技术高度融合，大力推广“互联网＋党建”“智慧党建”“党建 e+”等做法，提高基层党建信息化水平，力争每个党支部都有一个网络互动平台。要建立经常性督导机制，进一步规范党支部书记“双述双评”和党员积分管理制度，持续整顿软弱涣散基层党组织，切实加强党支部书记培训，不折不扣落实活动场所、运转经费、报酬待遇、服务群众专项经费等保障措施，力争经过 2—3 年时间，实现基层党组织“五化”建设全面达标。

（七）切实抓好基层党建重点任务的落实。按照中央组织部、省委组织部、市委组织部的要求，坚持以问题为导向，着力补齐基层党建工作和基层党员队伍建设短板。要持续深化升华党员组织关系集中排查、党代会代表和党员违纪违法未给予相应处理情况排查清理、基层党组织按期换届专项检查、党费收缴工作专项检查、集中推进非公有制经济组织和社会组织党的组织和工作覆盖、抓党建促巩固提升脱贫成果和抓严抓实领导机关党员干部学习教育等 7 项重点任务，进一步加大工作力度。要认真落实中央组织部今年明确的建立党员电子身份信息、整顿改进人才市场流动党员管理、发展壮大薄弱村空壳村的村级集体经济 3 项重点任务。要突出抓好农村、“两新”组织等重点领域发展党员工作，坚持成熟一个发展一个。要针对农村婚丧喜庆大操大办、打牌赌博、封建迷信等不良现象，开展“治陋习、树新风”专项行动，深入依法打击“宗族恶势力”“乡匪”“村霸”“地痞流氓”，切实净化社会风气，加强社会主义文明建设；要针对发生在群众身边的不正之风和腐败问题，深入开展“雁过拔毛”“微腐败”和“蝇贪”专项整治行动，着力解决基层干部乱作为、不作为、侵犯群众利益、贪腐谋私等问题。

（八）坚持领导机关和领导干部率先垂范。要坚持从区工委委员会和区工委委员同志做起，推动领导机关和领导干部走在前列。党员领导干部要坚持把“两学一做”作为锤炼党性的基本功、必修课，加强政治能力训练和政治历练，为党员群众作出榜样。要在强化政治学习上作表率。要把政治学习摆在首位，坚持理论联系实际，弘扬优良学风，深入学习党章党规和习近平总书记系列重要讲话，切实增强“四个意识”、坚定“四个自信”，真正做到思想认同、政治看齐、行动紧跟。要将“两学”内容纳入区工委党校主体班次，推动党员领导干部学深一层。要在严格组织生活上作表率。严格执行双重组织生活制度，带头弘扬批评与自我批评优良传统，坚持以普通党员身份参加支部的“三会一课”、组织生活会和支部主题党日活动，认真严肃地过好组织生活。要在切实改进作风上作表率。严格执行中央八项规定、省委九项规定精神和市委、区工委有关规定，自觉同特权思想和特权现象作斗争，严格要求自己和身边工作人员，注重家庭、家教、家风，保持清正廉洁的政治本色。要在奋力担当作为上作表率。对照合格党员、合格领导干部标准和“三严三实”要求，时刻检视差距和不足，重实干、务实功、办实事、求实效，努力创造经得起实践、人民、历史检验的实绩。

（九）强力助推巩固提升脱贫成果、环境治理、安全生产、项目攻坚和旅游发展等重点工作。各级党组织、广大党员干部结合“大排查大诊断大整改”工作安排，深入开展“千名干部下基层，联系群众暖民心”活动，真情联系帮扶群众，密切党群干群关系，切实提高脱贫质量。要打好环境治理攻坚战，扎实开展环境安全隐患排查整治活动，对于过去反映和现在排查出来的突出环保问题，坚决整治到位，并建立健全定期督察督办、定期通报、从严问责制度。要严格落实安全生产“党政同责、一岗双责、失职追责”要求，切实抓好烟花爆竹、危险化学品、人员密集场所、建筑施工、道路运输等重点行业领域专项整治，坚决防止发生重特大安全事故。要大力实施“项目建设攻坚年”行动，牢固树立“抓项目就是抓机遇、抓发展”的理念，全力加快推进全区 47 个重点项目建设，特别是 8 个市级重点项目建设。要坚持“旅游旺城、旅游兴区、旅游富民”发展思路，抢抓鹤中洪芷核心引领区和怀化南部生态文化旅游先导区建设机遇，坚持规划引领，做好以全域旅游规划为统领的“多规合一”工作，大力推进核心景区开发建设力度，加快打造精品景区，积极发展乡村旅游，扩展旅游发展空间，促进农民致富增收。

三、组织领导

全区“两学一做”学习教育常态化制度化工作在区工委领导下进行，由区工委组织部牵头组织实施，区纪工委、区工委办、区工委宣传部、区工委党校配合做好相关工作。区直机关工委、区工委非公有制经济组织和社会组织工委、区离退休干部工委以及行业系统主管部门要切实履行好督促指导职责。

（一）落实主体责任。各部门各单位党委（党组）要把推进“两学一做”学习教育常态化制度化纳入管党治党的责任清单，切实担负起主体责任，形成党委统一领导、组织部门统筹协调、有关部门协同推进的工作格局。党委（党组）主要负责同志要负起第一责任人的责任，亲自抓谋划、抓推动、抓落实；其他班子成员要认真落实“一岗双责”，加强对分管领域和部门学习教育工作的具体指导；基层党委和党支部要负起具体实施责任，认真抓好各项任务的落实。基层党委要对所辖党支部进行全程工作指导，每个党委成员至少联系 1 个支部。

（二）注重分类指导。针对不同层级、不同类型党组织和党员实际，明确工作要求，着力增强学习教育的针对性、实效性。要加强对基层党组织书记和其他党务骨干的培训，充分调动基层党组织的主动性、创造性，让基层党组织在学习教育中有更多的自主权、有足够的灵活性。

（三）加强督促考核。要把推进学习教育常态化制度化纳入党建考核的重要内容，结合年终总结、年度述职进行检查和评估，把考核结果作为评判党组织和党组织书记履行管党治党责任的重要依据，对工作落实不力、搞形式走过场的，要严肃追责问责。区纪工委、区工委组织部要加大督查力度，及时发现和解决问题。

（四）强化舆论宣传。各级党组织要注重从各个领域、各个行业中选树一批“学”和“做”的先进典型，使广大党员学有榜样、做有标尺。宣传部门要结合迎接宣传党的十九大胜利召开，深入宣传先进基层党组织、优秀共产党员的先进事迹，引导广大党员干部见贤思齐、创先争优，不断汇聚干事创业的正能量。

中共洪江区工委办公室
洪江区管理委员会办公室

关于印发《洪江区2017年旅游工作要点》的通知

洪区办发〔2017〕23号

各乡（街道）党（工）委、人民政府（办事处），区直机关各单位：

《洪江区2017年旅游工作要点》已经区工委、区管委同意，现印发给你们，请认真遵照执行。

中共洪江区工委办公室
洪江区管理委员会办公室
2017年6月26日

洪江区2017年旅游工作要点

一、工作思路

2017年，我区要积极融入怀化“一极两带”新定位和“一个中心、四个怀化”发展战略，抢抓“鹤中洪芷核心引领区”和“怀化南部生态文化旅游先导区”建设机遇，争当“南部生态文化旅游先导区”建设排头兵，按照“旅游旺城、旅游兴区、旅游富民”的发展思路，突出旅游统领，强化规划编制，推进项目建设，创新宣传营销，提升服务水平。

二、工作目标

力争全年接待游客430.38万人次，同比增长21.22%；实现旅游收入14.1亿元，同比增长21.45%。

三、工作重点

（一）坚持规划引领，突出政策引导

1. 完善旅游规划体系。以旅游发展规划统领城乡建设、土地利用、环境保护规划，做到多规融合。全年计划实施9项旅游相关规划编制，计划完成“全域旅游发展”“城市发展控规整合”“城市入口形象设计”“新民路、高坡街、雄溪路、幸福路风貌改造设计”“村庄发展”和“智慧城市”6项规划编制，计划启动“洪江文化创意博览园”“沅水百里风情画廊”和“洪江城市设计”3项规划编制。

2. 继续加大政策扶持。按照区工委经济工作会议精神，持续加大政府对旅游业的政策引导和扶持力度，修订《洪江区旅游发展奖励办法》，对旅游企业创牌升级、旅游市场开发、星级乡村旅游景点和旅游商品开发、旅游人才培养、创新创业等加大政策奖励。特别是对积极创建三星级及以上宾馆、3A级及以上旅游景区、四星级及以上乡村旅游示范点、特色民宿、旅游商品研发企业进行重点培育扶持。

（二）加快项目建设，打造精品景区

2017年全年计划实施旅游及其相关建设项目16个，总投资9.87亿元。其中实施洪江古商城文化旅游区开发、洪江古建筑群修缮、嵩云山国家森林公园基础设施建设、茅头园村星空庄园景区升级改造、“古城商道”精品旅游线路基础设施建设等景区建设项目5个，计划投资3.47亿元。实施怀洪旅游干线、三个入城口绿化及立面改造、省道S222线周边环境改造、古商城风貌协调区城市立面改造、川山大道改扩建、新建三个停车场、博物馆建设、巫东城市防洪堤及沿江风光带建设等旅游基础配套建设项目8个，计划投资6.2亿元。实施乡村旅游道路建设、基础设施建设、村貌改善建设等乡村旅游项目3个，计划投资2000万元。

1. 推进核心景区开发。“烟雨洪江”项目重点推进游客接待中心（洪江1915）和犁头嘴片区建设，4月底前完成古商城外围被征收房屋的腾房工作，6月底前全部拆除，9月底前完成古商城景区旅游接待中心项目内外装饰，10月投入使用；川山旅游延伸拓展区建设完成“水映洪江”项目及游客服务中心征地工作，完成旅游停车场及仁园小区一期工程；实施古商城核心区现代建筑的拆除和环境美化；实施常德会馆、陈荣信商行、杨三凤商行、金融公所、塘冲2号、原沅江路街道办事处、四川会馆、淮盐缉私局等8个新景点的开发；完成大佛寺和财神殿2个国保建筑的修缮工程；重点实施嵩云山景区和茅头园村星空庄园景区提质升级建设。

2. 推进配套设施建设。抓好以怀洪旅游干线为重点的道路建设工程，以主干道沿线为重点的绿化工程，以立面改造为重点的旧城改造工程，以主要标志物为重点的城市亮化工程，以城区段为重点的水系治理工程。推进厕所革命，完成新建和改建旅游厕所11个。

3. 推动项目融资。依托洪江古商城、川山新区、嵩云山、横岩竹海、茅头园村星空庄园等景区，充分整合我区优势旅游资源，积极开展项目包装，做好招商和融资工作，重点实施沅水百里画廊、横岩水上竹海康养、自驾游营地、密岩尖山水等项目包装和融资工作。

（三）发展乡村旅游，助力扶贫攻坚

1. 抓好旅游扶贫示范创建工作。谋划一批业态好、功能齐、设施全的乡村旅游产品，争取年内在桂花园乡和横岩乡分别创建1—2个乡村旅游示范点。

2. 实施旅游扶贫项目建设。今年计划整合旅游扶贫资金2000万元，实施菖蒲和密岩尖两个乡村旅游点的通景道路建设，实施三个入城口村庄民居立面改造和茅头园村彩绘及特色民俗村落建设，实施横岩村沅江沿河步道系统、仿古渡口、亲水长廊、休憩民俗亭等配套设施及绿化工程建设。

（四）拓宽宣传方式，提升整体形象

1. 做好品牌推广。重点实施“六个一”工程：制作一部特色鲜明的旅游宣传片，设计一本旅游画册，绘制一张旅游地图，投放一批户外旅游形象宣传广告，撰写一本洪商史料大全，整合一批旅游微信平台。同时整理洪江商贸历史、工业历史、三线建设历史、沅江水运历史等方面的资料，充分发挥好“洪福洪江”“洪江旅游”“洪江人”等微信平台的宣传作用。

2. 举办品牌活动。举办好春节十大民俗文化活动、三八旗袍秀、樱花浪漫季、财商特训夏令营、美食节、旅游商品设计大赛等旅游活动，编排创作4—5个具有地方特色的文化节目。同时做好1—2个旅游事件的策划。

（五）加强行业监管，优化发展环境

1. 积极开展创评工作。启动省级全域旅游示范区、洪江古商城5A级景区、嵩云山4A级景区以及洪江古商城历史文化街区的创建工作。力争茅头园村成功创建“湖湘风情文化旅游小镇”，并启动“中国特色小镇”创建工作。

2. 实施旅游人才培训工程。依托区工业职业中专等学校建立旅游人才培训基地，采取集中办班培训、基地实践培训、院校委托培训等多种方式，加强对旅游管理人员和从业人员的培训；开展“最美导游”“最佳服务员”“旅游服务技能大赛”等评比，提升从业人员服务水平；出台人才引进政策，引进旅游专业人才。

3. 完善旅游管理机制。加强对全区旅游工作的领导，成立以区工委书记为组长的全域旅游创建工作领导小组。按照全域旅游示范区标准，建立“1+3+N”的旅游管理新体制，成立洪江区旅游发展委员会，逐步组建旅游警察、旅游工商所和旅游巡回法庭等专门机构。同时将旅游市场环境治理纳入到城市综合管理范畴，加大治理力度，形成联动管理。建立健全政府统一领导、部门依法监管、企业主体负责的旅游安全责任体系与工作机制。

4. 推进文明旅游建设。加强文明旅游宣传，提升广大市民的文明素质，倡导旅游志愿者服务。在A级景区、星级酒店继续开展“与文明同行，为旅游添彩”主题活动。

附件

表 11　　洪江区 2017 年旅游发展工作任务分解表

类　别	序　号	工作任务	责任单位
规划编制	1	编制完成“全域旅游发展规划”。	住建局 旅游局
	2	编制完成“城市发展控规整合”。	住建局
	3	编制完成“城市入口形象设计”。	住建局
	4	编制完成“新民路、高坡街、雄溪路、幸福路风貌改造设计”。	住建局
	5	编制完成“村庄发展规划”。	住建局 旅游局
	6	编制完成“智慧城市规划”。	经信科技局 住建局
	7	启动编制“洪江文化创意博览园规划”。	文体广新局 经信科技局 住建局
	8	启动编制“沅水百里风情画廊设计”。	发改局 旅游局
	9	启动编制“洪江城市设计”。	住建局
乡村旅游	1	创建 1—2 个乡村旅游示范点。	桂花园乡 横岩乡
	2	包装横岩村、茅头园村等乡村旅游项目，争取上级资金、政策扶持以及民间资本投资。	发改局 商务和粮食局 旅游局
	3	完成茅头园村乡村游道建设、民居立面改造和彩绘、打造特色民俗村落等旅游扶贫项目。完成横岩乡沅河河岸游步道工程及沅河片区绿化工程建设。	旅游局、扶贫办、桂花园乡、横岩乡等相关单位
	4	完成新店至菖蒲 5.7 千米和杨家湾至密岩尖 7 千米道路提质改造、均冲沙改油。	交通局
创建工作	1	启动省级全域旅游示范区创建工作。	旅游局
	2	启动洪江古商城 5A 级景区创建工作。	古商城公司
	3	启动嵩云山 4A 级景区创建工作。	农林水局
	4	启动“湖湘风情文化旅游小镇”创建工作。	旅游局 桂花园乡
	5	启动“中国特色小镇”创建工作。	住建局
	6	启动古商城历史文化街区创建工作。	住建局
	7	创建旅游创新创业园（创客基地建设）。	旅游局 人社局

续表 11：

类 别	序 号	工作任务	责任单位
创建工作	8	新建和改建 11 个旅游厕所。	住建局 旅游局
	9	实施景区公房清理，完善古商城景区公房管理制度。	住建局
	10	保护嵩云茶园，打造嵩云禅茶园。	农林水局
	11	启动桐油文化申遗工作。	文体广新局
	12	改善岩门生态循环工业园区生态环境，做好园区的美化绿化。	工业集中区管委会
	13	拓展统计测算范围，测算全区旅游产业对 GDP 的综合贡献率，对地方财政的综合贡献率，旅游新增就业占当年新增就业的比重，旅游收入占区域内农民年纯收入比重。	统计局
品牌营销	1	制作一部特色鲜明的旅游宣传片。	电视台
	2	设计一本旅游画册;绘制一张旅游地图;做好高铁、酒店(显示屏、电梯)等窗口的旅游形象宣传广告;做好 1—2 个旅游事件的策划。	旅游局
	3	撰写一本洪商史料大全、整理洪江商贸历史、工业历史、三线建设历史、沅江水运历史等方面的史料资料。	史志档案局 文体广新局 经信科技局 洪商文化研究会
	4	做强做优“洪福洪江”微信平台。	工委宣传部
	5	举办春节十大民俗文化活动。	工委宣传部
	6	举办三八旗袍秀活动。	妇联
	7	举办樱花浪漫季、美食节活动。	旅游局 文体广新局 商务和粮食局
	8	举办财商特训夏令营活动。	古商城公司
	9	编排创作 4—5 个具有地方特色的文化节目。	文体广新局 教育局
行业监管	1	对旅游管理人员、营销人员、服务人员、导游人员和乡村旅游从业人员分期分批进行培训，建立旅游人才培训基地。	旅游局 教育局 人社局
	2	开展旅游行业教育培训，组织“最美导游”“最佳服务员”“旅游服务技能大赛”等行业评比活动。	旅游局
	3	引进旅游专业人才。	人社局
	4	成立以区工委书记为组长的全域旅游创建工作领导小组。	旅游局
	5	成立旅游发展委员会，逐步组建旅游警察、旅游工商所和旅游巡回法庭等专门机构。	编办
	6	提升市民文明素质,开展“与文明同行,为旅游添彩”主题活动。	文明办各乡（街道） 旅游局
	7	拟定我区旅游产业发展奖励政策，并抓好政策落实。	旅游局
	8	本级财政每年预算安排旅游专项发展资金不少于 500 万元。	财政局

怀化市洪江区管理委员会
关于印发《洪江区旅游发展奖励办法》的通知

洪管发〔2017〕3号

各乡人民政府、街道办事处，区直机关各单位，各企事业单位：

《洪江区旅游发展奖励办法》已经区管委研究同意，现印发给你们，请认真遵照执行。

怀化市洪江区管理委员会

2017年5月18日

洪江区旅游发展奖励办法

为建设旅游强区，发展我区旅游产业，建设全国知名旅游目的地城市，根据国家和省、市有关政策法规及《中共洪江区工委区管委关于建设旅游强区的决定》等文件精神，结合我区旅游发展实际，特制定本奖励办法。

第一条　凡在洪江区内从事旅游经营、管理及服务的单位和个人，或在洪江区外对洪江区旅游发展有突出贡献的单位和个人，适用本奖励办法。

第二条　设立旅游专项奖励。对发展洪江旅游的重大项目，采取“一事一议”的方式，给予相应的奖励。

第三条　鼓励旅游企业创牌升级。对新评定的国家3A级、4A级、5A级旅游景区分别奖励50万元、100万元、200万元；对新评定的三星级饭店奖励30万元，对新评定的四星级饭店，每间（套）达到评定标准的客房补贴2万元，对新评定的五星级饭店，每间（套）达到评定标准的客房补贴5万元；对新评定的省级三星级、四星级、五星级旅行社分别奖励2万元、4万元、10万元。

对由上级行政主管部门新评定的省级、国家级生态旅游示范区、文明风景旅游区等旅游品牌分别奖励5万元、10万元；对新评定的银叶级、金叶级绿色旅游饭店，分别奖励2万元、5万元。

第四条　鼓励发展特色家庭宾馆（民宿、客栈）。对在洪江新建的具有特色的家庭宾馆（民宿、客栈），5间客房以上（含5间），装修设计风格具有本地文化特色，内部住宿条件舒适，经旅游部门认定的，每间客房给予2000元的奖励。

第五条　鼓励发展乡村旅游。新建具有农家特色的餐饮、住宿等乡村旅游服务项目，并按湖南省《乡村旅游服务星级评定准则》（DB43/T484-2009）实施建设，项目建成后，新评定为三星、四星、五星的星级乡村旅游点，分别给予5万元、8万元、10万元的一次性奖励。已评定的星级乡村旅游点升级为更高星级的，按照不同星级的奖励标准给予差额奖励。演艺团队经文化部门批准、旅游部门备案，在乡村旅游景区（点）为游客专场展演洪江民俗文化节目，一年演出50场以上（含50场）的，对主办单位一次性奖励 10 万元；超过 50 场的，每超过 1 场另给予 1000 元 / 场的奖励。

第六条 鼓励旅游商品开发营销。新开发的具有洪江特色的旅游商品，经商标注册并通过 ISO9000 认证的，一次性奖励 5 万元；对获省级以上旅游行政主管部门举办的旅游商品大赛奖励的优秀旅游商品，政府按获奖金额等额再行奖励旅游企业或个人；对以销售旅游商品为主的专业购物超市（购物店），被新评定为省级以上旅游购物示范点的，一次性奖励 5 万元。

第七条 鼓励在区内开展传统手工艺文化产品展示。在 A 级景区内有固定门店并长期（一年以上）制作、展示、销售传统手工艺文化产品，并经旅游、文化等部门确认的，一次性奖励 1 万元。

第八条 鼓励组织游客来洪。旅行社组织游客来洪，住宿 1 晚且购票游览 1 个及以上 A 级景区，每年累计达 1000 人以上（含 1000 人）的，按 15 元 / 人的标准给予奖励；每年累计达 3000 人以上（含 3000 人）的，按 20 元 / 人的标准给予奖励；每年累计达 6000 人以上（含 6000 人）的，按 30 元 / 人的标准给予奖励。

第九条 鼓励发展入境旅游。旅行社组织港、澳、台和境外游客来洪，购票游览 1 个及以上 A 级景区，每年累计达 300 人以上（含 300 人）的，按 30 元 / 人的标准给予奖励，人数超过 1000 人（含 1000 人）的，另行奖励 2 万元。

第十条 鼓励大型旅游团队来洪。旅行社一次性组织旅游大巴车队，在洪江住宿 1 晚，且购票游览 1 个及以上 A 级景区，人数达 200 人以上（含 200 人）的，按 25 元 / 人的标准给予奖励；人数达 500 人以上（含 500 人）的，按 30 元 / 人的标准给予奖励。旅行社一次性组织自驾游车队，在洪江住宿 1 晚，且购票游览 1 个及以上 A 级景区，车辆 30 台以上，人数达 100 人以上（含 100 人）的，按 25 元 / 人的标准给予奖励。

第十一条 鼓励争创荣誉，培养旅游人才。获得国家、省、市及旅游行政主管部门旅游表彰荣誉的集体，分别奖励 3 万元、2 万元、1 万元；获得以上相应荣誉的个人，分别奖励 3000 元、2000 元、1000 元。

在洪江从事旅游工作，新获得国家普通话、外国语种导游证的，分别奖励 500 元、1000 元。新获得中级、高级导游资格的，分别奖励 1000 元、3000 元。具有国家导游证或经旅游部门培训认定的讲解员，根据旅游部门安排，在洪江从事大型活动地接讲解的，奖励 200 元 / 人 / 次。

第十二条 区财政每年安排不低于 500 万元的旅游发展专项资金，主要用于旅游项目建设引导性投入、旅游宣传推广、旅游人才培养、旅游发展奖励等。

第十三条 旅游奖励考核年度为当年 1 月份至 12 月份，对符合本奖励办法的单位和个人，在次年 1 月 31 日前，填写《洪江区旅游发展奖励资金申报表》，并提供相关证明材料，再由区旅游局和区财政局共同审核提出意见后，报区管委批准兑现。对区内同一事项涉及多项奖励、补助的，奖励金（补助金）按“从高、不重复”的原则执行。对当年发生致人死亡的旅游安全事故、旅游投诉责任事件，或破坏资源、污染环境并受到查处的，或被查处有瞒报虚报、偷税骗税等违法行为的单位和个人，取消奖励资格。

第十四条 旅行社申报奖励需要提供完整的旅行社团队档案（含旅游合同、电子行程单、住宿发票及购票依据等，境外团队需提供入境游经营许可证复印件或有入境游经营许可证的旅行社委托协议）。旅游大巴、自驾车队奖励申报，在旅游团队抵达洪江区前两天内向区旅游局报送详细的接待（活动）方案（以书面或电子邮件形式），团队抵洪后，由区旅游局负责现场审核。（第九、十条可与第八条奖项重复计奖）

第十五条 本《奖励办法》自发布之日起执行。本《奖励办法》解释权属洪江区旅游主管部门。

综　录

组织机构与领导人名录

中国共产党洪江区工作委员会

区工委书记：罗国宇
区工委副书记：胡诗军（至2月）
毛运鸿（2月始）
莫文华
区工委委员：唐　龙
刘登富
张　林
田作根
杨　军
文　奇（至4月）
尹云刚
汤　鲜
王慧成

洪江区人大工委

主　　任：左立华
副主任：胡小平
申华林
刘　勇
贺　莉
党组成员：周国武

洪江区管理委员会

主　　任：胡诗军（10月免）
毛运鸿(12月始)

副主任：杨　军
文　奇（至5月）
俞　勇
滕绪国
吴祥深
许　云
舒象连
黄文胜

洪江区政协联工委

主　　任：张义宝
副主任：杨　杰
易　左
尹作春
戴英红

洪江市武装部

部　　长：尹云刚
政治委员：周建新

洪江区纪工委监察局

书　　记：汤　鲜
副 书 记：陈丽桦
张在永（3月始）
唐林波（至3月）
蒋湘洪（至3月）
郭旭光（3月始）
委　　员：肖华鹏
蒲洪春（至8月）
张家万

监察局
局　　长：陈丽桦（6月始）
唐林波（至6月）
副 局 长：蒲洪春（至8月）
李　飞（党外，6月任）

区工委工作机构

办公室
主　　任：张　林
副 主 任：欧光文
段祖连（至8月）
邓　超（1月始）
李　武（至1月）
陈　涛（(9月始）
小康办主任：蒋　晖

区工委巡察工作领导小组办公室
主　　任：蒲洪春（8月始）
副 主 任：姚茂坤（8月始）

区工委巡察组
组　　长：龙开山（9月始）
阳　辉（9月始）
副 组 长：冯细枚（9月始）
曾蕊琴（9月始）

区工委全面深化改革领导小组办公室
副 主 任：宋　雨（1月始）
匡经伟（1月始）
欧虹剑（至1月）
朱振华（至1月）

区工委基层党建领导小组办公室
主　　任：谭茹匀（8月始）

区工委网络安全和信息化领导小组办公室
主　　任：陈昱霖（8月始）

机要局
局　　长：宋　雨（至1月）
汤征浪（1月始）
副 局 长：向朝石

保密局
局　　长：黄艳梅（至1月）
刘　军（1月始）

区纪工委驻区工委办系统纪检组
组　　长：罗玉春（9月始）

组织部
部　　长：唐　龙
副 部 长：唐　瑾(4月始）
贺　莉（至4月）
王素国（至4月）
马宏旺
黄　婕（4月始）
漆齐宗（至4月）
兰　蔚

直属机关工委
书　　记：王素国（至1月）
黄　婕（1月始）
纪工委书记：黄　婕（至1月）
唐　昊（1月始）

“两新”工委
书　　记：马宏旺（1月始）
副 书 记：罗小勇（专职，1月始）
罗玉春（兼，1月至9月）
苏立新（兼，1月至8月）
舒春海（兼，1月始）

宣传部
部　　长：田作根
副 部 长：向　群（至8月）
蒋　晖（8月始）
石向求

区纪工委驻区工委宣传部纪检组
组　　长：刘剑宏（9月始）

文明办
主　　任：戴　钦（至1月）

政法委
书　　记：王慧成
副 书 记：刘梦兰
申建军（至1月）
王安平
纪 检 员：王安平（至8月）
政工室主任：邹　丹（1月始）

区纪工委驻区工委政法委纪检组
组　　长：向　纯（9月始）

综治办
主　　任：张　利
副 主 任：邹　丹（至1月）

维稳办
主　　任：赵庆林（至8月）
俞　彬（8月始）

“610”办
主　　任：申建军
副 主 任：李金娥
纪 检 员：李金娥（至8月）

统战部
部　　长：刘登富
副 部 长：尹黎明
杨　雯（至1月）
罗玉春（至1月）
杨中杰（1月始）
纪 检 员：郑　云（至8月）

台 办
主　　任：杨　雯（至1月）
杨中杰（1月起）

党校（行政学院）
第一校长：莫文华
校　　长：邱少华
副 校 长：欧阳冬日
朱明霞（至1月）
唐喜玲（1月始）
校务委员：吴　晖
金巧玲

区机构编制委员会办公室
主　　任：曾广能（至8月）
曾宪文（8月始）
副 主 任：黄亚玲
纪 检 员：黄亚玲（至8月）

老干部局
局　　长：兰　蔚
副 局 长：黄争争
申　政（至8月）
纪 检 员：黄争争（至8月）

区人大工委工作机构

办公室
主　　任：周国武
副 主 任：申少峰（至3月）
纪检组长：雷玉玲（至8月）

一 科
科　　长：申少峰（3月始）
副 科 长：雷玉玲（至9月）
　　　　　卢　茜（3月始）

二 科
科　　长：卢　江（至3月）
　　　　　高　林（3月始）
副 科 长：谭建湘（9月始）

三 科
科　　长：黄远方（至9月）
　　　　　雷玉玲（9月始）

四 科
科　　长：倪仁常（1月始）

五 科
科　　长：刘博文（9月始）

区管理委员会工作机构

办公室
主　　任：朱光强（至1月）
　　　　　唐林波（1月始）
副 主 任：张　捍（至8月）
　　　　　李建新
　　　　　段红梅（1月始）
　　　　　邓　雄（1月始）
　　　　　肖展华
　　　　　郭旭光（至1月）
　　　　　卢　晖
　　　　　李　慧（至1月）
　　　　　苏立新（8月始）
　　　　　曾朝阳（8月始）
　　　　　徐志洋
纪检组长：李　萍（至9月）

财税金融办
主　　任：朱光强（至1月）
　　　　　唐林波（1月始）
副 主 任：丰　敏

民族宗教办
主　　任：李建新

法制办
主　　任：卢　晖

区纪工委驻区管委办公室纪检组
组　　长：杨　松（9月始）

区发展和改革局
局　　长：黄文胜（至1月）
　　　　　潘　勇（1月始）
副 局 长：付　强（至8月）
　　　　　李　超（8月始）
　　　　　曾领明（至8月）
　　　　　汪业新（至3月）
　　　　　席　炜
　　　　　易　欧（8月始）
纪检组长：刘长顺（至9月）

区纪工委驻区发展和改革局纪检组
组　　长：谢智渊（9月始）

优化办
主　　任：邓迎军（至8月）
　　　　　李少军（8月始）

区纪工委驻发改局纪检组
组　　长：谢智渊（10月始）

经信科技局
局　　长：潘小平
副 局 长：刘越清
　　　　　申建华
　　　　　钦　鸿
　　　　　向朝石
　　　　　肖　峰（至8月）
纪检组长：周精华（至9月）

区纪工委驻经信科技局纪检组

组　　长：周精华（9月始）

教育局

局　　长：倪仁常（至1月）
　　　　　王建平（1月起）
书　　记：张　军（至1月）
副 局 长：龙开山（至3月）
　　　　　易　欧（1月至8月）
　　　　　易景平（8月始）
　　　　　饶　亮（3月始）
　　　　　谌汉章
主任督学：陈利军
纪检组长：李丽萍（至9月）

信访局

局　　长：高　林（至3月）
　　　　　曾旺志（3月始）
副 局 长：熊金宝
　　　　　姜全林（3月始）
　　　　　王文忠（3月始）
纪检组长：郭旭辉（至9月）

安全生产监督管理局

局　　长：罗建洪
副 局 长：李少军（至8月）
　　　　　王双华（3月始）
　　　　　谢周华
　　　　　袁　方（8月始）
纪检组长：肖　琼（至1月）
　　　　　谢智渊（1月至9月）

民政局

局　　长：潘　勇（至1月）
　　　　　舒春海（1月始）
副 局 长：向开银（至3月）
　　　　　邓润华（3月至9月）
　　　　　罗小勇（至3月）
　　　　　印　俊（至8月）
　　　　　刘　军（10月始）
　　　　　罗　刚（8月始）
　　　　　肖　蔚（3月始）
纪检组长：曾蕊琴（至9月）

财政局

局　　长：王慧成（至1月）
　　　　　朱光强（1月始）
副 局 长：范　洪（至1月）
　　　　　尹益初（1月始）
　　　　　刘永明（至1月）
　　　　　蒋　远
　　　　　刘永明（至1月）
　　　　　肖　航（1月始）
　　　　　杨中杰（至1月）
党组成员：肖　航
　　　　　邓　超（至1月）
纪检组长：杨中杰（至1月）
　　　　　刘永明（至9月）
总会计师：高丽敏
农开办主任：申光荣（至8月）
　　　　　曾广能（8月始）

区纪工委驻财政局纪检组

组　　长：周建林（9月始）

人力资源和社会保障局

局　　长：漆齐宗
副 局 长：李东文（至8月）
　　　　　李金友
　　　　　宁川峰
　　　　　蒋志云（至3月）
　　　　　邓润华（至3月）
纪检组长：刘　军（至9月）

就业服务管理局

局　　长：仇冬雷（至10月）
　　　　　梁庄莲（10月始）

机关社保局

局　　长：肖剑刃

企业社会保险局

局　　长：宁川峰

医保局

局　　长：邓润华（至3月）
蒋志云（3月起）

城乡居民社会养老保险管理服务中心

主　　任：聂震宇

工伤保险管理中心

主　　任：蒋志云（至10月）
邓润华（10月始）

国土资源局

局　　长：申海兵
副 局 长：段文峰
王　珏
詹云贵
纪检组长：蒋德英（至8月）
执法监察大队大队长：杨师湘

环境保护局

局　　长：杨志辉
副 局 长：刘　楗
明远险（至8月）
谢　勇（8月始）
范早建
纪检组长：杨丽丽（至9月）

交通运输局

局　　长：何友君
副 局 长：赵梅春
陈建怀
邓志刚
总工程师：明远险（8月始）
纪检组长：赵梅春（至1月）
岑　涛（1月至9月）

农林水局

局　　长：刘　勇
副 局 长：蒋兴华
龙章华
王湘黔
杨红兰
杨小云
纪检组长：李建彪（至9月）

区纪工委驻农林水利局纪检组

组　　长：周精华（9月始）

畜牧水产局

局　　长：张在永（至3月）
卢　江（3月始）
副 局 长：王旭洪（至8月）
王　慧
叶世遂
纪检组长：严长兵（9月始）

农业机械化管理局

局　　长：杨　志

商务和粮食局

局　　长：刘博文（至9月）
金　波（9月始）
书　　记：李向林（8月始）
副 局 长：陈文胜（至8月）
陈明星（至3月）
黄　珉
周灿明（至3月）
肖　琼（3月始）
纪检组长：刘剑宏（至9月）

文体广电新闻出版局

局　　长：王承当
副 局 长：宋兴亚（至10月）
饶　亮（至3月）
雷镇远
龙开山（3月至10月）
吴　斌
胡城宏（10月始）
纪检组长：宋兴亚（至9月）

文化市场综合执法局

局　　长：李　钢

卫生和计划生育局

局　　长：邓　雄（至1月）

余宏凯（1月始）
副　　局　　长：周锋云
李　健（至8月）
刘文筠（至10月）
周如齐（至10月）
李向林（至8月）
杨春华（至9月）
聂晶晶（10月始）
肖　毅（10月始）
纪　检　组　长：肖　毅（至9月）
计生协常务副会长：刘文筠

卫生计生综合监督执法局
局　　　　　长：周如齐（10月始）

疾病预防控制中心
主　　　　　任：李茂作

妇幼保健计划生育服务中心
院　　　　　长：蒲虹波（10月始）

审计局
局　　　　　长：唐　瑾（至1月）
氾　洪（1月始）
副　　局　　长：杨建平
谢朝忠
程　红
总　审　计　师：陈瑞炜（3月始）
纪　检　组　长：刘　芳（至9月）

经济责任审计工作领导小组办公室
专　职　副　主　任：刘　芳（10月始）

住房和城乡建设局
局　　　　　长：黄福元
副　　局　　长：肖续新
尹益初（至1月）
田明秋
袁大钢
曾旺志（至3月）
左湘虹
刘　辉
段维建
纪检组长：舒秋萍（至9月）

城管执法大队
大　队　长：唐世春
副大队长：黄　金
罗业礼

人防办
主　　任：杨小文
书　　记：李　慧（1月始）
副　主　任：袁晓星
纪检组长：王文忠（至1月）
朱金桃（1月至9月）

市场和质量监督管理局
书　　记：向　群（9月始）
苏立新（至9月）
副　局　长：冯　琨
刘唐斌（8月始）
刘　文
谢登誉
汤征浪（至3月）
戴　萍
纪检组长：向　纯（至9月）

工业集中区管理委员会
主　　任：梁思林（8月始）
黄勇剑（至8月）
副　主　任：王　锐（8月始）
蒋　译（至3月）
谢　勇（至3月）
梁思林（至8月）
李佩军

旅游局
局　　长：王建平（至1月）
明芙蓉（1月始）
副　局　长：武春兰
李万园（至10月）
李　伟（1月始）

纪检组长：武春兰（至1月）
杨海雄（1月至9月）

统计局

局　　长：明芙蓉（至1月）
李　武（1月始）
副 局 长：邓凯允（至10月）
舒振桂
邓迎军（10月始）
纪检组长：杨　松（至8月）
邓迎军（8月至9月）

区政协联工委工作机构

办公室

主　　任：汪业新（8月始）
孙云飞（至8月）
纪检组长：邓　丹（至8月）

经联科

科　　长：孙云飞（1月始）
段红梅（至1月）
副 科 长：汪业新（1月始）
刘国安（8月始）

职能科

科　　长：谌洪安

区政法机关

公安局

局　　长：许　云
政　　委：匡自其
副 局 长：申　刚
任晓虎
谢开军（8月始）
李家麟（至8月）
副 政 委：鄢祥忠（至8月）
谢开军（至8月）
纪委书记：谢开军
鄢祥忠（9月始）
党委委员：聂　敏（兼政工室主任）
李家麟（至8月）

洪江人民检察院

检 察 长：彭海波
副检察长：赵东吾（至8月）
于国军(8月始）
吴传祥
肖希海（至8月）
张庭辉（至8月）
纪检组长：向继忠（至9月）
政工室主任：何　静

洪江人民法院

院　　长：杨　荣
副 院 长：蒲照耀（至8月）
赵东吾（8月始）
邓建国
朱亦平（至8月）
于国军（至8月）
纪检组长：王孝忠（至8月）
政工室主任：蒋永富。

司法局

局　　长：佘志军
副 局 长：杨高石
王建平
佘毅强
杨海雄（至3月）
纪检组长：刘　辉（至9月）
政工室主任：肖　露

交警大队（交通管理中心）

大 队 长：姜小泉（至10月）
王刚云（10月始）
教 导 员：李相胤（至9月）
副大队长：佘爱元（10月始）
修剑波（10月始）

区工委、区管委直属事业单位

区史志档案局

局　　长：李　超（至8月）

陈文胜（8月始）
副 局 长：袁立晖
张兆林（1月始）

供销合作社

主　　任：廖声科
副 主 任：郑爱民
朱志奇
易志群（1月始）

扶贫开发办公室

主　　任：曾领明（8月始）
曾宪广（至8月）
副 主 任：黄催华（8月始）
宁青贵（至8月）
肖建国（8月始）
刘国安（至8月）
纪检组长：梁恩武

政府服务中心

主　　任：金　敏（10月始）

人民团体

总工会

主　　席：刘　勇
党组书记：王素国（1月起）
佘宏凯（至1月）
副 主 席：王素国（3月至8月）
佘宏凯（至3月）
粟　雁
付　强（8月始）
肖　蔚（至1月）
纪检组长：粟　雁（至8月）

共青团洪江区委

书　　记：杨　纯（至1月）
戴　钦(1月始）
副 书 记：严诗琴(1月始）
郑　艳（至1月）

妇女联合会

主　　席:李　茜
副 主 席:吴　毅(1月始)

工商业联合会

主　　席：易　左
书　　记：罗玉春（至9月）
副 主 席：张卉婷
罗玉春（至9月）
李　伟（至1月）

残疾人联合会

理 事 长：杨　玲（至1月）
张　军（1月始）
副理事长：杨秀晋（至1月）
纪检组长：曾　亮（至8月）

科学技术协会

主　　席：袁朝掌（至8月）
宁青贵（8月始）
副 主 席：张兆林（至1月）
杨　雯（1月始）

其他副科级以上事业单位

企业改制服务办公室

主　　任：段洪建
副 主 任：杨　玲（3月始）
田建平
张　辉

房屋征收补偿安置办公室

主　　任：金　波（至8月）
李东文（8月始）
书　　记：袁大钢（至8月）
副 主 任：曾朝阳（至8月）
谌宝明
陈　征（8月始）
纪检组长：曾朝阳（至8月）

广播电视台

台　　长：肖　军
副 台 长：吴　毅（至3月）

　　　　马亚晖
　　　　徐海鹰（8月始）
纪检组长：马亚晖（至8月）
　　　　曾　亮（8月始）

怀化市森林公安局洪江区分局
局　　长：王云刚（至11月）
　　　　姜小泉（11月始）
政　　委：鄢祥忠（9月始）
　　　　廖立志（至8月）
副 局 长：向　常（8月始）
纪检组长：向　常（至8月）

驻区部队（部分）

中国人民武装警察部队洪江区消防大队
大 队 长：王　懿
教 导 员：谢小明

省、市垂直管理单位

国网洪江区供电分公司
经　　理：张　浩
书　　记：王　磊
副 经 理：吴明伟
　　　　张莉娜
纪检书记：曾小阳

中国电信洪江区分公司
副 经 理：欧阳敏
　　　　赵治国

中国移动洪江区分公司
经　　理：段植耀
副 经 理：曾颖文

中国邮政洪江区分公司
局　　长：王均尚

交通建设质量安全监督管理站
站　　长：陈建怀（至8月）
　　　　丁　勇（8月始）
书　　记：李文胜
副 站 长：陈家林

公路管理局
局　　长：欧景祥
副 局 长：谭五平
　　　　李　民
　　　　邹　明

地方海事处
处　　长：阮亚林
书　　记：周建勇
副 处 长：李友谊
　　　　胡思煌（8月始）

公路运输管理所
所　　长：肖志坚（10月始）
　　　　邓志刚（至10月）
副 所 长：张中凯
　　　　陈　强

烟草专卖局
局长（经理）：欧定海
副 经 理：郭世森
副 局 长：肖学文
纪检组长：肖学文

国家税务局
局　　长：黄秋红
副 局 长：龙继明
　　　　李任发
纪检组长：龙彬彬

地方税务局
局　　长：蒋　勇
副 局 长：张春梅
　　　　张其雄
副 书 记：易延兵
纪检组长：杨长宜

驻区金融机构（部分）

中国人民银行洪江支行
行　　长：朱跃明

副　行　长：舒　怀
　　　　　　留　榴
　　　　　　邓小波
纪检组长：向艳军

中国银行洪江区支行

行　　长：陈志勇
副　行　长：张　雄
　　　　　　李文娜

建行洪江区支行

行　　长：周　海（至11月）
副　行　长：冯怀亮
　　　　　　佘　平（至11月）
委派会计主管：王建强（至11月）

中国农行洪江区支行

行　　长：向建华
副　行　长：张小强

中国工行洪江区支行

行　　长：罗　彬
副　行　长：易军波
　　　　　　胡　红

怀化市农村商业银行股份有限公司

行　　长：潘宏天
副　行　长：张　解

邮政储蓄银行洪江区支行

经　　理：姚元芳

中国财产保险公司洪江区支公司

经　　理：张良忠
副　经　理：潘浩翔
　　　　　　李　晟

中国人寿保险公司洪江区支公司

经　理：刘思民
副经理：李坪樟

乡·街道

·桂花园乡·

中共洪江区桂花园乡委员会

书　　记：向　卉
副书记：田　勇
　　　　岑　涛（至1月）
　　　　万华园（1月始）
党委委员：杨　欢
　　　　陈妍岚
　　　　黄　娜
　　　　唐钱林（1月始）
　　　　晏　勇（8月始）

人大主席团

主　　席：杨　欢

乡人民政府

乡　　长：田　勇
副乡长：陈妍岚
　　　　刘　浏
　　　　熊跃福

政协联络处

联络员：陈妍岚

·横岩乡·

中共洪江区横岩乡委员会

书　　记：宁　剑
副书记：何小拾
　　　　刘钦文（至8月）
　　　　李　强（8月始）
党委委员：金　敏（至9月）
　　　　王慧敏（10月始）
　　　　罗　刚（至8月）
　　　　刘钦文（8月始）
　　　　龙开春
　　　　胡佳媛

乡人民政府

乡　　长：何小拾
副乡长：罗　刚（至8月）
　　　　刘钦文（12月始）
　　　　黄　涛
　　　　李　强（至8月）
　　　　潘远波（12月始）

人大主席团
主　　席：金　敏（至10月）
　　　　　王慧敏（12月始）
政协联络处
联 络 员：罗　刚（至8月）
　　　　　刘钦文（8月始）

·河滨路街道·
中共河滨路街道工作委员会
书　　记：吴　杰
副 书 记：尹曙光
　　　　　王启平（9月始）
　　　　　黄　娜（至9月）
　　　　　刘唐斌（至8月）
委　　员：谢智渊（至1月）
　　　　　刘唐斌（至8月）
　　　　　张佑国（3月始）
　　　　　杨　玲（3月始）
　　　　　肖　峰（8月始）
　　　　　黄　娜（至9月）
纪工委书记：谢智渊（至1月）
　　　　　王启平（1月至9月）
　　　　　杨　玲（9月始）
人大工作委员会
主　　任：谢智渊（至1月）
　　　　　王启平（1月始）
街道办事处
主　　任：尹曙光
副 主 任：张佑国（1月始）
　　　　　许丽娜（1月始）
　　　　　杨　玲（1月至10月）
政协工作联络处
联 络 员：刘唐斌（至8月）

·沅江路街道·
中共沅江路街道工作委员会
书　　记：舒春海(至1月)
　　　　　蒋湘洪(1月始)
副 书 记：张勇华
　　　　　周建林(至1月)
　　　　　张晓慧（女，1月始）
委　　员：唐群善（10月始）
　　　　　胡城宏（至10月）
　　　　　朱金桃（女，至3月）
　　　　　陈　征（2015.12 ~ 2017.8）
　　　　　杨春华（女，10月始）
纪工委书记：周建林(至1月)
　　　　　张晓慧（女，1月至9月）
　　　　　唐群善（9月始）
人大工作委员会
主　　任：周建林（至1月）
　　　　　张晓慧（女，1月始）
街道办事处
主　　任：张勇华
副 主 任：胡城宏（至10月）
　　　　　朱金桃（女，至3月）
　　　　　许丽娜（女，3月始）
政协工作联络处
联 络 员：陈　征（至8月）
　　　　　杨春华（女，9月始）

·高坡街街道·
中共高坡街街道工作委员会
书　　记：向青松
副 书 记：蒋智伟
　　　　　王慧敏（至9月）
委　　员：丁　勇（至8月）
　　　　　陈自爱（8月始）
　　　　　梁庄莲（至9月）
　　　　　李万园（10月始）
　　　　　刘小瑜（8月始）
人大工作委员会
主　　任：丁　勇（至8月）
　　　　　陈自爱（8月始）
街道办事处
主　　任：蒋智伟
副 主 任：刘小瑜（8月始）
　　　　　孟志勇
政协工作联络处
联 络 员：梁庄莲（至9月）
　　　　　李万园（9月始）

·新街街道·
中共新街街道工作委员会
书　　记：瞿　亘

副　书　记：杨　纯（1月始）
　　　　　　陈明星（9月始）
委　　　员：易景平（至8月）
　　　　　　谌鸣亚（10月始）
纪工委书记：朱文慧（9月始）

人大工作委员会

主　任：陈明星（1月始）
　　　　姜全林（至1月）

街道办事处

主　任：袁春华（至3月）
　　　　杨　纯（3月起）
副主任：朱文慧（3月始）
　　　　肖志坚（至9月）
　　　　谌鸣亚（9月始）

政协工作联络处

联络员：易景平（至8月）

新闻存目

表12　　2017年国家级媒体有关洪江区报导题录（部分）

媒体名称	时间（期号）	作者	标题	版面（栏目）
新华社	1月28日	张春保　明星	百龙齐舞 万人狂欢—湖南洪江古商城百头龙狮闹新春	
新华社	1月30日	张春保　明星	“记者同志，请加我微信吧”—访脱贫后充满希望的湖南小山村	
CCTV 13	2月15日		洪江人黄洁夫出席梵蒂冈反器官贩卖峰会	
新华社	2月9日	章斌	怀化女教师为圆演艺梦在刺骨寒风中竞演	
新华社	3月2日	明星	洪江古商城三月份对穿旗袍的女性免票	
CCTV-5	3月11日		围棋西施	
CCTV-13	3月9日		洪江人黄洁夫在全国两会发声	新闻联播
新浪网	3月21日	姚冶　杨帆	洪江古商城浪漫樱花季4月开幕	
搜狐	3月24日	姚冶　杨帆	洪江古商城浪漫樱花季4月开幕	
人民网	3月22日	姚冶　杨帆	洪江古商城浪漫樱花季4月开幕	
新华社	3月30日	李伟　胡什	湖南洪江樱花季活动多 美景美食待游客	
新华网	3月30日	范伟	清明节小长假带你感受“湖南如此多娇”	
法制周报	4月19日	胡云淞	怀化洪江区：行拘“老赖”促古商城发展	
新华网	4月25日	肖军　黄巍　章斌	“五一”游洪江古商城 可享受商道文化大餐	
人民网	4月26日	肖军　黄巍　章斌	“五一”游洪江古商城 可享受商道文化大餐	
新华网	4月28日	章斌	湖南洪江古商城五一期间为游客提供免费停车场	
中国商报	4月28日	章斌	商道之旅 中国第一古商城—洪江	
中新网	5月8日	刘路文	中国福彩助推湖南旅游发展“福票”洪江古商城首发	

续表 12：

媒体名称	时间（期号）	作者	标题	版面（栏目）
参考消息	5月8日	刘路文	中国福彩助推湖南旅游发展“福票”洪江古商城首发	
新华网	5月5日	石向求　章斌	洪江古商城文化旅游开发按下“快进键”	
中国旅游报	5月26日	杨安英	桔花香浓的故园	
新华网	5月9日	刘路文　章斌	福彩助推湖南旅游“福票”洪江古商城首发	
光明网	5月4日	刘菲	即开票“福票”即将隆重上市	
新华网	5月4日	刘菲	即开票“福票”即将隆重上市	
新华网	5月12日	刘路文	中国旅游日将至 湖南洪江古商恒将举办惠民公益系列活动	
CCTV	5月8日		央视专访洪江人黄洁夫：器官捐献与移植法律不断完善	
新华网	5月19日	刘路文、章斌	“寻找最美海外中国游客”活动在洪江古商城颁奖	
CCTV	5月9日		怀化洪江区：督查中央环保督察组交办件落实情况	
新华社客户端	5月25日	明星	“家书抵万金”湖南洪江古商城端午节推出系列活动	
新华社	6月7日		《向警予》在湖南洪江古商城取景	
人民日报	6月12日	肖克凡	他乡遇故知	
CCTV	6月12日	刘丁铭	洪江区受灾严重	
CCTV	6月13日	黄飞鹏　杨尚知	中央电视台持续关注洪江区灾情	
CCTV	6月30日	黄飞鹏　杨雪畅	洪水威胁 近万名群众连夜转移	
CCTV	6月30日	黄飞鹏　龙俐君	洪江区：40只网箱危及电站 海事人员紧急除险	
新华网	7月1日	阮周围	特大洪峰从怀化洪江区过境　逾万名群众得到转移	
新华社	7月12日	刘路文	湖南洪江免费特训财商特劝捐惹多方争议	
中新网	8月16日	唐小晴 刘路文	湖南洪江免费特训财商特劝捐惹多方争议	
新华社	8月16日	阮周围	两岸青少年湖南夏令营体验国学商道	
人民网	8月8日	李芳森　孙宏瑗	2017两岸婚姻家庭子女财商夏令营在洪江古商城开营	
中新网	8月8日	唐小晴 刘路文	两岸婚姻家庭子女湖南研习商道文化	
新华网	9月4日	阮周围	湖南怀化市洪江区：学生免费读高中	
中新网	9月27日	章斌	“十一”小长假：洪江古商城服务升级好戏连台	
中国旅游报	10月9日	高慧　章斌	洪江古商城：繁华古城的复兴之路	
新华网	12月13日	石向求	洪江区“厕所革命”提升旅游品质	

表 13　　2017 年《湖南日报》有关洪江区报导题录（部分）

时　间	作　者	标　题	版面（栏目）
1 月 2 日	肖军　黄巍　石向求	洪江区精准发力啃下“硬骨头”	头版头条
1 月 8 日	刘文颖　杨欢	旅游火 村民笑	头版板眼
1 月 26 日	肖军　石向求	龙腾狮舞闹古城	1
2 月 7 日	蒋祖烜	怀化市洪江区菖蒲村新年新愿	1
2 月 13 日	肖军　石向求	洪江区提拔重用优秀扶贫干部	
2 月 20 日	肖军　刘文颖 林谌德　石向求	姐妹花带着猪宝宝相亲	
2 月 19 日	柳德新　冒蕞	武陵源区和洪江区率先脱贫摘帽	1
2 月 19 日	柳德新　龙雷鸣 肖坤林	“精准扶贫”的力量 —武陵源区、洪江区率先脱贫摘帽的启示	
2 月 28 日	肖军　黄巍 通讯员　刘文颖	洪江区农村寄宿生“拎包入住”	
3 月 2 日	尚斌	洪江区厕所是长在景区里的文化馆	8
3 月 9 日	肖军　黄巍　章斌	洪江古商城：一场典雅古朴的旗袍盛宴	15
3 月 10 日	邹靖方	不出车间，两年走完“长征路”	9
3 月 10 日	肖军　黄巍　石向求	让文化遗产“活”起来 洪江区传统文化带旺旅游经济	7
3 月 17 日	王亚	洪江恰似一出戏	6
4 月 26 日	肖军　黄巍　章斌	“五一”游洪江古商城 可享受商道文化大餐	
5 月 9 日	肖军　刘路文	“福票”在洪江古商城首发	9
5 月 4 日	刘菲	即开票“福票”即将隆重上市	6
5 月 11 日	左伊	快快出手，大家抢“福票”啦！	6
5 月 16 日	湘福	我省即开票“福票”首发仪式在怀化洪江举行	6
5 月 16 日	吴立志	好福气！好运气！	
5 月 19 日		中国旅游日 幸福在湖南	
6 月 8 日	吴立志	“福票”威武—怀化彩民 25 天“抱走”3 个 20 万元大奖	5
7 月 2 日	肖军　雷鸿涛 石向求　李钢	挺起脊梁战洪峰—洪江区党员干部转移群众剪影	
8 月 3 日	曾昭熙	湖南福彩第二批“走近刮刮乐”活动收官	6
8 月 4 日	邹靖方　蒋叶子	怀化电力：守护留守儿童安全	9
8 月 9 日	雷鸿涛　刘路文	洪江古商城举办两岸财商夏令营	
9 月 1 日	雷鸿涛　向玉龙	洪江区全面实施高中阶段免费教育	
9 月 1 日	林振林　李钢	2017 年中美篮球明星对抗赛怀化举行	
9 月 9 日	刘文颖　肖丽	温馨一抱谢师恩	
9 月 20 日	孟姣燕	2017 湖南旅博会吉首开幕	
9 月 20 日	章斌	洪江古商城亮相湖南旅博会	
9 月 21 日	田雄狮　杨仕凡	锦绣潇湘尽藏大美湘西	

续表13：

时　间	作　者	标　题	版面（栏目）
9月26日	雷鸿涛　章斌	洪江古商城等你来	
10月3日	肖军 刘路文	油画《烟雨洪江》揭彩	
10月17日	向玉龙	新曲嘹亮古商城 ——洪江区经济社会发展纪实	
10月31日	刘文颖　李翠兰	中小学生演绎传统之美	
11月8日	雷鸿涛　向玉龙	洪江古商城惊艳亮相伦敦世界旅游交易会	
11月27日	石向求	洪江区筑牢防止返贫堤坝	头版头条
12月5日	雷鸿涛　李钢	洪江区：村里果农尝鲜“互联网+”	
12月7日	刘文颖　肖丽	落叶作画 美化生活	
12月13日	雷鸿涛　石向求	洪江区“厕所革命”提升旅游品质	
12月22日	陈健	洪江区国税局：以“吃亏是福”文化品牌助推队伍建设	

表14　　2017年省级媒体有关洪江区报导题录（部分）

媒体名称	时间（期号）	作者	标题	版面（栏目）
湖南卫视	1月4日		答卷2016·“扶”——绝不落下一个贫困群众	
法治周报	2月13日	向正生	怀化洪江区：帮教活动暖人心	
农民日报	2月16日	张振中　杨娟	扶贫扶到心坎里	头版头条
湖南新闻联播	2月4日		洪江：古商城迎财神	
湖南新闻联播	2月4日		怀化洪江古商城：特色民俗表演	
湖南经视	2月13日		洪江区有望最先摘掉贫困帽	
省红网	3月21日	姚冶　杨帆	洪江古商城浪漫樱花季4月开幕	
省红网	3月24日	石向求　林振林 黄岚	科普一下：日本国花老祖宗在雪峰山	
长沙晚报	3月28日	张洋子	去洪江古商城约会浪漫樱花	
湖南教育台	2016年12月		《欢乐童行—洪江古商城》小演员回访视频	
新湖南	4月1日	刘路文　章斌	洪江古商城2017嵩云山樱花节浪漫启幕	
省红网	4月1日	李伟图　章斌	“洪江古商城2017嵩云山樱花浪漫季”正式启幕	
新湖南	4月25日	李夏涛　章斌	五一假期，到洪江古商城“吃”大餐去！	
湖南新闻联播	4月30日	杨雪畅	洪江古商城上演古代开市	
省红网	5月8日	刘路文	中国福彩助推湖南旅游发展“福”票在洪江古商城首发	
新湖南	5月5日	石向求　章斌	洪江古商城文化旅游开发按下“快进键”	
新湖南	5月5日		洪江区工委办发文要求做好《新湖南》订阅推广工作	
三湘都市报	5月3日	刘菲	即开票“福票”即将隆重上市	

续表 14：

媒体名称	时间（期号）	作者	标题	版面（栏目）
新湖南	5月12日	刘路文	洪江古商城丰富惠民活动迎中国旅游日	
华声在线		刘路文　章斌	湖南洪江：快乐旅游 幸福生活	
新湖南	5月19日	李夏涛 刘路文　章斌	中国旅游日，寻找最美海外中国游客	
新湖南	5月19日	李夏涛 刘路文　章斌	人人都是中国名片，个个都是文明使者	
香港商报	5月19日	唐学伟	海上古丝绸之路从这里起航 ——探秘洪江古商城在"一带一路"上的历史地位	
新湖南	5月20日		洪江区集中旅游服务培训 细节处提升游客体验	
湖南新闻联播	5月9日		怀化洪江区：督查中央环保督察组交办件落实情况	
省红网	5月19日	唐学伟	唐学伟：从洪江古商城看"一带一路"湖南元素	
华声在线			端午至六一，洪江古商城开展"家书抵万金"系列活动	
新湖南			端午去哪玩？湖南最全景区活动在这里！	
新湖南	5月28日	赵志高	洪江古商城："百家宴"庆祝端午节	
华声在线	5月30日		湖南洪江志愿者自创禁烟手语劝导文明旅游	
凤凰湖南	6月6日		电视剧《向警予》洪江取景 主演"高小琴"内敛低调	
广州日报	6月10日	吴立志	"大卜赋人"王一亅：辞职隐居去 我为诗赋狂	
新湖南	6月12日	陈明	肖克凡洪江游记：他乡遇故知	
新湖南	6月13日	肖克凡	洪江区奋力抗洪救灾	
新湖南	6月15日	向玉龙	洪江区"四大平台"为青年创业"保驾护航"	
人民之友	2017年 第6期	李夏涛　石向求 戴钦	洪江区：代表建议"大督办"彰显大实效	
新湖南	6月20日	张昌宜　周国武	洪江古商城邀你免费体验从"伙计"到"掌柜"的蜕变	
华声在线	6月20日	李夏涛　章斌	促海峡两岸交流 湖南洪江财商特训营今起免费招生	
经济导报	6月19日	刘路文　章斌	寻找失落的"边城"梦	
新湖南	6月26日	康剑波	叶文智：岁月积财富，商道在洪江	
新华网	6月20日	赵志高	洪江古商城将开办免费财商特训营	
新湖南	6月30日	李夏涛　石向求	暴雨侵袭，洪江区转移近万名群众	
新湖南	6月29日		洪水侵袭｜洪江区启动防汛一级应急响应	
经视新闻	6月29日	黄飞鹏　龙利君	洪江区：40只网箱危机电站 海事部门紧急除险	

续表 14：

媒体名称	时间（期号）	作者	标题	版面（栏目）
湖南都市	6月29日	黄飞鹏　龙利君	洪江区：40只网箱危机电站 海事部门紧急除险	
湖南都市	6月30日	黄飞鹏　杨尚知	洪江区：居民楼被淹 消防民兵营救助转移60多人	
新湖南	7月1日	赵志高	抗洪救灾 I 急流“截”船	
新湖南	7月2日	肖军　雷鸿涛 石向求　李钢	迎击洪峰挺脊梁——洪江区党员干部转移群众剪影	
新湖南	7月3日	雷鸿涛　尹萧	雄师劲旅战洪魔——洪江市人武部抗洪抢险纪实	
新湖南	7月3日		湖南这21个水乡古村镇，带你穿越千年	
新湖南	7月4日	李夏涛	洪江区森林公安 | 人少战力强 灾后重建忙	
华声在线	7月4日	蔡超	“财商特训”要求孩童未来捐款百万 家长拒签承诺书	
新湖南	7月6日	雷鸿涛	李婷香：“一个都不能少”	
今日女报	7月1日	朱帅　向玉龙 李钢	洪江：洪峰将至 她带人“强行”把97岁老人抬去安置点	
法治周报	7月5日	向正生	怀化洪江：20名干警连续作战参与灾后重建	
新湖南	7月18日		“烟雨洪江”蓝图规划出炉	
新湖南	7月17日	雷鸿涛　向凌 刘银师	20年后，孤寡老人回家了	
新湖南	7月5日	黄飞鹏	20年后，孤寡老人回家了	
湖南新闻联播	7月27日	赵志高　戴钦 杨云萍	国网怀化供电公司“爸爸妈妈团”情暖留守儿童	
新湖南	8月16日	赵志高　向玉龙	8月29日，中美篮球明星洪江区巅峰对决	
省红网	8月16日	刘路文	洪江古商城“财商夏令营”闭营 两岸青少年互结深情	
今日女报	8月21日		洪江古商城：再现“湘西明珠”之光	
新湖南	8月24日	李夏涛　章斌	湖南省美术家协会创作基地落户洪江古商城	
华声在线	8月25日	章斌	湖南美术家协会创作基地落户洪江古商城	
新湖南	8月29日	李夏涛　章斌	惊讶！兴奋！中美篮球明星开心逛古城	
湖南新闻联播	8月24日	杨雪畅	干群热议政论专题片《法治中国》让法治精神融入每一位公民的血液	
新湖南	8月31日	李夏涛　向玉龙	洪江区今年秋季起高中阶段免费入学	
新湖南	8月31日	林振林　李钢	2017中美篮球明星在洪江区巅峰对决	
香港商报	9月日		活城，死城，古城？	
三湘都市报	9月1日	刘文颖　李勤	校车“体检”	
法治周报	9月6日	向正生	怀化洪江区：开学第一天送法到校园	
新湖南	9月19日	章斌	洪江古商城亮相湖南旅博会 巨幅明清盛景图彰显品牌影响力	

续表 14：

媒体名称	时间（期号）	作者	标题	版面（栏目）
新湖南	9 月 21 日	章斌	旅博会现场人气旺 陈献春参观洪江馆	
新湖南	9 月 25 日	章斌	服务升级好戏连台，洪江古商城等你来	
湖南新闻联播	9 月 1 日	龙俐君	热议《大国外交》：坚持维护国家利益彰显中国外交定力和魄力	
湖南新闻联播	9 月 3 日	刘丁铭	热议《大国外交》：国之交在于民相亲	
湖南新闻联播	9 月 4 日	田连友　刘智英 洪江区　潘悦	怀化洪江区：今年秋季起高中阶段免费入学	
湖南新闻联播	9 月 13 日	龙俐君	怀化洪江区："磨剪子 戗菜刀"高亢悠长	
新湖南	10 月 1 日	肖军　刘路文	油画《烟雨洪江》比《清明上河图》更牛	
新湖南	10 月 17 日	向玉龙	新曲嘹亮古商城—洪江区经济社会发展纪实	
新湖南	10 月 23 日	罗国宇	罗国宇：擘画全域旅游蓝图 打造精致精美景区	
湖南新闻联播	10 月 5 日	杨雪畅	洪江古商城：前五天接待游客超过 9 万人次	
湖南新闻联播	10 月 9 日	杨雪畅	热议《不忘初心 继续前进》：文化铸魂 凝心聚力	
湖南都市	10 月 5 日	杨雪畅	洪江古商城：前五天接待游客超过 9 万人次	
湖南都市			我们向往的生活 甜甜的怀化	
新湖南	11 月 7 日	雷鸿涛　向玉龙 章斌	洪江古商城亮相伦敦世界旅游交易会	
中国都市新闻网	11 月 19 日	王义正	扶贫三年 小山村有了大变化	
新湖南	11 月 20 日	向玉龙	洪江区丨百姓给力，项目推进快	
新湖南	11 月 23 日	向常	"老鹰"被困洪江古商城 警民齐心解救	
三湘都市报	11 月 27 日	袁欣	留言本主人线索首次浮现	
新湖南	11 月 26 日		洪江区举办党的十九大精神进社区专场音乐会	
新湖南	11 月 29 日	李夏涛　章斌 向玉龙	"大湘西"旅游赴珠海联合推介，洪江古商城倍受青睐	
三湘都市报	11 月 30 日	袁欣	留言本故事有泪点有燃点，我们愿出力	
新湖南	12 月 3 日	李钢	洪江区：村里果农尝鲜"互联网 +"	
新湖南	12 月 5 日		4 分钟看洪江嵩云山风云变幻如仙境	
新湖南	12 月 5 日	向玉龙	为你写诗，洪江区让十九大精神更"走心"	
时刻新闻	12 月 16 日	石向求	洪江区 500 余干部下沉农村（社区）学习讨论十九大精神	
时刻新闻	12 月 16 日	林振林	洪江区：学理论 领导干部集中"充电"	
新湖南	12 月 16 日	石向求	洪江区 500 余名干部"下沉"为百姓致富奔小康把脉	
新湖南	12 月 16 日	林振林	入眼入耳 入脑入心丨洪江区集中学习贯彻党的十九大精神	
新湖南	12 月 25 日	章斌	洪江古商城自驾旅游人数增速快	

人文拾萃

人物志　洪江商会会长——刘炳煊

刘炳煊，先生名厚齐，姓刘氏炳煊，其子世居江西新喻县之泗溪楼下。父济川精岐黄，每活人必却酬盖本医以济世非藉以敛财者也。母氏朱早卒。祖母陈躬亲抚养。年十四出为乡药肆学徒。该肆局向尚宏虽有厨师另服他务。以先生汲水炊膳。诸劳役一日失手。饭甑倾于身。满身泡起如琉璃。因而假归。明年走长沙。肄业某药号巨商也。往来多显官。每出诊。品制丸散。请先生修合于其私邸。君权代官商。地位悬绝。先生不自卑。与论当时事从容不怯。且多惊语。有谓黄军门此常召其子。于先生之面而诫之。曰：毋以彼为药肆学徒。其成就不独尔。不能及而予。亦瞠若乎后矣。足征先生之言行。已为当时士大夫所器重。当先生入该号之始。谒东时。以椅高身短跃而登。旁若无人肆东喜。其活泼而嫌其幼弱。可否未决。先生知事未定归。待介绍此于深夜。询知成就。始欢然寝。民十一。先生创洪油号于会同洪江。商人本以牟利为务。同业中间有搀杂伪品以求售此。先生独本素。衷持之以正卒。使鹦鹉商标之洪油。驰誉大江南北而获利倍蓰。民二十。先生膺商会主席维护地方调剂百业厥功甚伟。洪江虽属湘西之一山镇。而学校林立。中学如洪达赣材雄溪。小学如复兴中心保立等。先生多有捐助。且为数均鉅。尤以担任建筑雄溪石桥全部费用什之一为世人所感佩。不忘此良。以未建桥之。先每年因渡而遭灭顶者数极惊人。至先生对原藉之泗溪。举凡地方之公益。族间之义举。无不乐输鉅金以为之。倡其族每于春秋二季。举行所谓祭神会。亦可谓之族人大会餐。联络族谊法至善也。届时少长咸集。于值年者之家。觥筹交错醉后。已其费用概由值年。此责司经理负担。富者固无论矣。而穷者每多借贷变产以应。先生知其弊。乃慨捐基金。即以所得子金作每季觞费。值年者责司经理不再破费。事虽微细而保全实多。他如置义渡筑石道设学校均预储永久基金。免致中辍。据相命家言。本年七月。先生当厄。于数家人忧之。以其过去言多有验。先生反处之泰然。且康健如平日。人多谓积德之报。其信然也。先生原配周夫人早逝。继配曾夫人。系出名门。相夫以礼。长子干琼授室后病殇。次子干璋、三子干璜均干练有为。而干璜且毕业湖南省立十中高中现正投考中大。前途正未可限量。

湖南省第十区行政督察专员兼保安司令愚弟文益善谨撰。

古建筑群　全国文物保护单位“洪江古商城”

洪江古商城是国家4A级景区，国务院第六批重点文物（古建筑类）保护单位。国内著名学者、专家弘征、罗哲文先后将古建筑群冠名“洪江古商城”和“中国资本主义萌芽时期的‘活化石’”，是先人留给后人一份十分珍贵的文化遗产。古建筑群占地总面积近30万平方米，现仍保存完好的洪江古商城的明、清古建筑，如窨子屋、寺院、镖局、钱庄、商号、洋行、作坊、店铺、客栈、青楼、报社、烟馆等共380多栋。极盛之时，全国18个省、24个州府、80多个县市曾在这设立商业组织。古商城的窨子屋大多建于明末清初，为斗拱造型，青瓦灰墙，飞檐翘角，雕龙画凤。按井字排列，错落有致，形成"七冲、八巷、九条街"的独特格局。古窨屋群巷内，青石板路和码头蜿蜒迂回、高深莫测。有康熙、乾隆、道光、同治、光绪、民国时期的门匾、门联、石雕、石刻、题字等，随处可见；有图案精美、雕工精湛、风格各异的用于防火的太平缸48多个。

洪江历史悠久，先民繁衍生息之历史已无可考。据史料记载，洪江自古为苗、瑶等少数民族聚居地，由于控扼沅、巫两水的交通要道，宋熙宁七年（1074）在洪江设置铺。宋元佑三年（1088）设置洪江砦（一说元佑五年），“洪江”做为一个军事行政单位名称始记于史册。明末清初，特别是清雍正“改土归流”以后，此地越来越受周边地区和沅水流入长江下流地区的关注。清康熙元年（1662）后，陆续来洪经商者，有江西、湖北、安徽、江苏、浙江、贵州等省和湖南宝庆、衡阳等地商人。来洪江经商的商人们在此结帮经商，相继形成商业“十三行帮”（即江西帮、江浙五府帮、福建帮、贵州帮、山西帮、黄州武昌府帮、宝庆帮、衡州帮、辰州沅州府帮、湘乡帮、七属帮）和“五府十八帮”（五府指：辰州府、沅州府、宝庆府、常德府、衡州府；十八帮指：金寿帮、益阳帮、黄州帮、常德帮、长郡帮、江西帮、邵阳帮、辰沅帮、天柱帮、沅陵帮、汉口帮、京苏帮、黔阳帮、麻阳帮、会同帮、溆浦帮、芷江帮、湘乡帮）。为了竞争图存，联谊同乡，各自修建会馆。清康熙四年（1665），在洪江设店开业的湖北黄州府同乡始建黄州会馆。此后二百年间，洪江十大会馆相继建成。境内以沅江、巫水汇合处的犁头嘴为轴心，沿沅江、巫水河岸两侧和老鸦坡山麓扩展延伸，逐渐形成“七冲、八巷、九条街”的城市格局。如今，历经300多年的风雨沧桑，古城旧貌犹存。古商城内，现有陈荣信商行、徐复隆商行、徐荣昌商行、蒋元记油号、天顺华金号、庆元丰货栈、吉发堆栈、厘金局、汛把总署、青楼、烟馆、常德会馆、苏州会馆、大佛寺、财神殿、报馆旧址、东海堂等国家保护建筑18栋，这此建筑，多随山就势，因地制宜，无不具有浓浓的江南古城风貌。

洪江古商城以沅江路为中轴线，连接“七冲、八巷、九条街”，形成一条随势成线、纵横交差铺砌的青石板路，自古以来这里便是商贾云集之地。其中沿沅江、巫水河畔集中了码头和主要街市，中间为会馆和商铺集中地，龙船冲、塘冲一带为钱庄、官署所在地，再往后为服务、游乐建筑集中地，而居民、作坊散布在古商城的外围。古商城的自然环境条件优越，嵩云山古树参天，云环雾绕，景色优美；沅水迂回境内有5千米，巫水在境内流程有5.6千米，为古城旅游发展增添特别的山水美。

以会馆为核心的人文精神，而洪江独特的商业性质，使它与别的地方格外不同，来此经商的各地商贾，“天下熙熙，皆为利来；天下攘攘，皆为利往”，除少数发家致富的商人在此扎根外，大部分商人都是匆匆过客。因此，会馆就成为紧紧联系人与人的交往的人性化家园。这些商业行会会馆建立的这些如“太平宫”（宝庆会馆）、“飞山宫”（渠阳馆）等这宫那宫，尽管目的都是希望神佛保佑平平安安和财路通天，但却构建成具有独特的中国人重亲情友情的民族精神，透出古城深厚的商业文化底蕴。

洪江古商城建筑群尘封千年后，21世纪重放异彩。近几年来，以古商城为核心，以商道旅游为主线，以沅江、巫水水上旅游开发为依托，构建洪江区旅游发展的支撑骨架，未来的古商城必将集历史文化古城、山水古城和文化休闲古城为一体，与嵩云山森林自然生态及宗教文化旅游、横岩竹海生态观光旅游和茅头园星空庄园为代表的乡村旅游，建成洪江经济新地增长极。

佛教名山　嵩云山

地处怀化市洪江区西部，属雪峰山区，总面积3349.67公顷，其中林地面积3073.8公顷，森林覆盖率达92%。是湖南省重要的区域性重点森林公园，是湖南省重点建设和对外推介的主要旅游资源之一。园区内森林旅游资源种类齐全、品位高、珍惜物种多、景观资源组合好、区位优势独特，100多个景点，山清水秀，自然景观丰富，人文景观独特，山、水、城融为一体，互为依托，是市民休闲游玩的胜地。2010年9月，设立嵩云山国家级森林公园，现为国家3A级景区。

嵩云山自古就有“湘西第一山”之美誉，它前依老鸦坡，后倚云雾山。据《会同县志》（卷四・形胜）载：嵩云山一曰松林岩，又名嵩云石窟，即洪江后山。相传往昔山上古松参天，云环雾绕，松、嵩同音，因而得名，此说似合情理。嵩云山自然景色优美，丹凤朝圣、双狮迎客、祖师洞、张家坟、白云洞、镜子岩、水佛洞、观音岩、鲤鱼田为嵩云十大胜景，游人若登山巅纵目远眺，群峰叠翠，令人心旷神怡。

2007年，启动嵩云山世界佛教文化博览园上、中、下三院建设。目前，已完成下院药王寺、佛足湖、紫竹林、华严阁等寺庙建设。嵩云山国家森林公园有新建寺庙药王寺、华严阁，佛教古寺庙大兴禅寺、妙音寺：

大兴禅寺：沿着曲折山路而上，旁有一股流泉，自涧中飞泻而出。再往上见一古庙，庙门有“大兴禅寺”匾额。庙为砖木结构，依山坡地形建成，原名大兴寺，又名嵩云庵，相传为明末清初无意祖师修道之处。清道光十七年（1837）正月初七日，庵焚毁殆尽，仅救祖师金身。后洪江十馆和佛教信徒捐资建嵩云大兴禅寺。庙前古松罗列，苍劲挺拔。庙后修竹千杆，迎风摇曳。松竹梵宇，相互掩映，仿佛人间仙境。每年农历二月十九日、六月十九日、九月十九日本地、周边地区民众拜佛胜地，佛事尤为鼎盛，香火旺盛。

妙音寺：原名老庵堂，传说系元武宗海山皇三（1310）僧尼兴旺，同不可思比立尼主持初建小庵，名老庵堂。后僧尼入大兴禅寺而破损。21世纪初，重建老庵堂，改名为“妙音寺”。寺前视野开阔，可见四周起伏的群山，浩淼奔流的沅、巫二水穿插洪江古城，好似一条巨龙盘旋，洪江就在这山水环抱中。人们登高到此，可一览宏伟壮观的太极图形，大好河山尽收眼底，无不心旷神怡。

华严阁 位于大兴禅寺之上，为大愿法师筹资修建3000余万元，于2013年8月竣工。华严阁由主阁、四个阁楼、六个回廊等附属设施组成。整个建筑有104个翘角、104个风铃。翘角形如飞鸟展翅上扬，轻盈欲飞，增添了建筑物飞动轻快的美感，是吉祥腾飞的象征。风吹风铃，清脆和鸣，欣悦神旷。登华严阁楼远眺，洪江城尽收眼底，沅巫两水宛如银带，太极分明。

华严阁正门对着洪江，有看护庇佑洪江、保佑洪江无灾无难，平安，风调雨顺。华严阁中存放着《华严经》，供奉着观世音菩萨，华严阁外布景观灯，夜间灯火辉煌，上下滚动的光环，显示了一幅"百花齐放，包罗万象"的图景。远观夜空中的华严阁犹如天上的琼瑶，胜境美不胜收。

道教胜地　密云观

洪江密云观位于国家森林公园----嵩云山国家森林公园西北部三清福地密牙尖主山峰的龟背石上，海拔631.3米，是洪江道教的标志性建筑。密云观东倚穿岩，南临沅水，西邻凉山余脉，北踞沅水北去洞庭湖的正中位置。是洪江厚重人文景观的荟萃福地，也是湘西道教古建筑群的“露天博物馆”。

密云观前身为密云寺，始建于明万历年间，距今已400余年。据《会同县志》载：“密云峰为洪江胜地，上建庙，每年三、九月土民朝山进谒，络绎载道”。原建筑为台阶式，分三级：第一级为庭院；第二级为大殿；第三级为禅房。大殿又分正殿、偏殿，供阿弥陀佛、观世音等大小神像。庙内设有客堂，作朝山进香者休息场所。庙后约百步，有一口井。每逢菩萨生辰，因山高路远，善男信女常早起借星月之光，或携灯笼火把，上山朝庆礼拜，通宵达旦，不绝于途。民国38年（1949）春，土匪潘壮飞部强占黔城，侵入滩头村，因进攻洪江城受阻，故据守密云峰顶庙及山下山头通道，土匪不断向城内开枪，威胁洪江安全。洪江驻军对其进剿，用炮轰其守地，守军发射的炮弹将庙宇轰毁，土匪死伤十余人而逃遁，第十专员公署派人将庙宇拆除，以防匪患。

1995年当地群众发起重建寺庙。于1997年经批准更名为“密云观”。在各界人士及众道友的捐助下，上山的路拓宽并改为石阶，沿途森林覆盖，绿树成荫，在“二蹬门”已重建灵光殿，供游客休息。极步登上密岩峰，就可见一仿古牌坊，上书“密云观”，正面是“三清宫”大殿，正殿供奉玉清、上清、太清三位天尊。两厢有14尊菩萨，后殿供奉有八洞神仙，再往后是观音殿。游客登密云峰顶，山后是峭壁悬崖，滩头林场古树参天，曲径潺潺的流水直通杨家湾水库和滩头公路，前俯视沅江，远眺有深溪、苗溪遍山竹林，有洪江水电站。

每当清晨薄雾之中，洪江宛如置身仙境一般；夜色降临，但见那万家灯火，点点繁星，一幅美丽的“湘西明珠”景致展现的人们眼前。目前已成为洪江道教活动的场所，旅游休闲的主要胜地。

河流水系 巫水河

巫水，为沅水一级支流。为湖南省主要森林地带之一，竹木出产丰饶。自会同县黄茅乡流入洪江，辗转5.6千米，至犁头嘴处汇入沅水。河面宽度约120米，平均水深1.8米。长长滩、桐木、渔梁湾3个滩，全年河流利用率较低，但春季涨水时可通大船。主要支流有铁溪、车皮溪。

巫水为武陵五溪之一，有多种名称，如熊溪、雄溪、洪江、运水、竹舟江等。依据《中国历史地图》追溯，巫水最早出现在南北朝舆图上，名曰熊溪，又称雄溪；唐时更名巫水；南宋改名洪江溪；清时改洪江；今仍称巫水。洪江人喜欢以“雄溪”为其建筑和产品名称，视为古雅。如中华人民共和国成立前的雄溪书院、雄溪女中、雄溪大桥、雄溪五泉等。

巫水洪江段自古为云、贵、川木材等物资进出的集散地。各地商贾在此就设立码头，早在清康熙十五年（1676），巫水洪江段就有塘坨、犁头嘴、长郡馆、松林、洪盛、火神巷、赵家和廖码头等8个码头。清光绪十五年（1889），境内巫水沿岸有吉庆、宋家、洪盛、三甲巷、大码头、松林、太素巷、廖码头、新安、塘坨、杨家巷、申家、左家、高码头、新码头、平码头、六甲等17个码头。民国初年至民国26年（1937），又陆续新增和扩建宋家、三甲巷、湘乡馆、鼓楼脚、麻阳馆、陆家、申家、左家和岩码头等9个码头。1950起，人民政府对巫水河沿岸码头进行整治，至1988年，沿河岸共有码头4处，桥西大码头主要用于装卸木材、煤炭等物资。陆家码头主要用于起运黄沙，岩码头主要用于轮渡客运，马羊山主要用于装卸粮、盐、煤的专用码头。

2004年11月，境内巫水河上第一座水电站“渔梁湾电站正式破土动工。由怀化百顺电力投资有限公司控股开发，总投资8000万元，总装机容量8000千瓦，拥有2台4000千瓦灯泡贯流式机组，年发电量0.35亿千瓦时，第1台机组于2006年10月投入使用，第2台机组于当年底实现发电。

车皮溪，旧名“扯皮溪”。位于洪江市区南方，发源于会同县黄茅乡老来冲，全长24千米。流经桂花园乡4千米，均宽5.5米，坡降9.16‰，水流平缓，朝西北方向到渡船头汇入巫水。

铁溪，蕴藏铁矿，因溪流经地带多有铁矿而得名。发源于洪江桂花园乡金竹川，经奇珍界，向东南经岩塘溪，又向东北经新团区注入巫水，全长5.6千米，均宽5.5米。上游坡度陡峭、沟深流急；下游坡降43.2‰，水势平缓。两岸有零星稻田、蔬菜地和松、竹、杂、杉等树。

库区旅游 洪江水电站

位于洪江区横岩乡境内，沅水干流梯级开发的第8级电站。总装机容量27万千瓦，水库总库容3.2亿m3，正常蓄水位190.00m，汛限水位187.00m，调节库容0.75亿m3，年发电量9.7亿千瓦时。洪江水电厂由湖南省五凌水电开发有限责任公司投资兴建，总投资约20亿元，主体工程1998年3月开工，2003年底工程全面竣工，5台机组全部按期投产发电。水电站以发电为主，兼顾航运、灌溉、供水、养鱼等综合效益。船闸设计年过坝货运量80万吨、木材运量25万立方米。从水库引水4.08立方米/秒，灌溉农田3333公顷。

洪江水电站座落于横岩乡，动植物资源十分丰富，动物资源以鱼类资源为例，库区鱼类以鲤鱼目为主，共计64种，主要经济鱼有草、鲤、青、鲢、鳙等鱼类，溪流稻田有鲫鱼、鳅鱼、鳝鱼、小虾、长臂虾、螃蟹等。植物资源以楠竹为主，素有“楠竹之乡”的美誉，为横岩竹海生态旅游区核心景区范围。核心景区面积20平方千米，其中林地总面积4.6万亩，森林覆盖率达 80% 以上，被誉为“中国第二大竹海”、西南最大的“洗肺工厂”。景区风光秀丽，民风淳朴，十分适宜生态休闲旅游。

主要景点有鸬鹚半岛、竹瓦溪、苗溪口、菖蒲体验旅游区：

鸬鹚半岛　位于横岩乡鸬鹚村，东靠竹瓦溪，西接翠竹山庄，南依洪黔公路，北临沅江，长约 1 千米，宽约 0.5 千米。岛上盛产柑橘，站在临江岸边远眺，视野开阔，两岸风光尽收眼底，是沅江观景的绝佳之地。

竹瓦溪　位于鸬鹚村，长约 6 千米。两岸竹修林茂，青翠欲滴，微风拂过，碧波荡漾。如坐船温游，则另有一番风味。

苗溪口　位于沅河村。三面环水，景色怡人。旁有古重阳木，树龄百余岁，虽树干中空，但依然枝条繁茂，被当地村民称为“神树”。

菖蒲体验旅游区　位于横岩乡菖蒲村，旅游项目有住农屋、学农活、吃农家饭、喝山泉水等，让游客亲自参与、种植、培育、采摘、垂钓等农业生产活动，使游客在娱乐中充分体验农村生活。

绿色休闲　星空庄园

湖南洪江星空庄园位于湖南省怀化市洪江区茅头园村，距城区 9 千米，占地面积约 3.2 平方千米，分为高科技智能温室展示区、绿色蔬果采摘区、科普教育活动区、创意小屋休闲区、香草露营休闲区、特色商业购物区六大区块。

星空庄园支持科普教育、休闲体验、乐活健康的旅游方式，是激发创意及参与精神的智慧营地，是绿色、珍奇蔬果的安全基地。在星空庄园，游客朋友们不仅可以与亲朋好友一同分享浪漫的香草地露营，在 5D 影院感受非一般的奇妙电影之旅，还能亲身体验蔬果采摘园、激情篝火晚会、水上休闲乐园、奇趣五谷贴画、生态餐厅等，享受一顿休闲度假的饕餮盛宴。同时，游客也可以自己“租”一块地，种上自己喜爱的农作物，可以在家中通过星空庄园网和乐禾牛网 24 小时观看自己所种的农作物生长情况。待农作物成熟后，游客可以选择回庄园采摘，也可以要求园方通过物流邮寄过去。星空庄园将建设成为融合生态农业、生态旅游、物联网、虚拟社区、社交网络、网络游戏等各种概念为一体的生态庄园。